놓아 보는 바둑책 2

놓아 보는 바둑책 2

아마추어들은 모르는 프로들의 수법

놓아 보는 바둑책

침투와 삭감

박승철 지음

변화무쌍한 침투와 삭감
- 반상의 초중반을 경영하는 법

바둑을 흔히 전쟁에 비유하곤 하죠. 고대의 전쟁은 상대에 대한 정보가 굉장히 중요했습니다. 예를 들어 상대의 침입 경로에 관한 정보를 입수하면, 그 길에 매복을 하여 급습한다든지, 역정보를 흘려서 상대의 본진을 접수하는 등, 정보의 유무가 전쟁의 승패를 갈랐습니다. 지피지기면 백전불패라는《손자병법》의 비법이 유효했던 것이지요.

바둑에서도 이와 비슷한 사례들이 있습니다. 예를 들어 하변에 대마를 노릴 때, 정작 공격 작업을 상변에서부터 시작하지요. 이른바 성동격서의 병법입니다. 그러므로 상대의 습관과 기풍을 미리 숙지하는 것도 하나의 방법일 수 있습니다.

하지만 제 생각에는 위와 같은 원칙들이 언제나 들어맞지는 않는 것 같습니다. 바둑은 전쟁보다는 인생과 유사한 것 같습니다. 바둑 한 판이 사람의 일생과 비슷한 것이지요. 젊은 나이에 요절하는 사람도 있고, 천수를 누리고 오래오래 사시는 분도 있듯, 바둑에도 단명국이 있고, 300수 이상 가는 계가 바둑도 있습니다.

바둑에서 첫 수는 그 바둑이 끝날 때까지 영향을 미칩니다. 우상귀에 둔 첫 수가 소목인지 화점인지 혹은 외목인지에 따라 다른 쪽 귀의 정석 선택에 영향을 미칩니다. 인생도 마찬가지로, 어디서 태어났고, 어렸을 때 무엇을 공부했는지 등이 성인이 되어서도 영향을 미치죠. 일례로 저처럼 어려서부터 바둑만 공부했던 사람이 바둑과 완전히 다른 생활을 하는 경우는 흔치 않습니다.

자, 이제 초중반을 경영하는 법을 배워보도록 하겠습니다. 《놓아 보는 바둑책》 제1권이 첫 수부터 초반 포석과 정석을 다루었다면, 《놓아 보는 바둑책》 제2권은 초반을 지나, 중반으로 가는 길목의 정석들을 다룰 것입니다. 상대의 세력을 견제하고, 침입하고, 삭감하는 방법들을 소개하겠습니다. 거꾸로 생각하면 상대의 공격에 효과적으로 대처하고, 집을 더욱 견실하게 지키는 방법일 수도 있겠습니다. 인생으로 치자면 청년기를 알차게 보내는 기술입니다. 인생의 성공과 행복을 튼튼하게 설계하는 테크닉입니다.

한 가지 덧붙이자면, 우리들의 인생살이처럼, 그 변화무쌍한 초중반이야말로 가장 재미있다는 점입니다. 인생에서 가장 아름다운 시기가 청년기이듯이, 바둑 공부에서도 가장 흥미로운 것이 바로 지금부터 소개할 내용들입니다.

주제는 다르지만 이 책을 통해 제가 아마추어 여러분에게 드리는 메시지는 제1권과 같은 것입니다. 놓아 보아야 바둑이 늡니다! 제아무리 훌륭한 강의라 해도, 프로 기사들이 소개하는 정석이라 해도, 눈으로만 보는 것은 한계가 있습니다. 볼 때는 이해가 되는 듯하지만, 막상 실전에 사용하려고 하면 기억이 가물가물하지요.

바둑판에 혹은 컴퓨터 화면에 직접 돌을 놓아 보십시오. 꼭 그렇게 하십시오. 오직 이것만이 만년 0급의 굴레를 벗어던지는 길입니다. 이것이야말로 바둑 실력 향상의 왕도입니다. 천천히 하지만 확실하게 이 책의 내용을 자신의 것으로 만드십시오!

자, 이제 시작입니다. 인생의 가장 아름다운 한때, 화양연화를 닮은 초중반의 세계로 여행을 떠나보도록 하겠습니다.

2015년 여름
박승철

대한민국 최고의 바둑 명사들이
추천하는 책!

《놓아 보는 바둑책》이라는 새로운 개념의, 아주 창의적인 책을 집필했던 박승철 7단의 새 책이 출간되었다. 포석 이후 침투와 삭감에 관한 수법을 소개하고 있는 이 책은 좀처럼 기력이 늘지 않아 고민하는 아마추어들에겐 아주 요긴한 보물단지가 될 것이다. 상수의 괴롭힘에서 벗어날 수 있는 비책이라 할 수 있겠다. 역시 바둑 애호가들에게 꼭 선물하고 싶은 책이다.

_ 한국기원 양재호 사무총장

현재 바둑 보급에 누구보다 앞장서고 있는 박승철 7단. 이 책을 보고 있으면, 그가 얼마나 바둑을 사랑하는지 한눈에 알 수 있다. 포석 이후의 초반이 바둑을 결정한다고 해도 과언이 아니다. 프로들도 상대의 수에 본격적으로 긴장하게 되는 침투와 삭감. 기사들이 즐겨 쓰는 수법들을 알차게 소개하는 이 책을 착실하게 공부한다면 반드시 기력이 향상될 것이다. 바둑을 그림에 비유한다면 이 책은 밑그림에 관한 모든 것이라 할 만하다.

_ 이창호 9단

박승철 7단이 현장에서 바둑 보급과 지도에 얼마나 노력하고 있는지, 그 열과 성이 고스란히 느껴지는 책이다. 프로 바둑 기사들과 일일이 인터뷰 해 가며 '아마추어들은 모르는 프로들의 수법'이라는 부제에 정확히 부합하는 책을 만들어냈다. 또한 독특한 형식과 창의적인 편집은 이 책으로 공부하는 재미를 배가시켜 줄 것이다.

_ 박영훈 9단

프로들이 가장 즐겨 쓰는 최신의 수법들을 엄선했습니다. 매우 실전적인 수법들입니다. 기력 향상에 도움이 될 것을 확신합니다.

바둑돌 모양을 빼고, 숫자로만 표기하였습니다. 유심히 살펴보고 직접 놓아 보라는 뜻입니다. 그래야만 기력이 향상됩니다.

정석 입구자 붙임 – 날일자

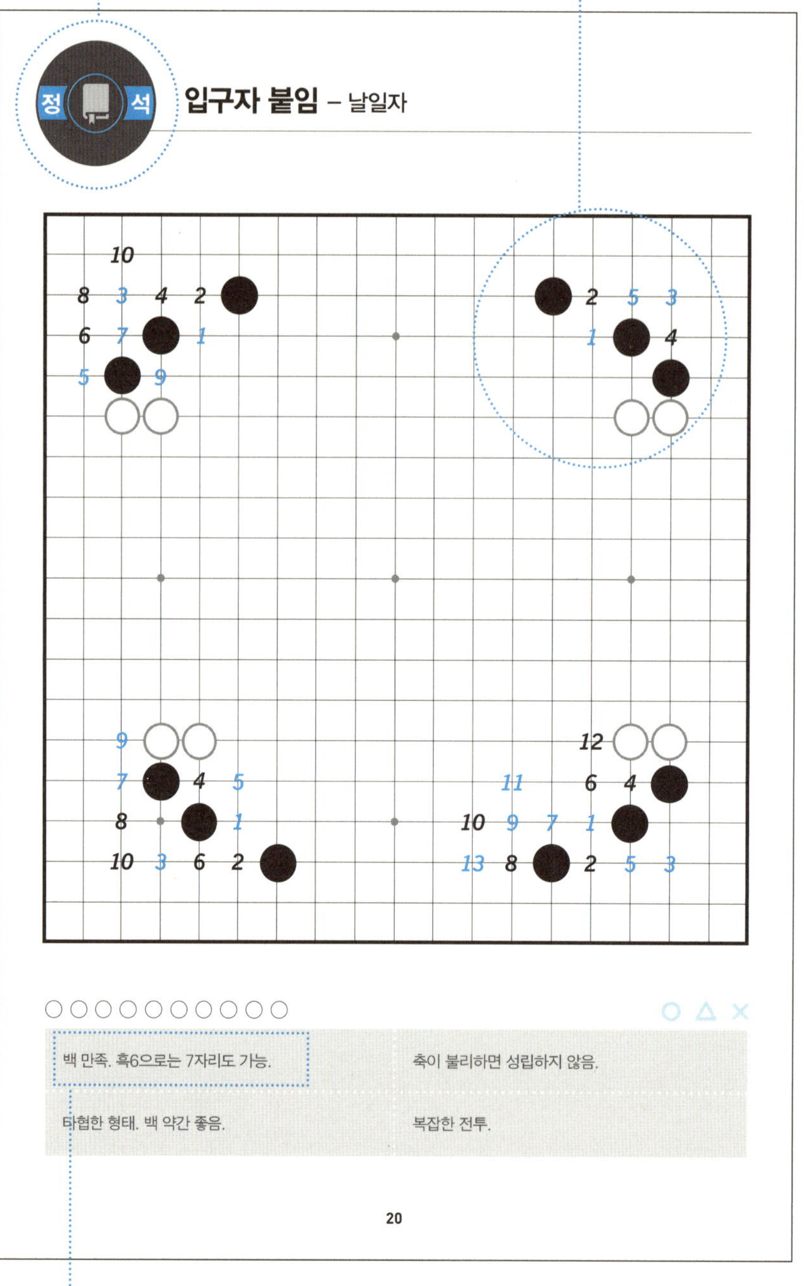

백 만족. 흑6으로는 7자리도 가능.

축이 불리하면 성립하지 않음.

타협한 형태. 백 약간 좋음.

복잡한 전투.

간단한 코멘트들을 달았습니다. 기풍에 따라 자신에게 맞는 정석들을 선택, 쉽게 공부할 수 있습니다.

정 석 **날일자 굳힘** – 붙임

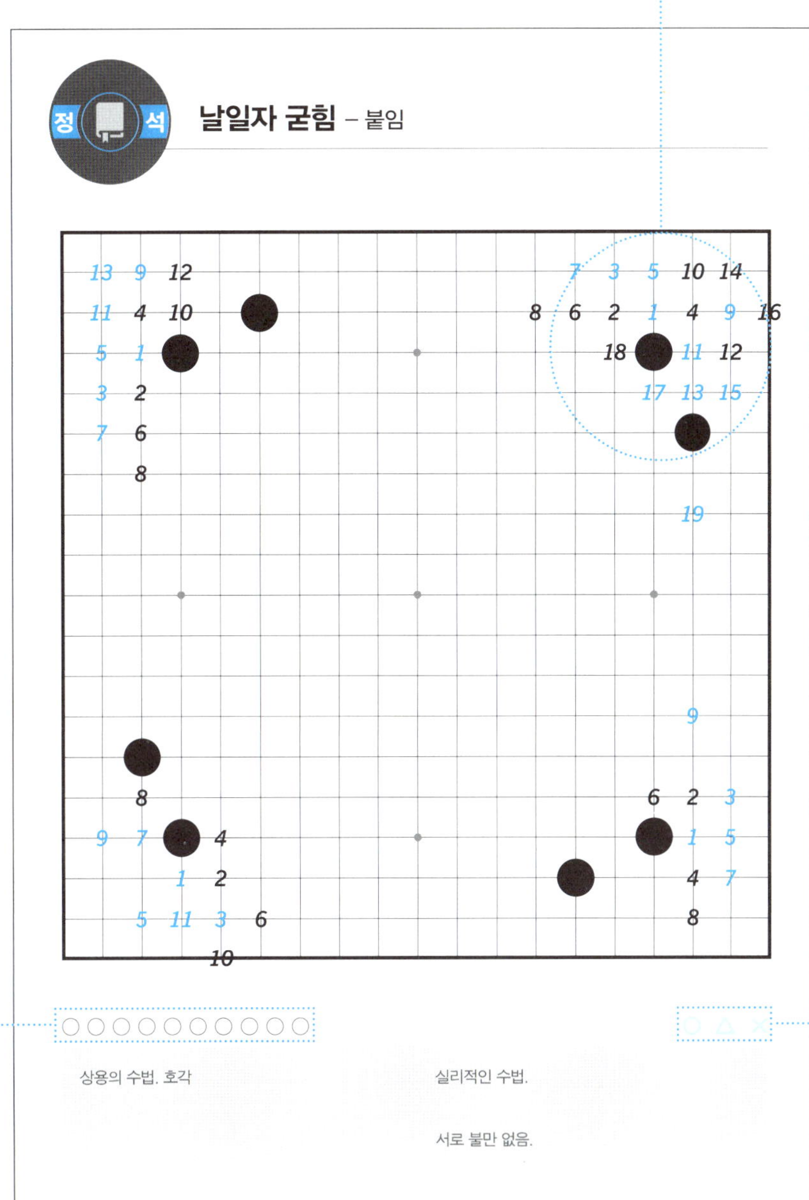

43

최신의 대국과 역사에 남은 명국들의 기보를 소개합니다. 실전을 통해 앞에 소개하고 있는 수법들을 보다 생생하게 익힐 수 있습니다.

여러 수법들을 꼭 실전에 이용해보세요. 연습 아이디를 따로 만들어서 내 것이 될 때까지 실전 경험을 쌓으십시오. 승패는 신경 쓰지 않아도 좋습니다.

실 전 ⬛ 이세돌 vs 이창호 ⬜

명인전 본선 | 2008년 11월

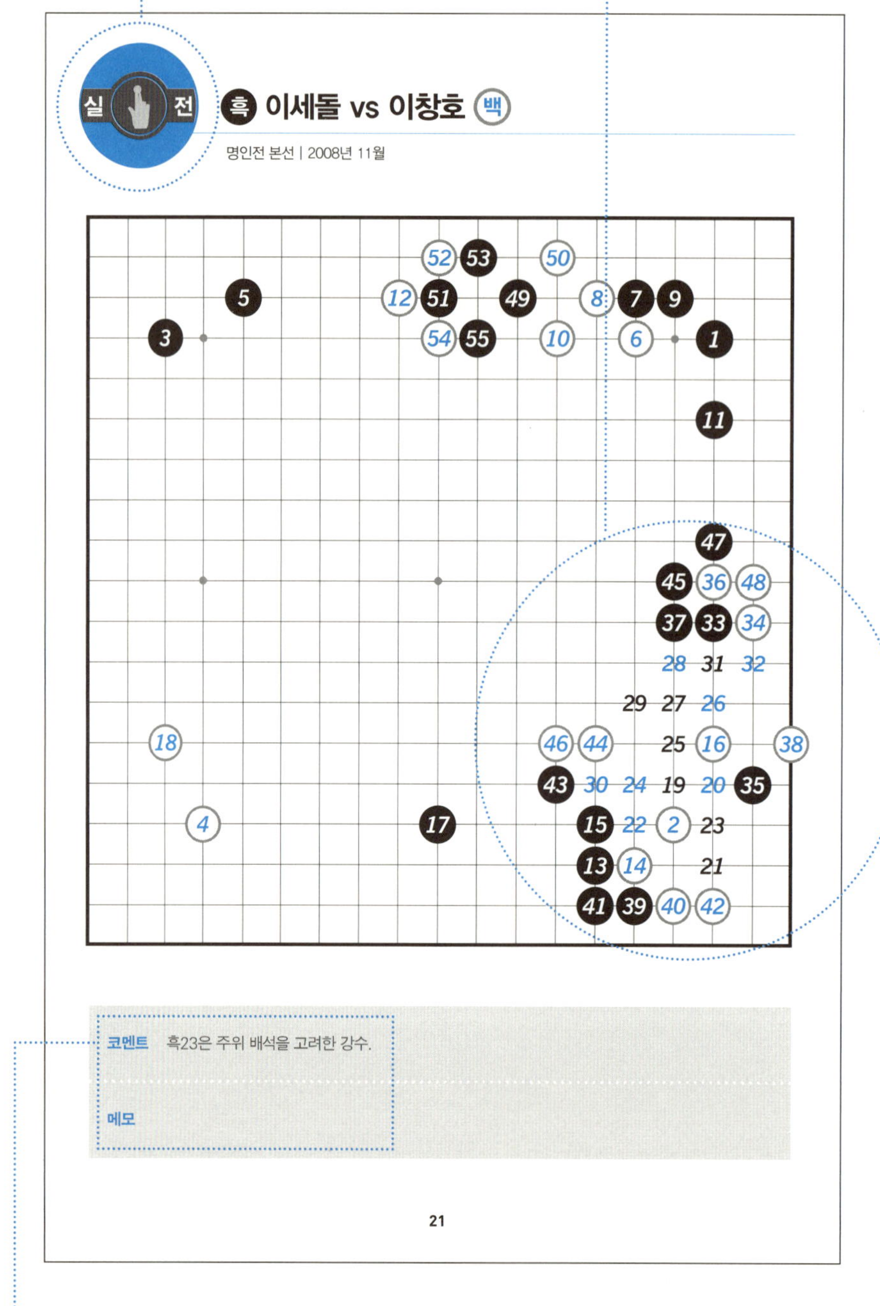

코멘트 흑23은 주위 배석을 고려한 강수.

메모

실전에서 정석이 활용된 부분을 간명하게 설명하였습니다. 메모하면서 학습하시기 바랍니다.

이상훈 9단 추천 수법

실리와 두터움, 서로 불만이 없는 수

이상훈 9단을 소개합니다. 이창호 9단의 절친으로도 유명하고요. 하호정 4단과 부부 기사로도 유명하시죠. 항상 후배들에게 편하게 다가가는 모습의 형님 리더십으로 양재호 바둑 도장, 충암 바둑 도장에서 연구생들을 지도했습니다. 현재는 바둑리그 티브로드 팀 감독으로 2014년 통합 우승을 차지. 명장의 반열에 올랐습니다. 현재 명지대학교 바둑학과에서도 강의를 맡고 계십니다.

이상훈   당시 결승 3번기에서 1국을 이겼지만, 배운다는 자세로 두었다. 준우승도 만족한다.

2002년 KBS 바둑왕전 결승 3번기 1국에서 이상훈 9단이 이창호 9단에게 승리했습니다. 당시 이창호 9단은 거의 지지 않았죠. 가끔 있는 패는 당시 같은 4인방(조훈현. 서봉수. 유창혁)에게 당한 일격 정도였습니다. 하지만 이창호 9단이 2국과 3국에서 연승. 우승을 차지합니다. 2002년 10월 4일에 결승 1국을 두고, 10월 21일에 2국 3국을 연달아 두었네요. KBS 스튜디오 사정상 일정이 이렇게 진행되었습니다. 제1국을 이긴 이상훈 9단에겐 아쉬움이 크겠죠.

이상훈   우변 변화는 유행했던 상용수법. 흑도 실리를 벌었지만, 백도 두터워서 불만이 없다.

백40 자리에 오면서. 우상 흑 세 점을 자연스레 압박하는 모습입니다. 현재까지의 포석 진행은 호각 혹은 백이 약간 기분 좋은 형세로 생각됩니다.

이상훈   선수보다 감독이 재밌다. 2013년에는 준우승이었지만, 2014년에는 첫 우승을 차지했다. 앞으로도 좋은 성적을 내고 싶다.

※ p.157 기보 참조.

차례

1부

화점

: 귀에 대한 삭감 :

"나는 그저 생각 속으로 들어갔을 뿐이다. 내가 답을 찾은 것이 아니라 생각이 답을 찾아낸 것이다."

_ 조훈현 9단, 〈국민일보〉 인터뷰(2015년 7월) 중에서

입구자 붙임

날일자

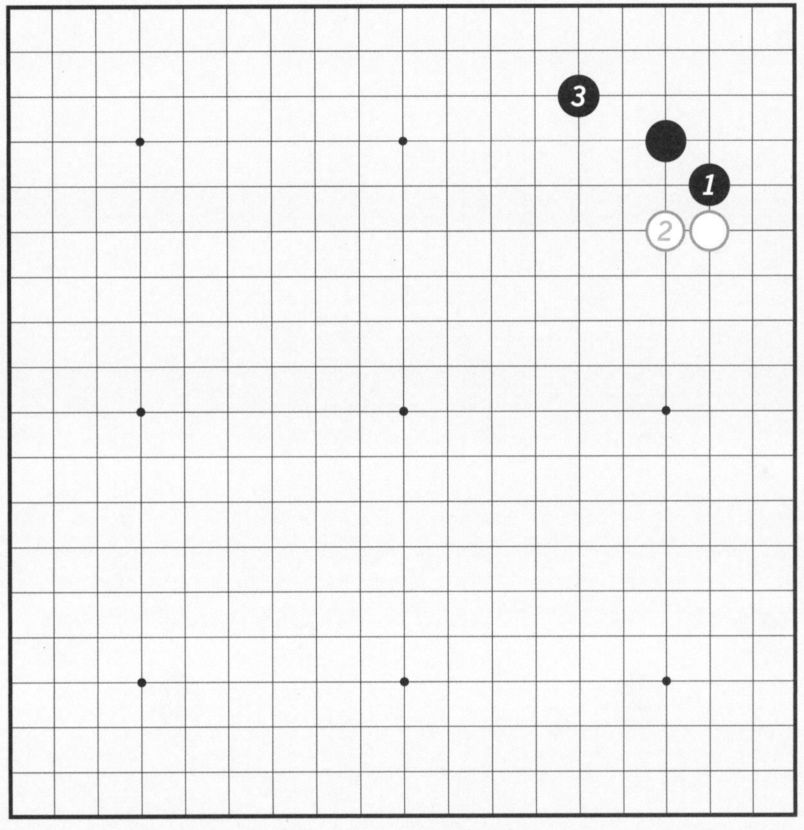

입구자 붙임은 예전에는 속수(俗手)라 했었습니다.
하지만 중국의 95後세대들의 실리적인 실험이 바둑계 전체로 퍼져서
이제는 누구나 애용하는 수법이 되었습니다. 수법의 발전을 엿볼 수 있습니다.

입구자 붙임 – 날일자

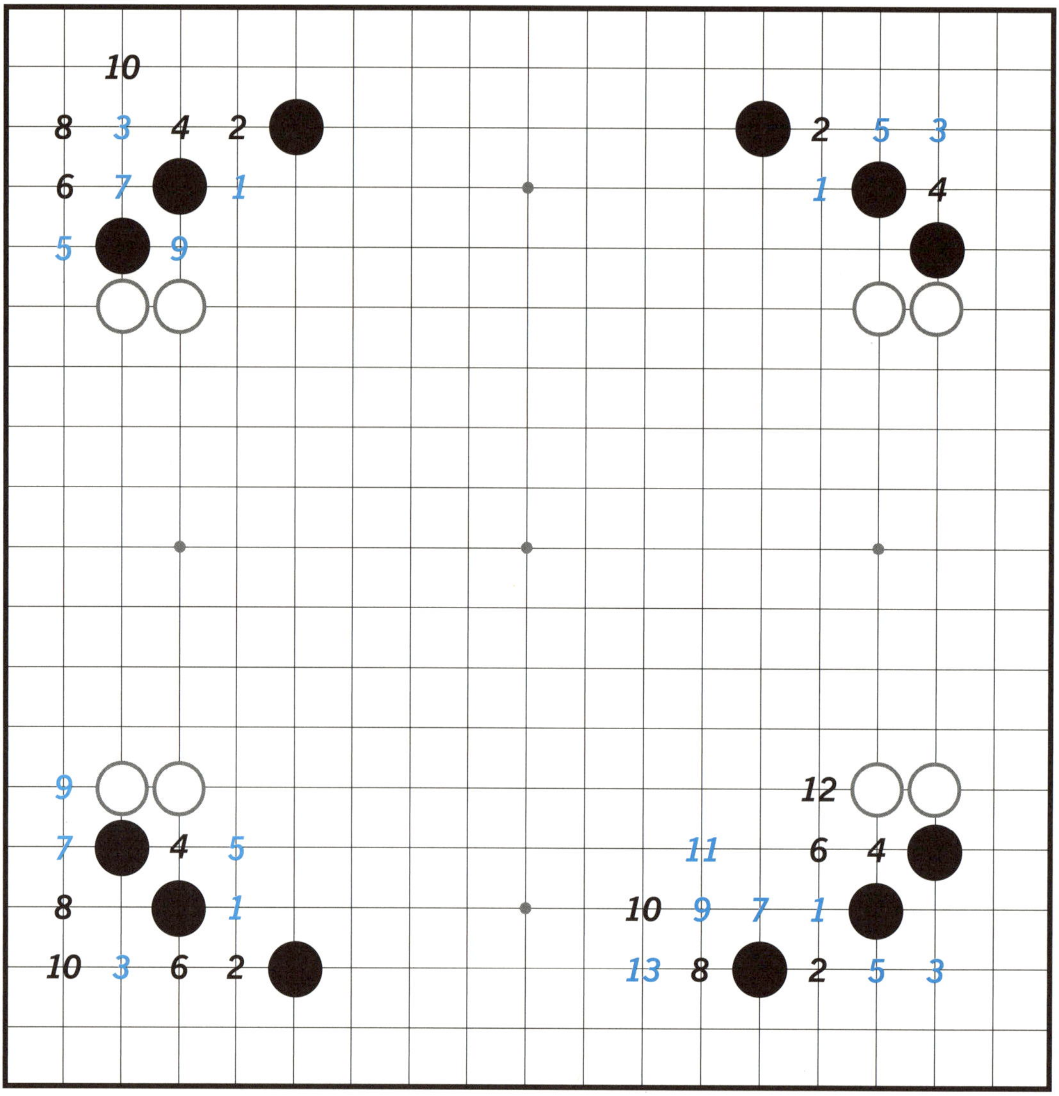

백 만족. 흑6으로는 7자리도 가능.	축이 불리하면 성립하지 않음.
타협한 형태. 백 약간 좋음.	복잡한 전투.

흑 이세돌 vs 이창호 백

명인전 본선 | 2008년 11월

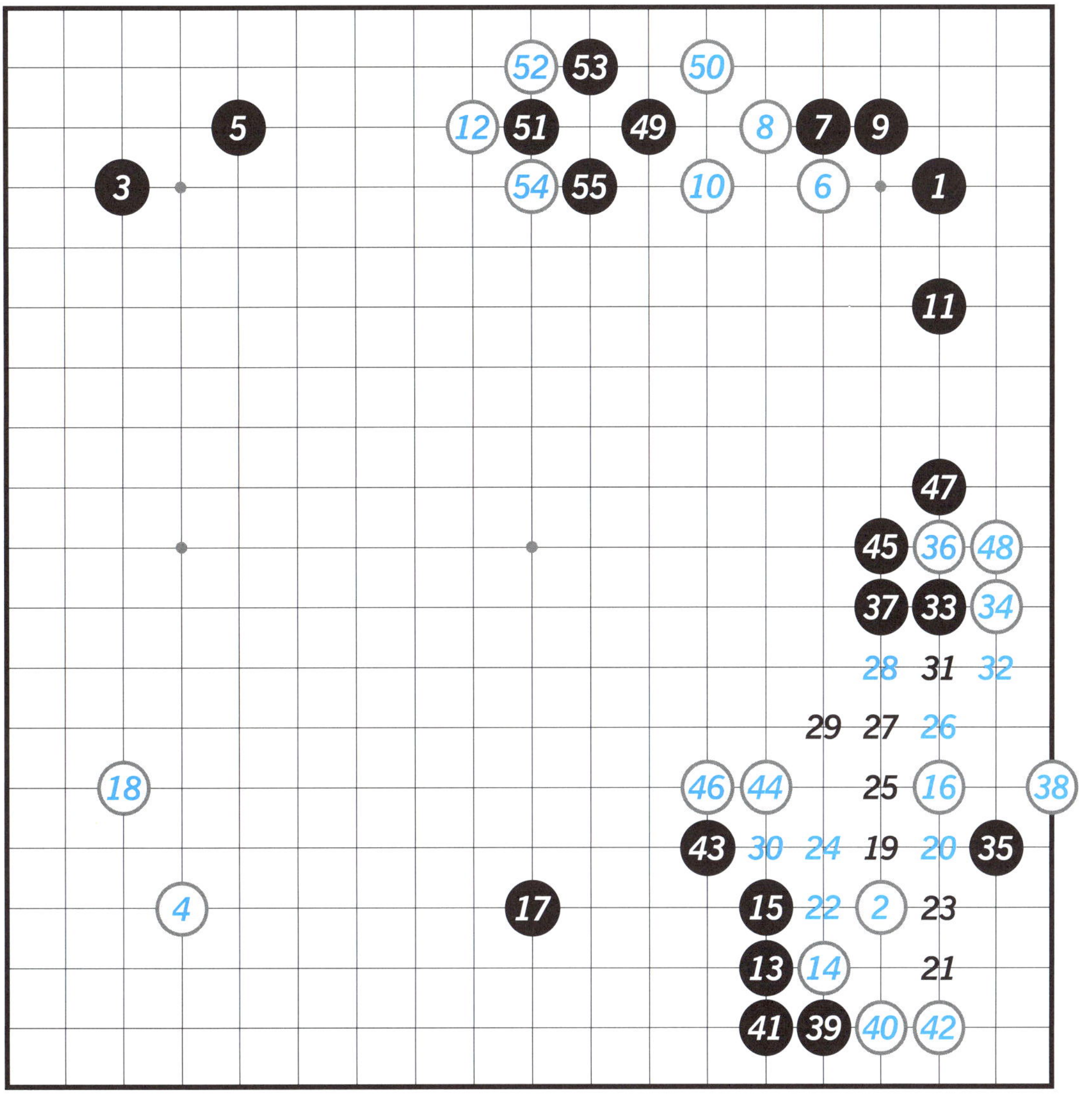

코멘트 흑23은 주위 배석을 고려한 강수.

메모

⚫ 흑 최규병 vs 창하오 ⚪ 백

BC카드배 32강 | 2009년 3월

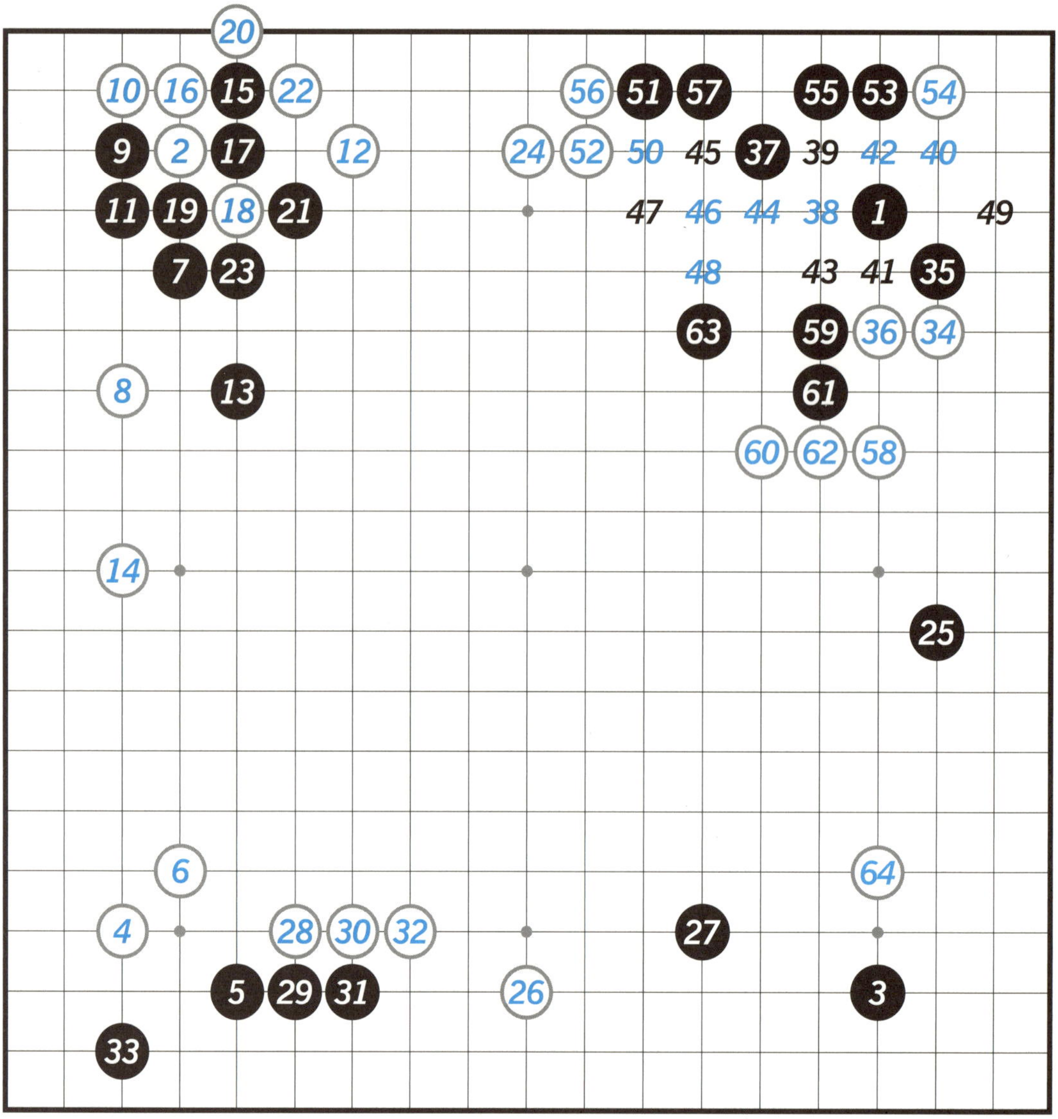

코멘트
예선 대국료 폐지. 본격적인 최초 상금제 오픈 세계대회로 출범. 아쉽게 2012년 4회를 끝으로 중단 상태인 BC카드배.

메모

흑 최철한 vs 박영훈 백

맥심커피배 결승 | 2009년 1월

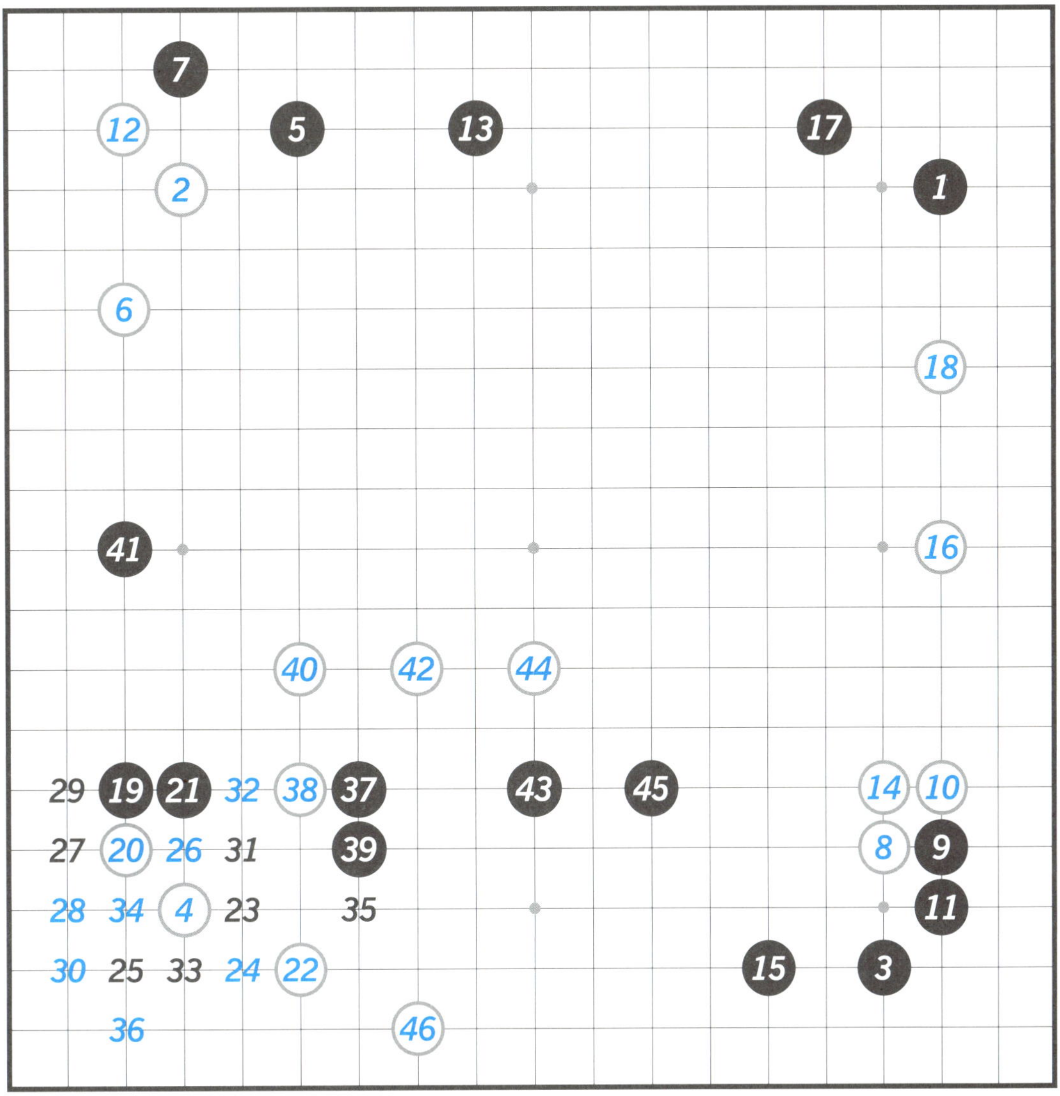

흑 창하오 vs 주형욱 백

백령배 세계바둑오픈 | 2014년 3월

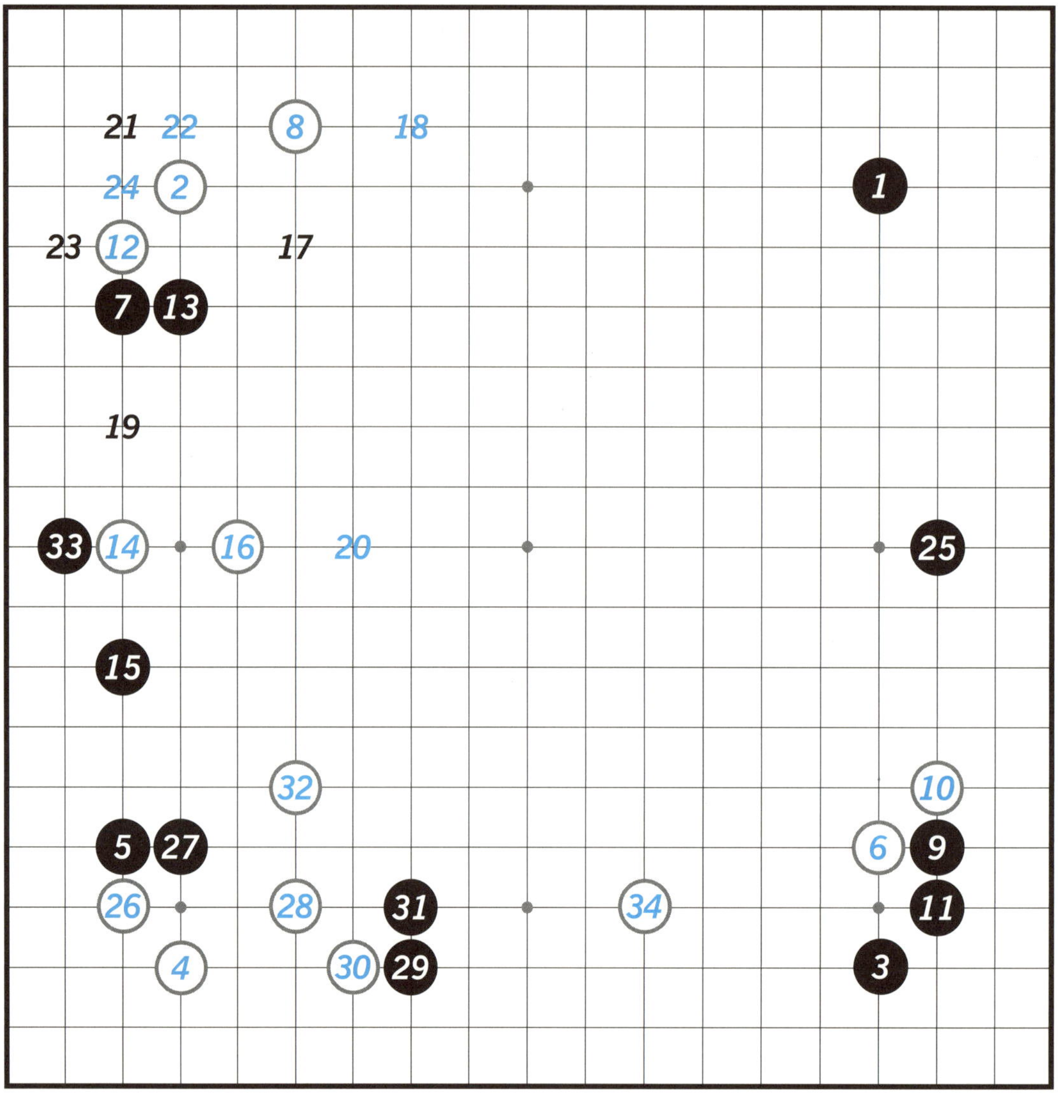

코멘트 주위의 흑이 강하니 백22로 타협. 전체적으로 백 불만 없음.

메모

흑 조치훈 vs 치우쥔 백

춘란배 2회전 | 2010년 3월

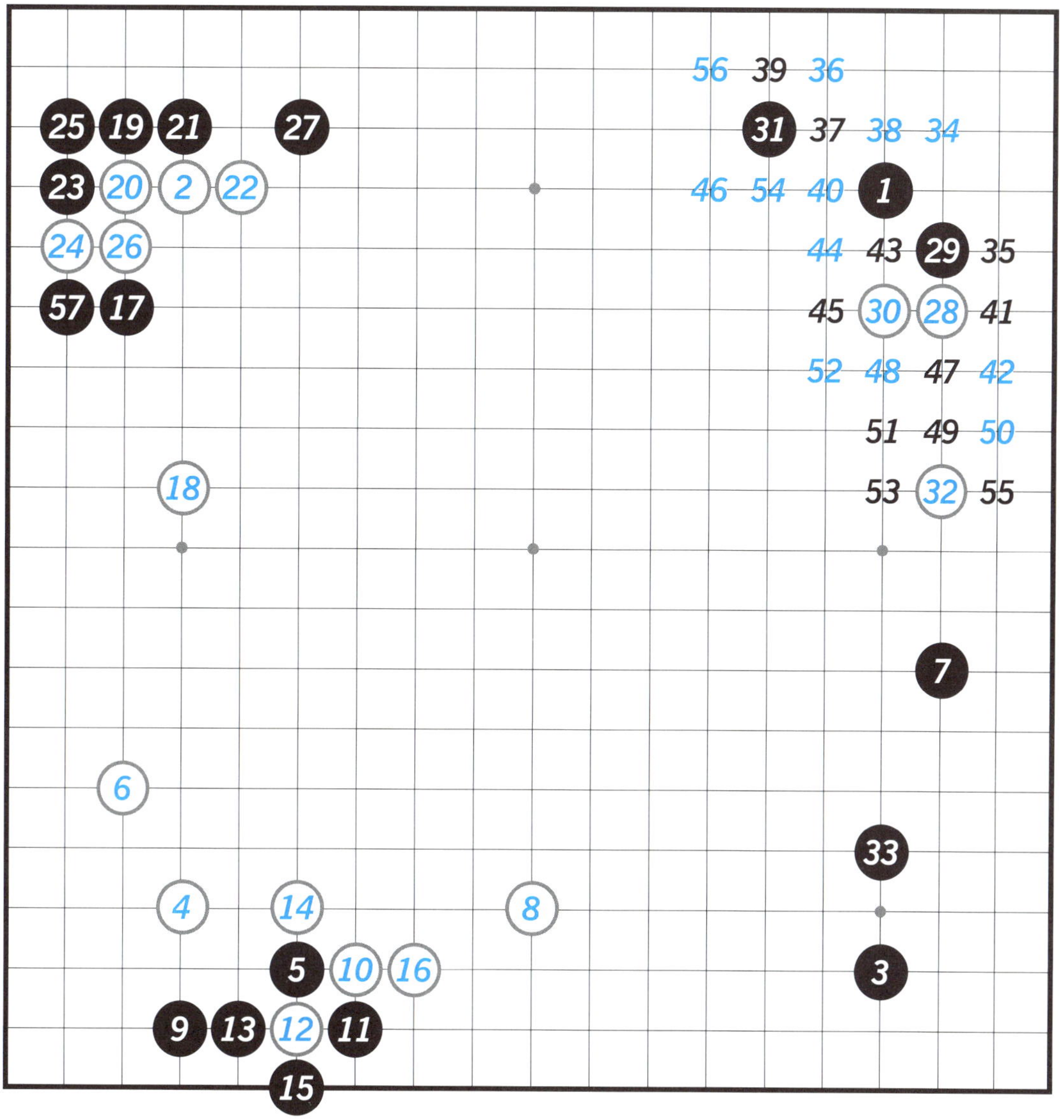

코멘트 복잡한 진행. 좋은 공부 재료.

메모

최철한 9단 추천 수법

언제 싸우고 언제 타협하는가

2009년 최철한 9단과 박영훈 9단의 맥심커피배 결승입니다. 맥심커피배는 동서식품에서 후원하는 대회로 오로지 9단만이 참여할 수 있는 특색 있는 대회입니다.

최철한 9단은 최정상에 한 번 올랐다가 지독한 슬럼프로 성적이 많이 내려갔었죠. 하지만 다시 정상에 오른 특이한 이력의 기사입니다. 1997년 만 12세의 나이로 역대급·기록을 세우며 입단하고 2000년과 2001년에는 농심배에 연속으로 국가대표 선수로 활약, 될성부른 떡잎을 자랑하더니, 2004년에는 드디어 국수전, 기성전에서 이창호 9단을 상대로 모두 승리, 정상의 기사로 올라섭니다.

하지만 2005년 초에 응씨배에서 중국의 창하오 9단에게 패배한 후 슬럼프에 빠집니다. 이후 국내외 대회에서 무려 9번의 준우승(대만 주최 중환배 우승−중국 기사 불참), 세계대회에서 연속 조기 탈락 등 힘든 시기를 보냅니다만, 2009년 4월 대망의 응씨배에서 이창호 9단에게 승리, 다시 정상급 기사로 부활합니다.

최철한　흑23, 흑25는 축이 유리할 때 둘 수 있는 수법. 지금 와서 보니 백26으로 29자리에 젖혀서 반발하는 것이 유력해 보입니다. 이후 흑33이면 백26으로 아주 복잡한 전투, 하지만 주위에 배석이 아주 중요합니다. 실전 같은 배석이면 백도 싸우고 싶습니다. 대국 당시에는 실전 진행이 좋다고 보지는 않았지만, 지나고 보니 아직까지 흑이 주도권을 잡고 있는 모습이네요. 흑이 주위가 더 두텁다면 흑23, 흑25가 아니라 그냥 3·3 침입하는 게 더 강력합니다. 실전은 자체적으로는 흑이 괜찮은 모양이지만 우하에 배석이 백이 괜찮아서(흑의 발전이 제한적인 모습) 전체적으로는 백도 불만이 없어 보입니다.

※ p.23 기보 참조.

입구자 붙임

한 칸

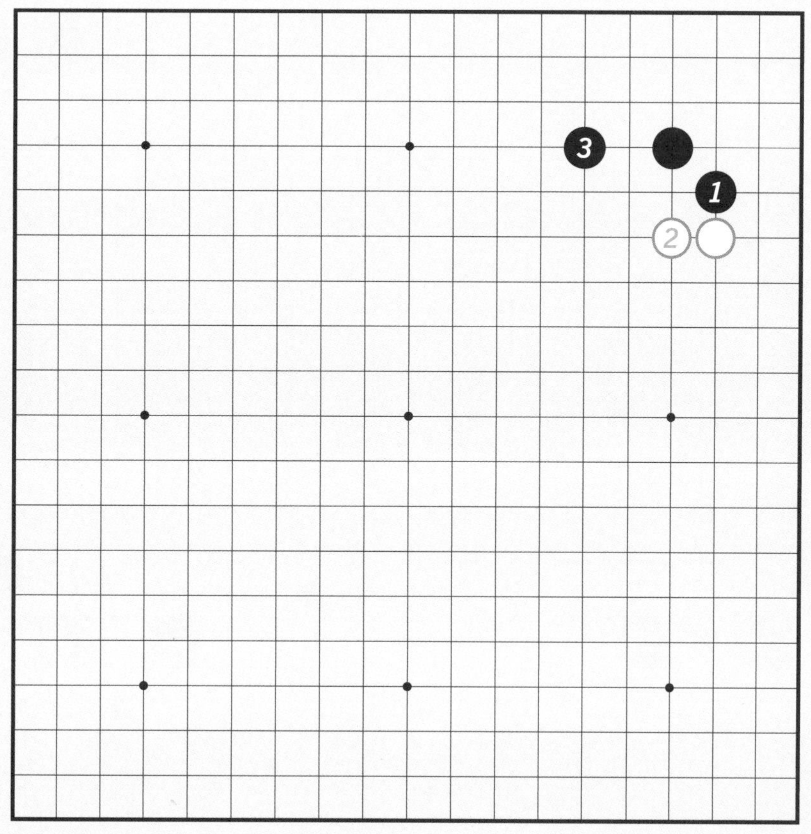

한 칸 뜀은 귀의 실리보다는 공격을 엿보는 수법입니다.

입구자 붙임 – 한 칸

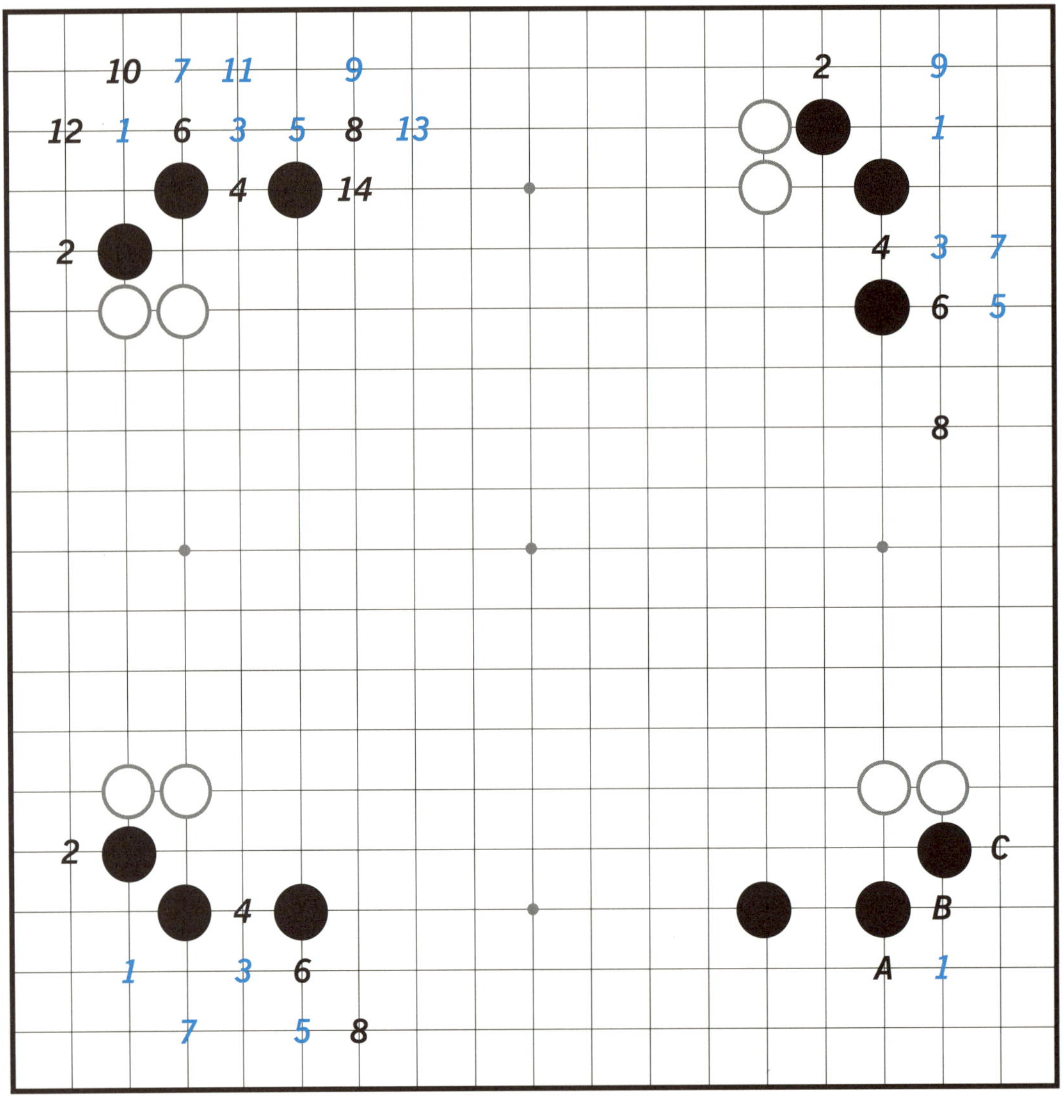

흑8로는 흑10으로 끊고 백이 잡을 때 흑8, 백 손 빼는 변화도 있음.

백이 선수를 잡고 변을 차지. 귀는 패 모양.

귀는 백 차지. 선수 잡고 변의 백 두 점을 공격.

백1에 응수로 A는 집 손해. B가 가장 무난한 수. C는 선수 잡고 백 공격.

⚫ 흑 이세돌 vs 구리 ⚪ 백

십번기 8국 | 2014년 9월

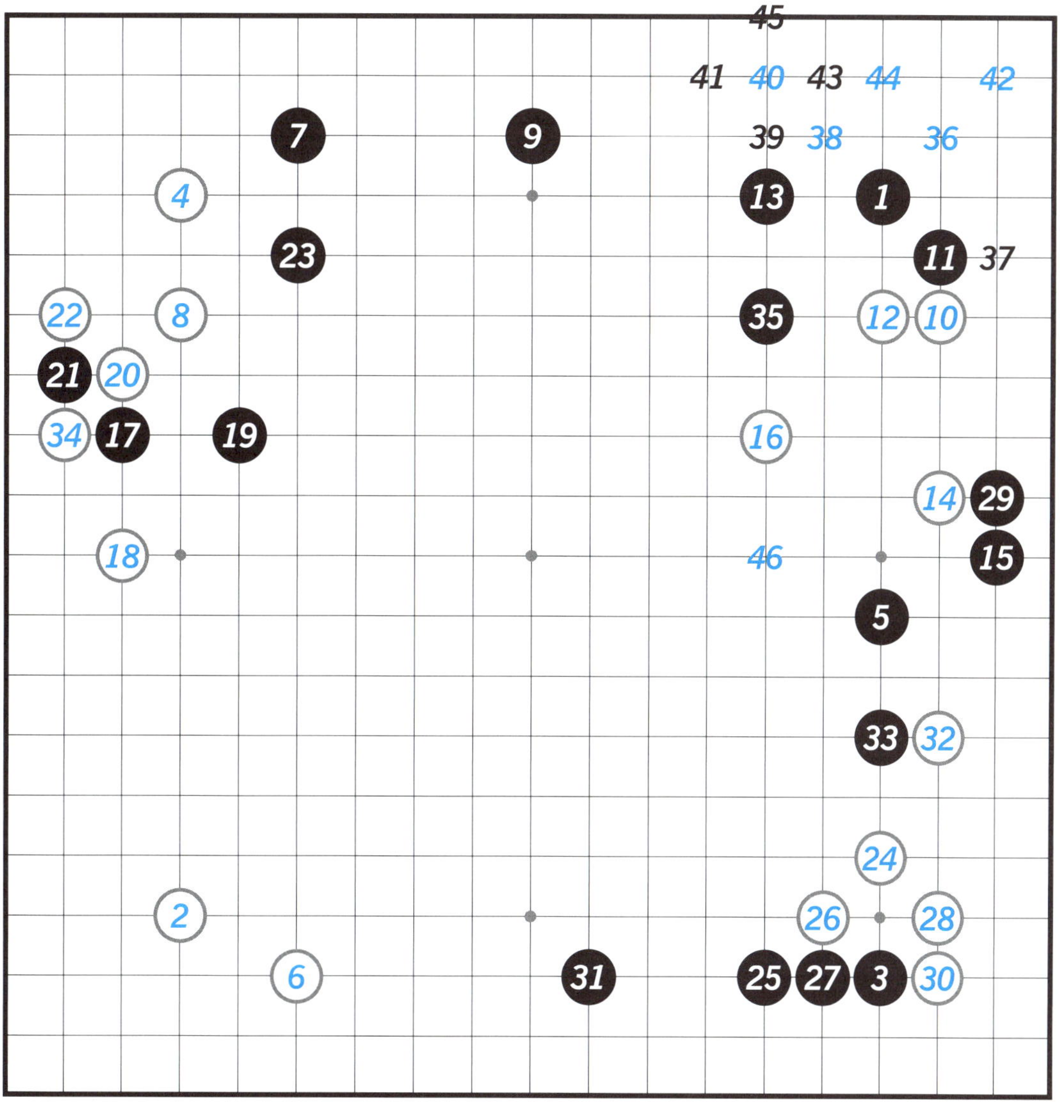

코멘트   42가 멋진 수법. 선수 잡고 급한 곳(백46)을 선점.

메모

⚫ 박영훈 vs 이세돌 ⚪

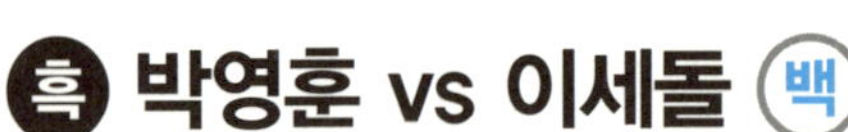

GS 칼텍스배 4강 | 2013년 4월

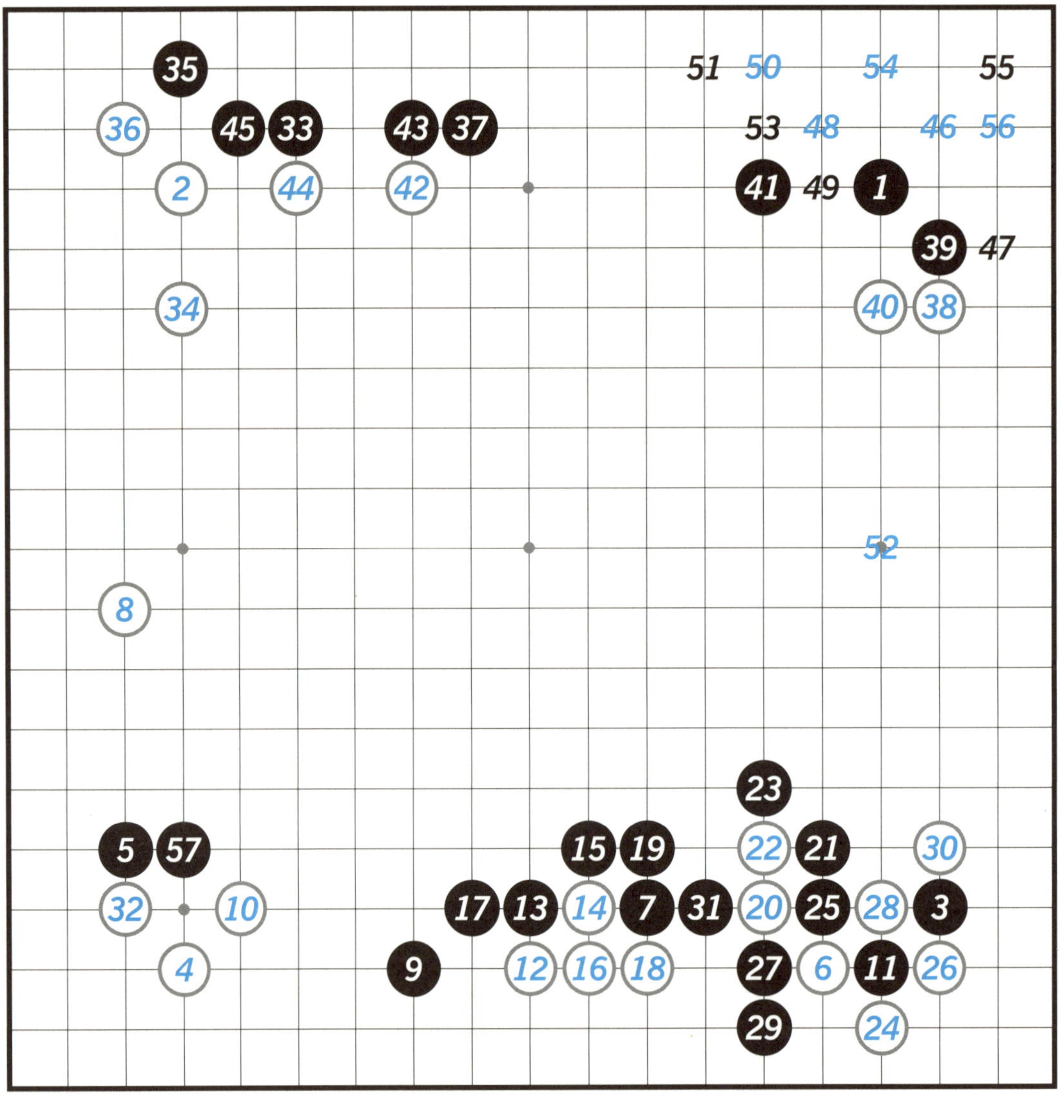

코멘트   백의 발 빠른 행마, 우상귀는 패 모양.

메모

 흑 윤준상 vs 박영훈 백

한국바둑리그 | 2010년 9월

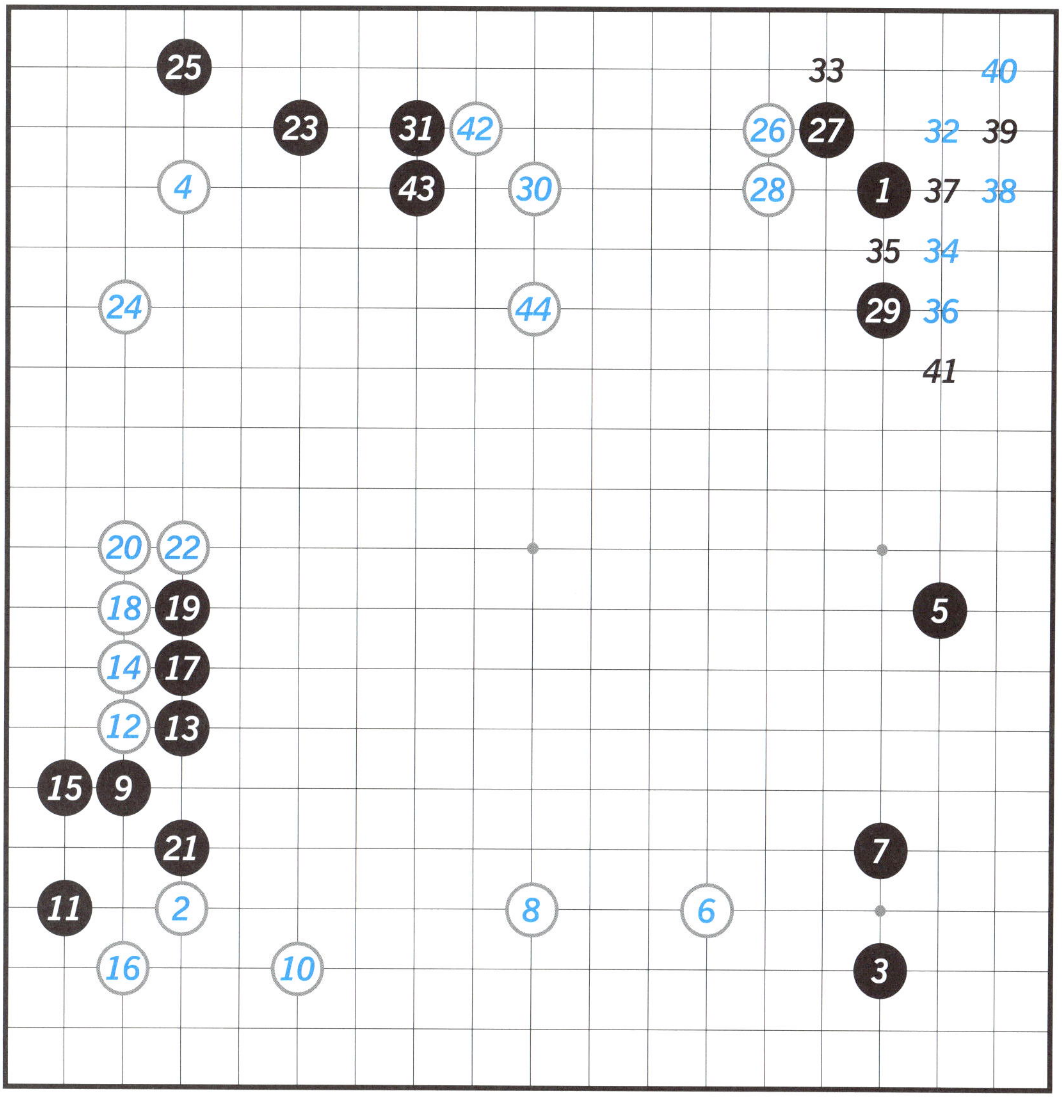

코멘트   p.36 인터뷰 참조.

메모

● 흑 이세돌 vs 백홍석 ○ 백

하이원 리조트배 명인전 8강 | 2014년 9월

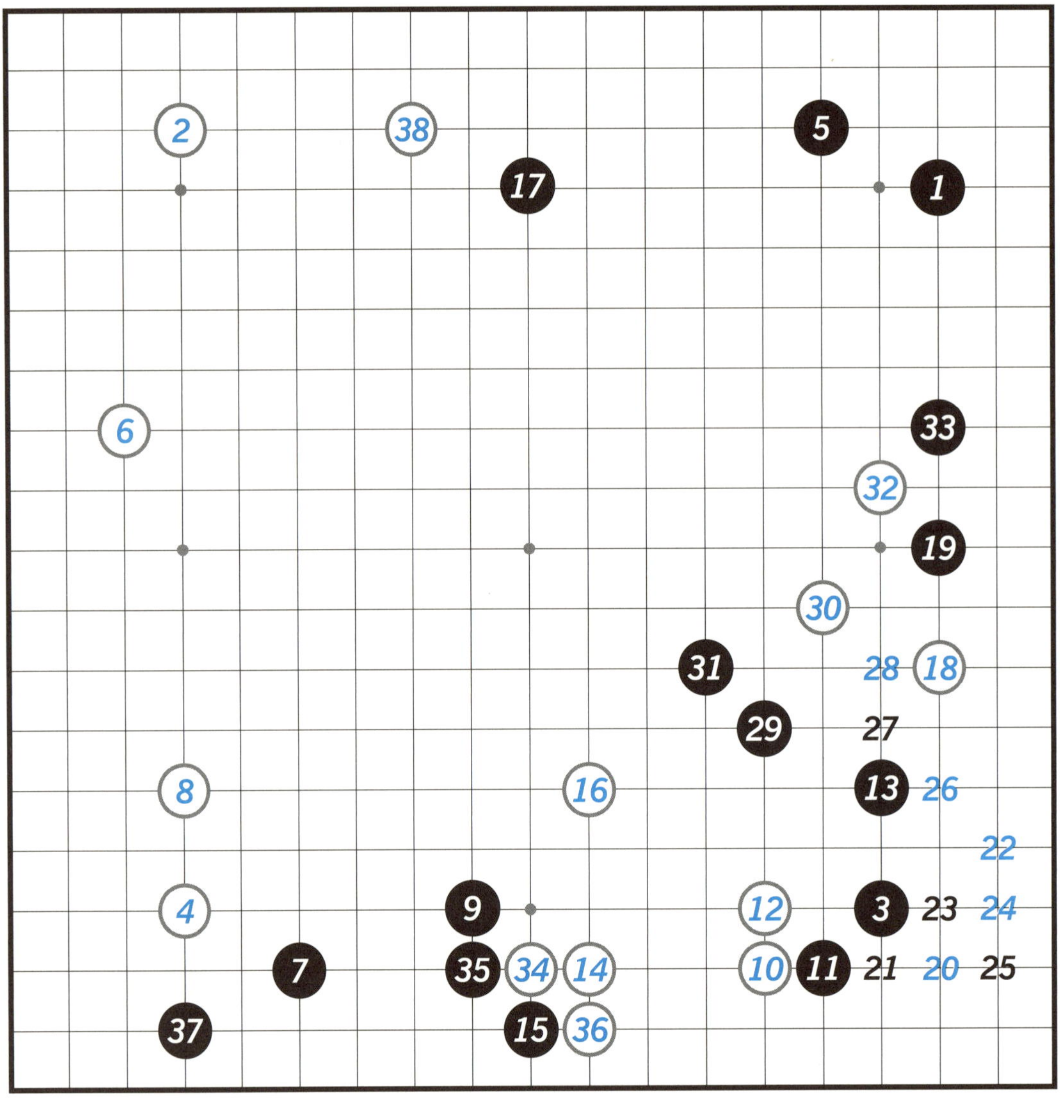

코멘트 백22가 배석을 고려한 좋은 수. 흑과 백 모두 미생인 난전의 시작.

메모

흑 고근태 vs 강동윤 백

한국리그 본선 | 2011년 10월

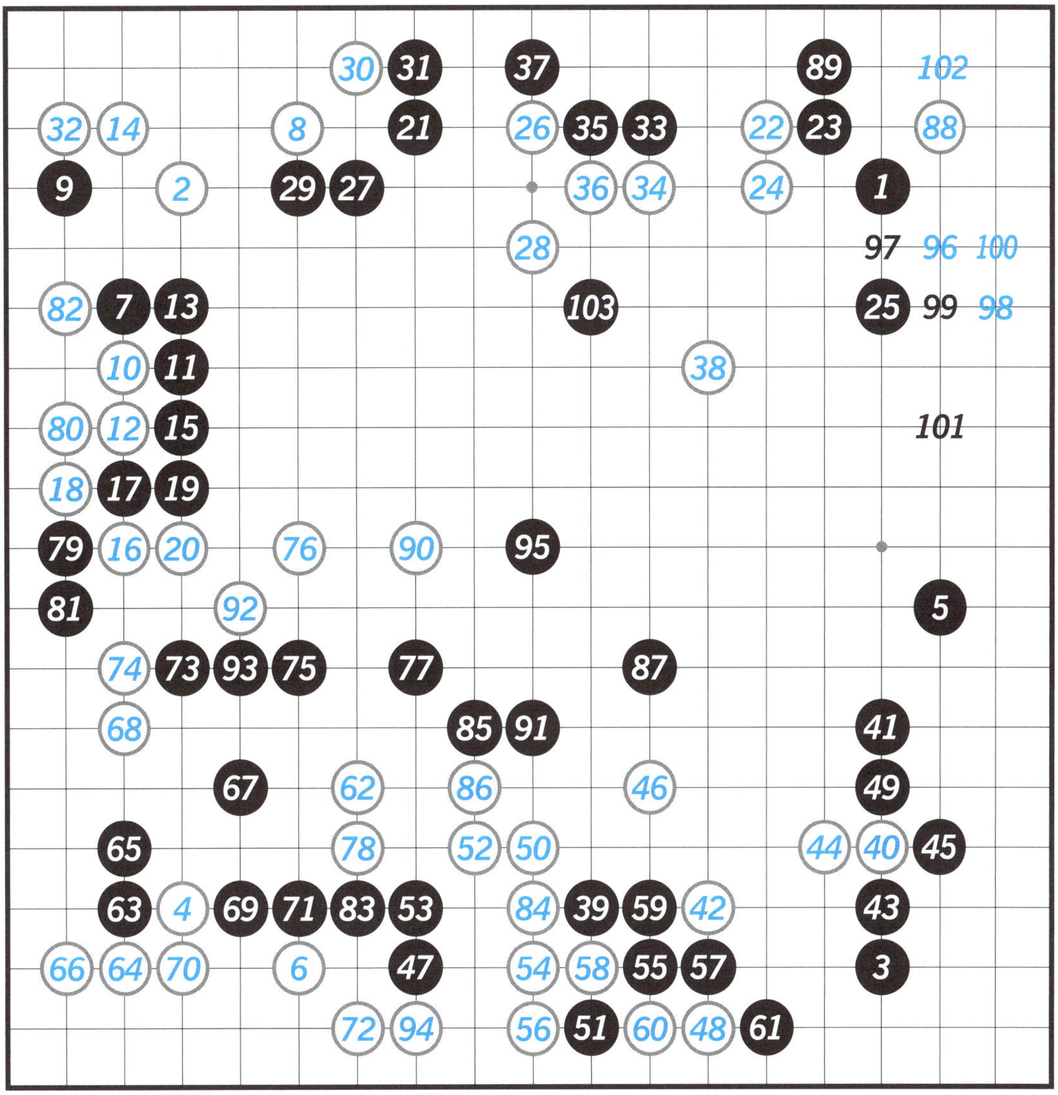

코멘트　귀를 내어주고 두터움을 쌓았다. 이후 흑103이 급소, 결과는 대마 잡고 흑 대승.

메모

흑 이창호 vs 박영훈 백

LG정유배 결승1국 | 2004년 10월

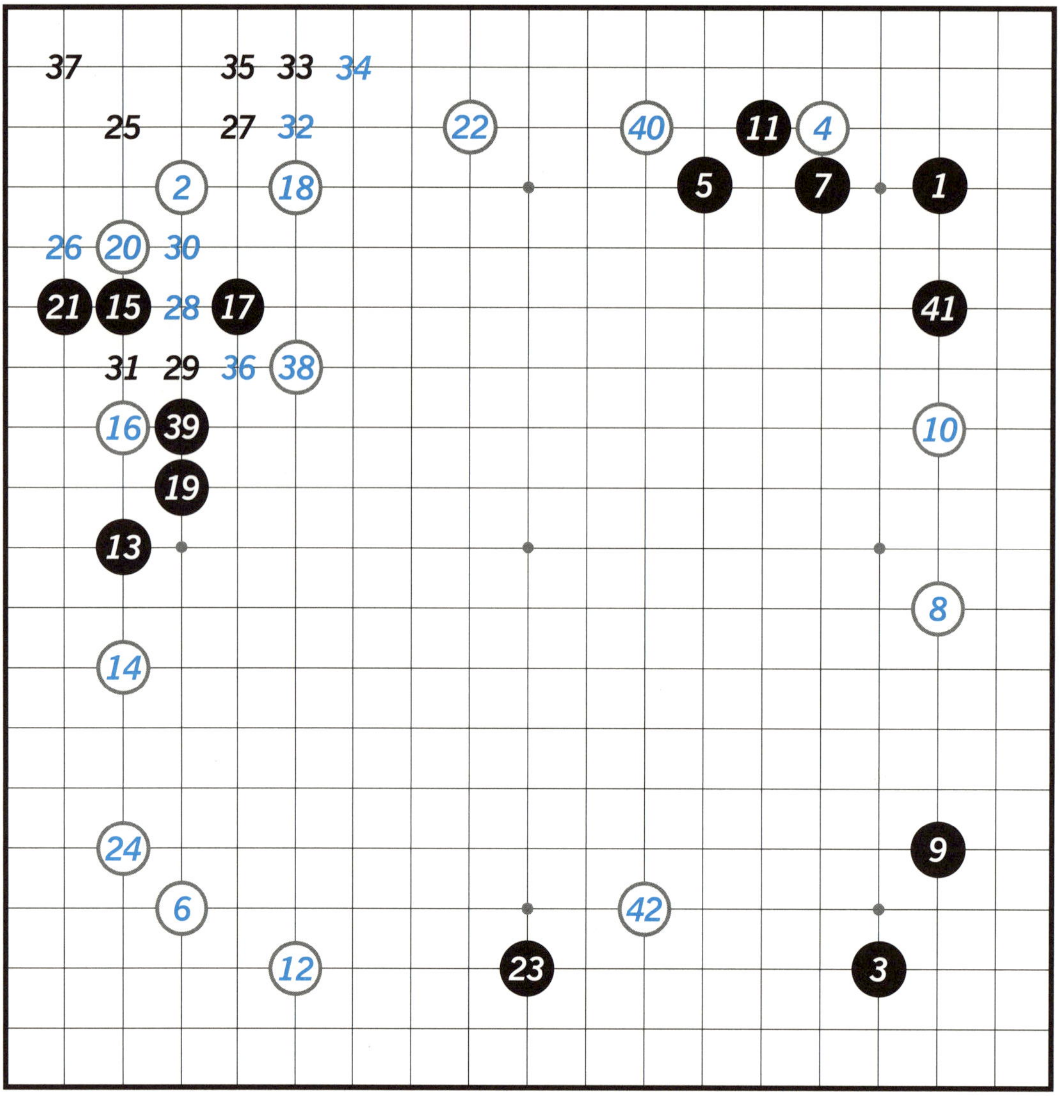

코멘트　백28부터 32까지, 이것 역시 상당히 자주 등장하는 수법.

메모

⚫ 흑 이영구 vs 이상훈 ⚪ 백

한국리그 본선 한게임 : 넷마블 | 2011년 11월

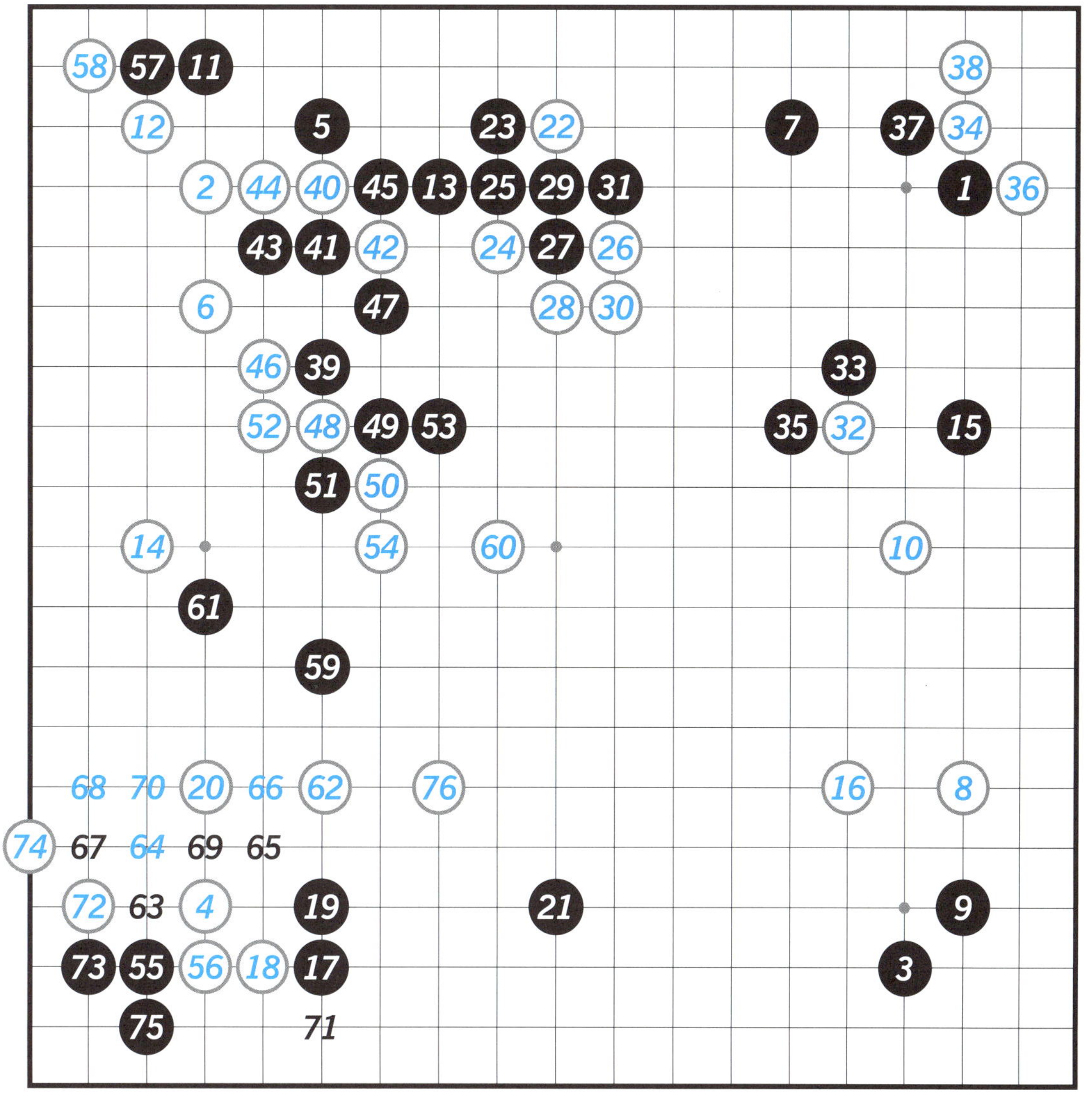

윤준상 9단 추천 수법

프로들의 실전에서 정말 많이 나오는 모양

윤준상 박영훈 9단과는 상대 전적에서 연승과 연패를 반복한 기억이 있습니다. 처음에는 2연패를 당했지만 3연승을 했었고 다시 5연패 했던……. 많이 어려운 상대여서, 비록 속기전이지만, 이번 판을 이기게 돼서 많이 기뻤습니다. 실전에 우상귀 변화는 프로의 실전에서 정말 많이 나오는 모양입니다. 백32 침입에 흑33은 당연한 선택, 이미 상변을 압박하는 모양이기 때문에(흑31 자리) 공격해야 하는 모양입니다. 2013~2014년에는 해군에 복무하면서 큰 성적이 없었지만, 이제 전역했으니 2015년에는 팬 여러분들께 좋은 모습 자주 보여드리겠습니다.

윤준상 9단은 저와 같은 권갑룡 도장 후배로 평소에도 제가 많이 아끼는 후배입니다. 입단하자마자 LG배 세계기왕전에서 본선에 오르며 입단 직후로는 역대 최강 실력이라는 평가도 들었던 기억이 있고요, 2007년에는 전통의 국수전에서 이창호 9단을 상대로 타이틀을 획득하면서 국수 산맥의 계보를 이어가는 멋진 모습입니다. 국내 기전에 비해 세계대회 성적이 저조해서 팬들의 애정 어린 질책을 받기도 했던 윤준상 9단을 앞으로도 많이 응원해주시기 바랍니다.

※ p.31 기보 참조.

입구자 붙임

눈목자 & 두 칸

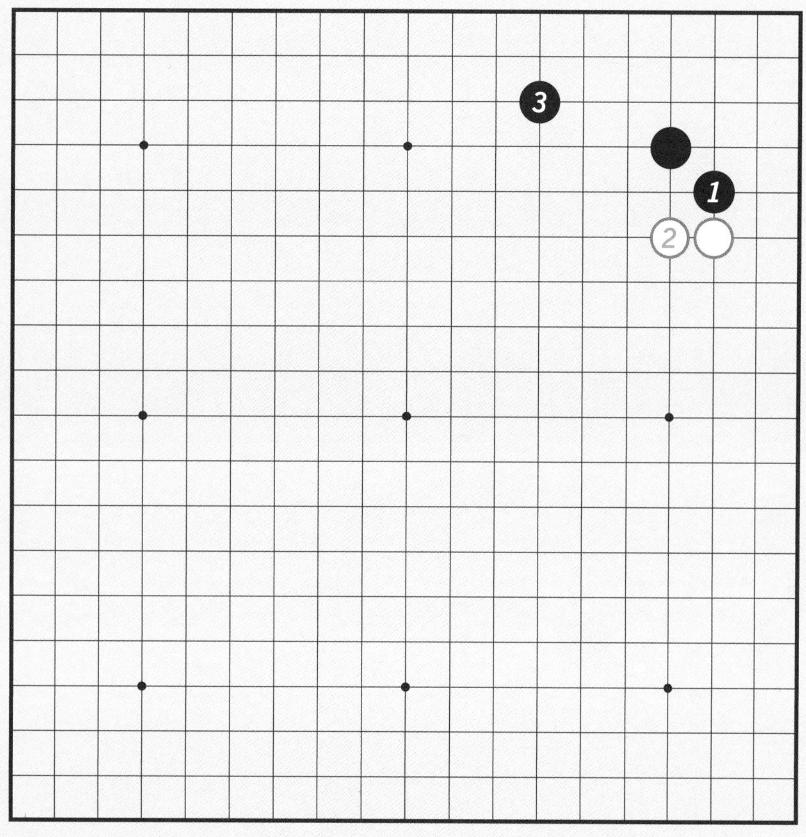

눈목자는 귀의 맛이 나빠서 자주 볼 수는 없지만,
변이 급한 국면에서 가끔 볼 수 있는 수법입니다.

입구자 붙임 – 눈목자 & 두 칸

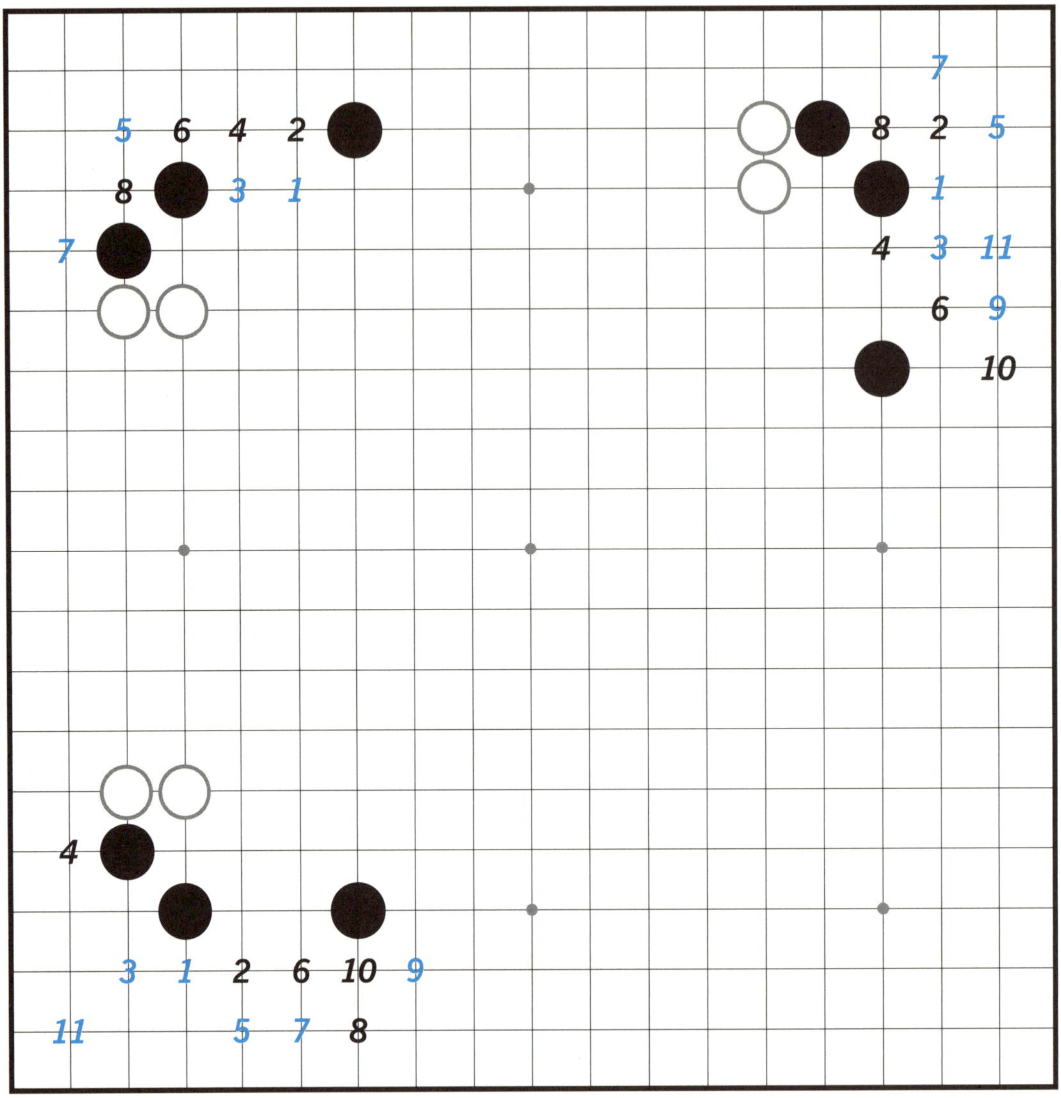

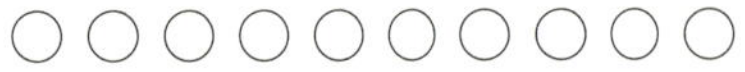

○ △ ✕

눈목자는 백1, 백3의 수법으로 간명한 처리 가능.

두 칸 벌림에는 백1이 좋은 수. 귀를 쉽게 차지.

두 칸 벌림, 눈목자는 프로 실전에 잘 나오지 않는다.

⚫ 박승화 vs 박정환 ⚪백

한국바둑리그 | 2014년 6월

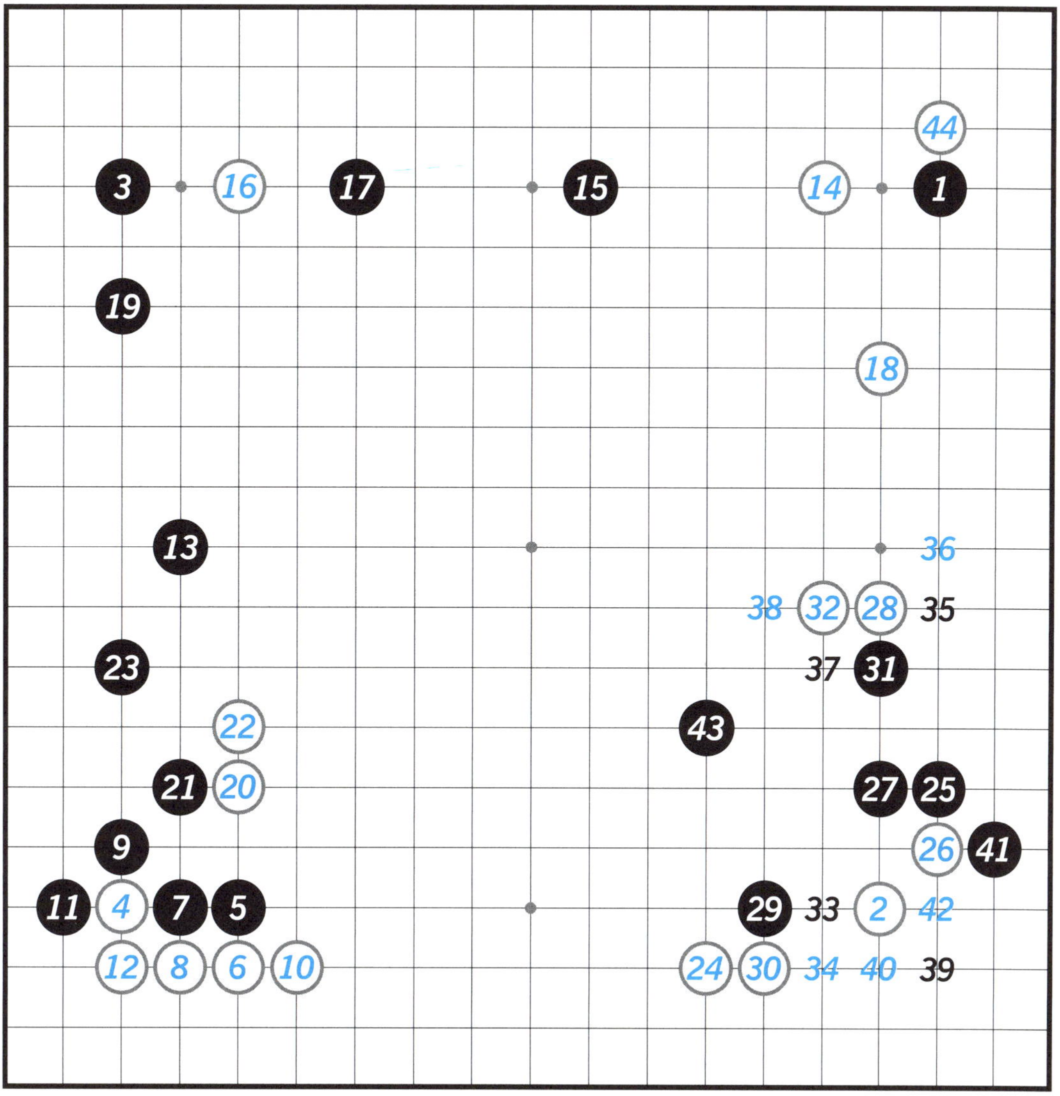

코멘트 p.40 인터뷰 참조.

메모

박승화 6단 추천 수법

주도권을 빼앗기지 않으려는 수법

박승철　안녕, 승화군! 이 바둑에 관해서 인터뷰 좀 부탁해.

박승화　네, 안녕하세요. 박정환과 둔 거네요.

박승철　응. 우하귀에 모양에 대해서 좀 물어보려고.

박승화　네. 보통 백26은 백42자리에 쌍점이 보통인데요. 우상이 좀 독특한 모양이라 주도권을 빼앗기지 않으려는 수법입니다.

박승철　그래도 흑이 흑39, 흑41로 실리로 이득이라 괜찮지 않나?

박승화　네. 저도 부분적으로는 만족이라도 봤는데 특수한 배석이라, 전체적으로는 팽팽하다고 생각합니다.

박승철　상대가 랭킹 1위 박정환 9단이었는데, 느낌은 어땠어?

박승화　뭐, 바둑리그에서 제가 상대 1지명과 대결하면 큰 부담 없이 둘 수 있죠. 제가 못해도 팀이 이기면 되니까요. 그래도 괜찮았던 바둑을 져서 아쉬웠습니다.

박승철　바둑리그는 팀전이니까 느낌은 좀 다르구나. 앞으로 계획이나 목표가 있다면?

박승화　2016년에는 아마 군 입대를 해야 할 것 같아요. 약 1년 남은 만큼 2015년에는 좋은 모습 많이 보여드리도록 노력하겠습니다.

늘 노력하는 모습이 보기 좋은 박승화 6단입니다. 입단이 아주 빠르지도 않고, 번뜩이는 재주가 있는 것은 아니지만 언제나 노력하고 또 노력하는 모습으로 한국 바둑의 허리를 든든하게 지켜주고 있습니다. 2010년에는 농심배 대표, 2011년 LG배 세계기왕전 16강, BC카드배 16강 등의 성적을 보여주었지요. 저와 이름이 비슷해서 혹시 형제 아니냐는 바둑 팬들도 있으십니다만, 제 동생은 박승현 7단입니다.

※ p.39 기보 참조.

날일자 굳힘

붙임

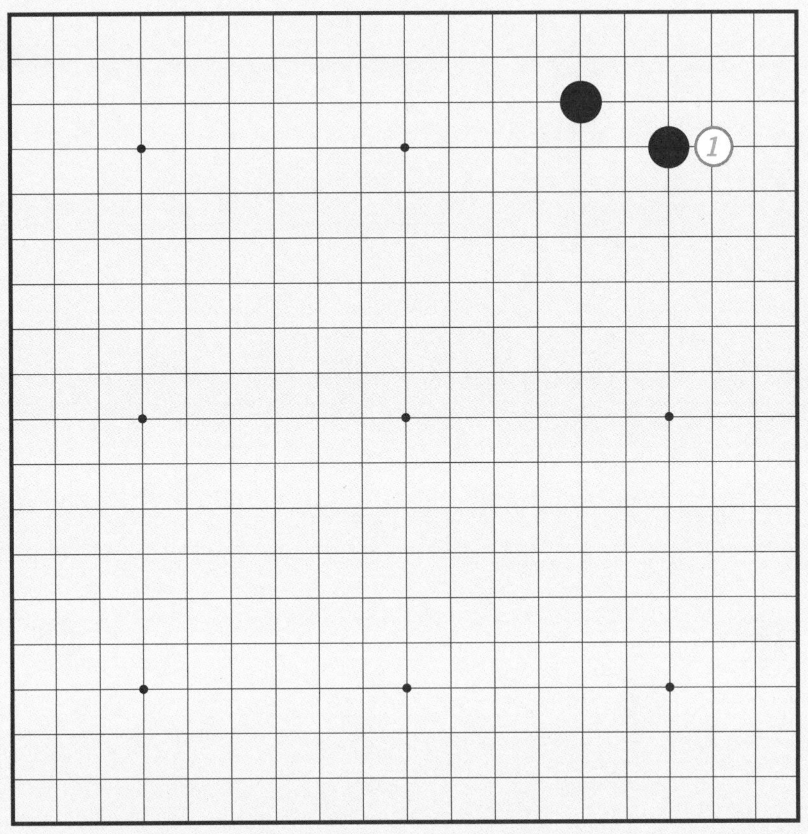

1990년대 이전 바둑에서 화점에 날일자 굳힘은 거의 보기 어려웠습니다만,
중국의 1인자였던 마샤오춘(馬曉春) 9단이 이 수법을 유행시켰지요.
한때 별명이 마날일자(馬小飛)일 정도로 애용했던 수법입니다.
최근에 다시 각광받고 있는 견실한 수법입니다.

정석

날일자 굳힘 – 붙임

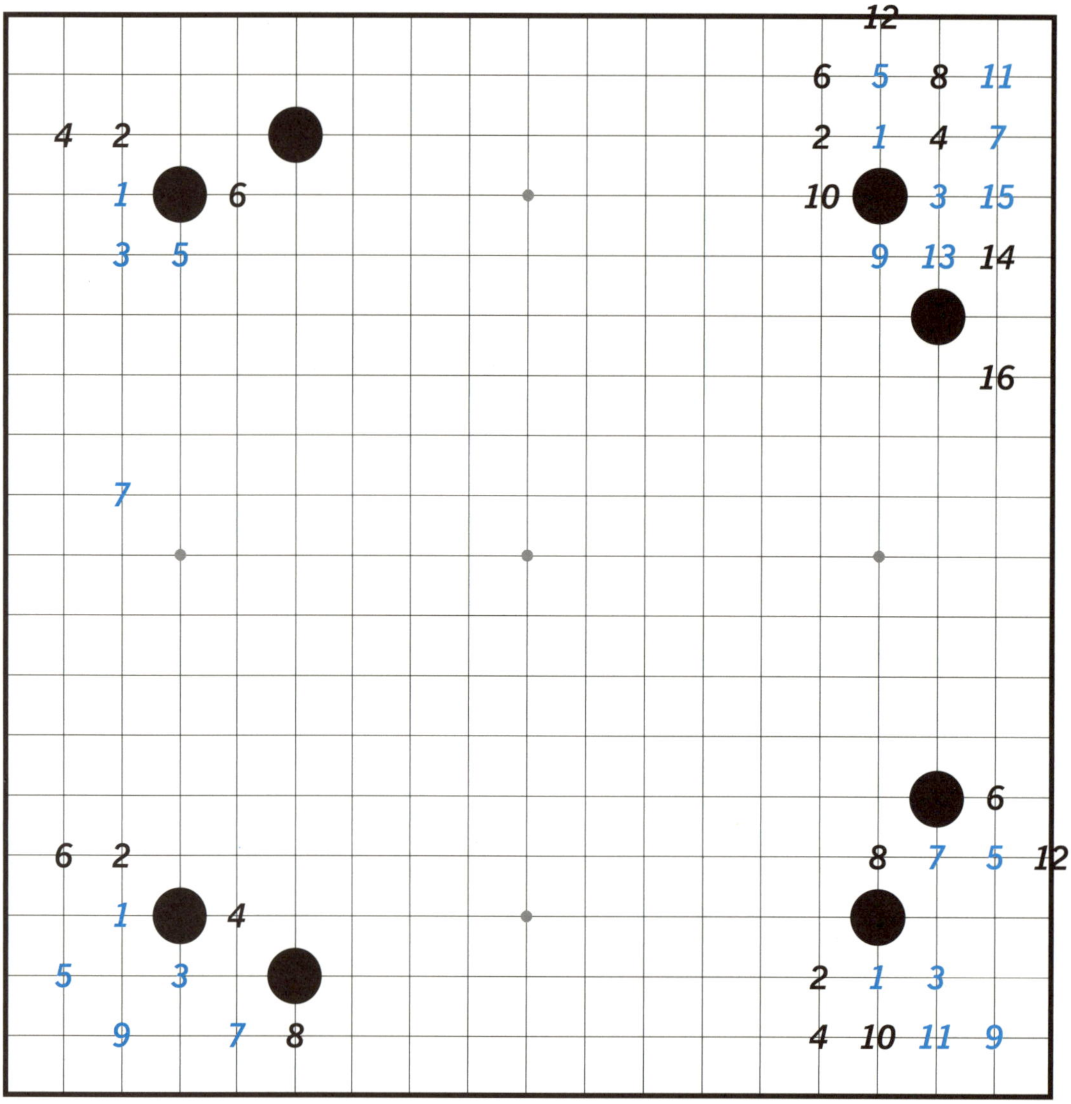

○○○○○○○○○○ ○ △ ×

안쪽 젖힘은 실리 중시.

배석에 따라 곤마를 만들어 공격.

귀를 내어주고 세력을 만듦.

백3은 나쁜 수. 생사마저 위태롭다.

날일자 굳힘 – 붙임

○ ○ ○ ○ ○ ○ ○ ○ ○ ○ ○　　　　　○ △ ✕

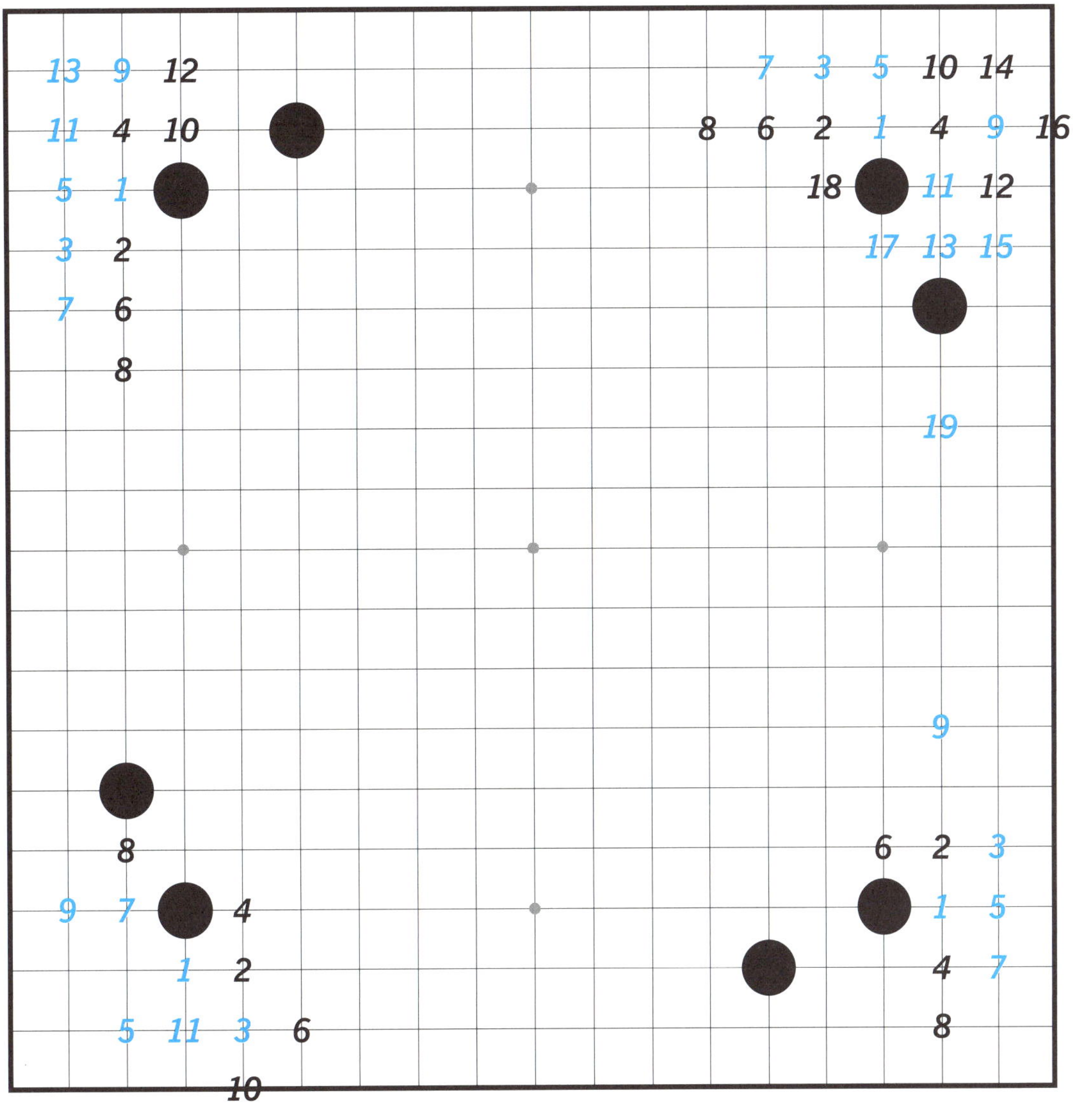

상용의 수법. 호각.

실리적인 수법.

서로 불만 없음.

날일자 굳힘 – 붙임

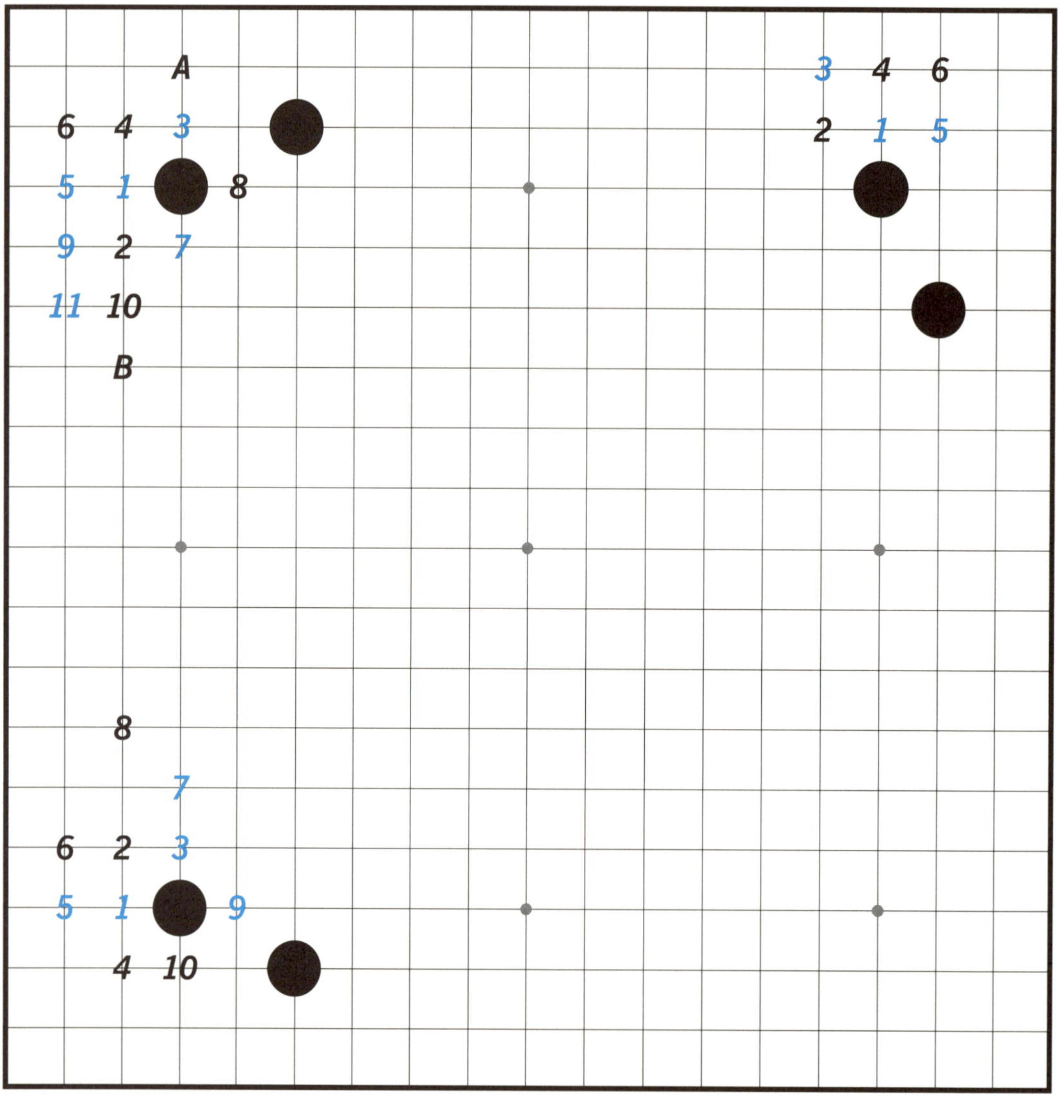

4, 6은 나쁜 수. A, B가 맞보기.

저공비행 변화와 환원.

백3은 무리, 팻감 공작하는 경우 가끔 볼 수 있짘만
부분적으로 손해.

● 흑 천스위엔 vs 이상훈 ⊙ 백

KTF배 본선 | 2002년 3월

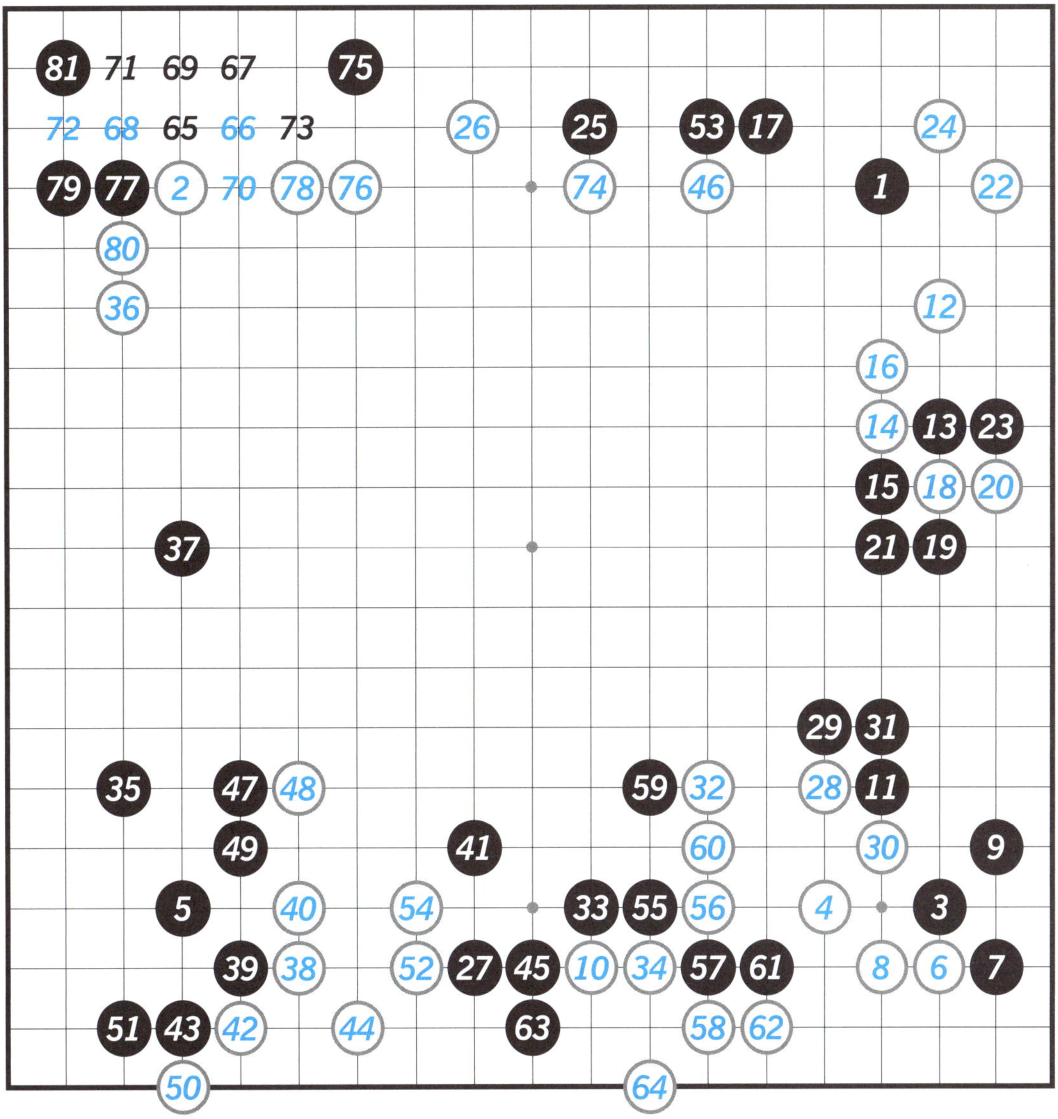

코멘트
대만 국적의 천스위엔, 한국기원 연구생과 입단대회를 통해 프로가 된 후, 군 문제로 귀국하여 지금은 대만에서 활동 중이다.

메모

⚫ 흑 이창호 vs 이성재 ⚪ 백

한국물가정보배 | 2005년 8월

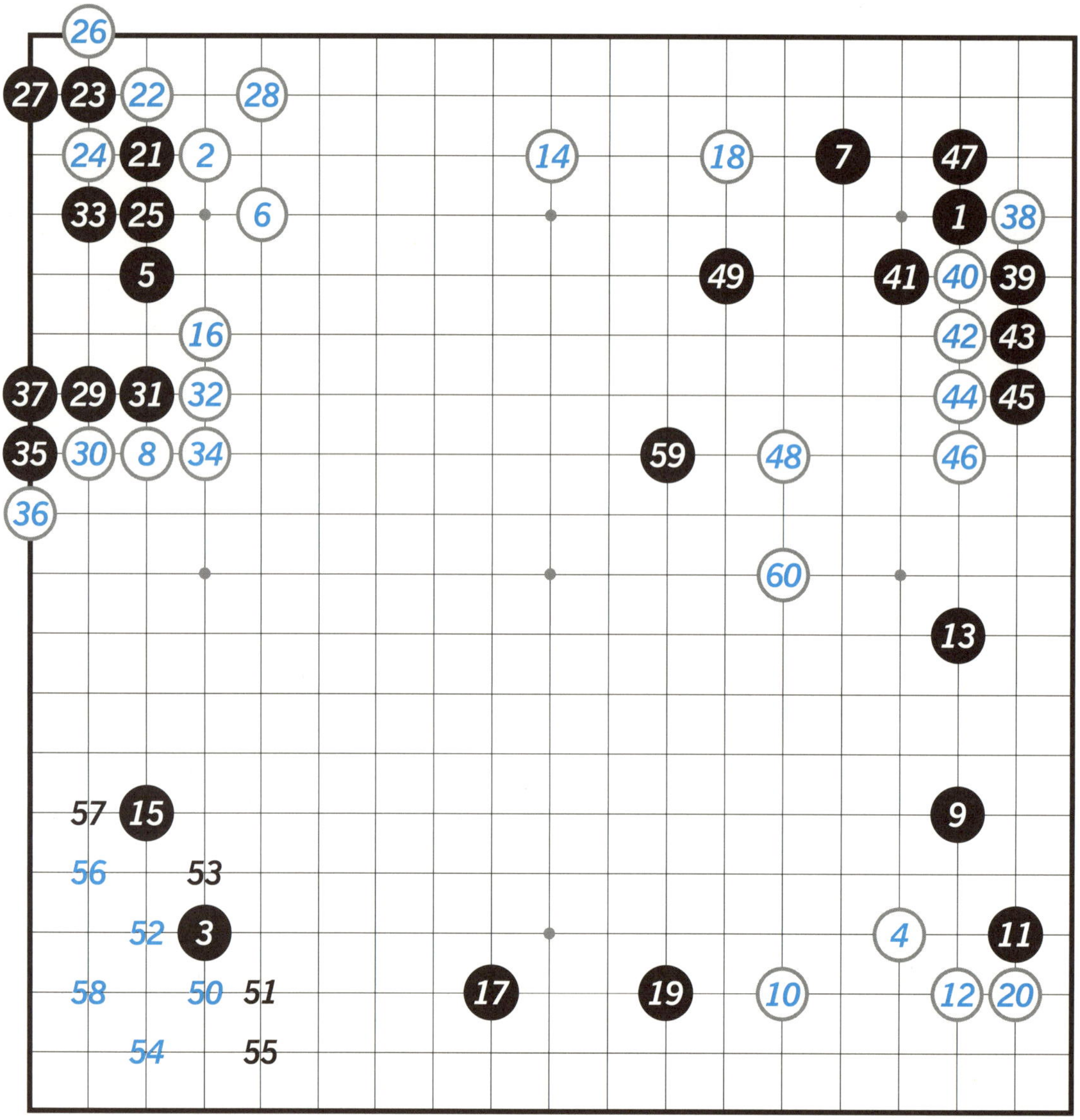

코멘트 p.51 인터뷰 참조.

메모

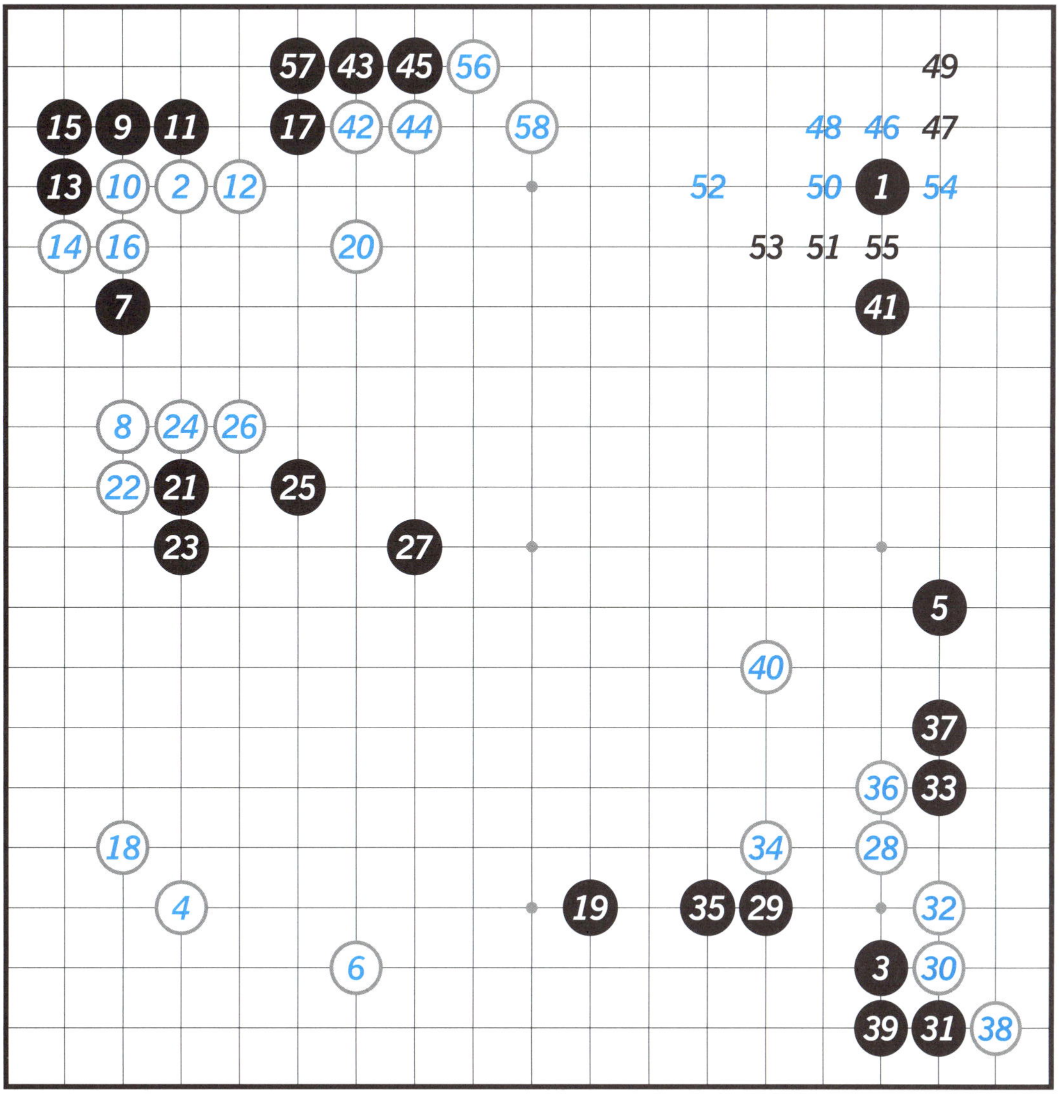

코멘트 흑51은 부분적으로 집 손해가 크지만 판 전체의 두터움을 생각한 수법.

메모

흑 조한승 vs 박영훈 백

영남일보배 결승2국 | 2005년 11월

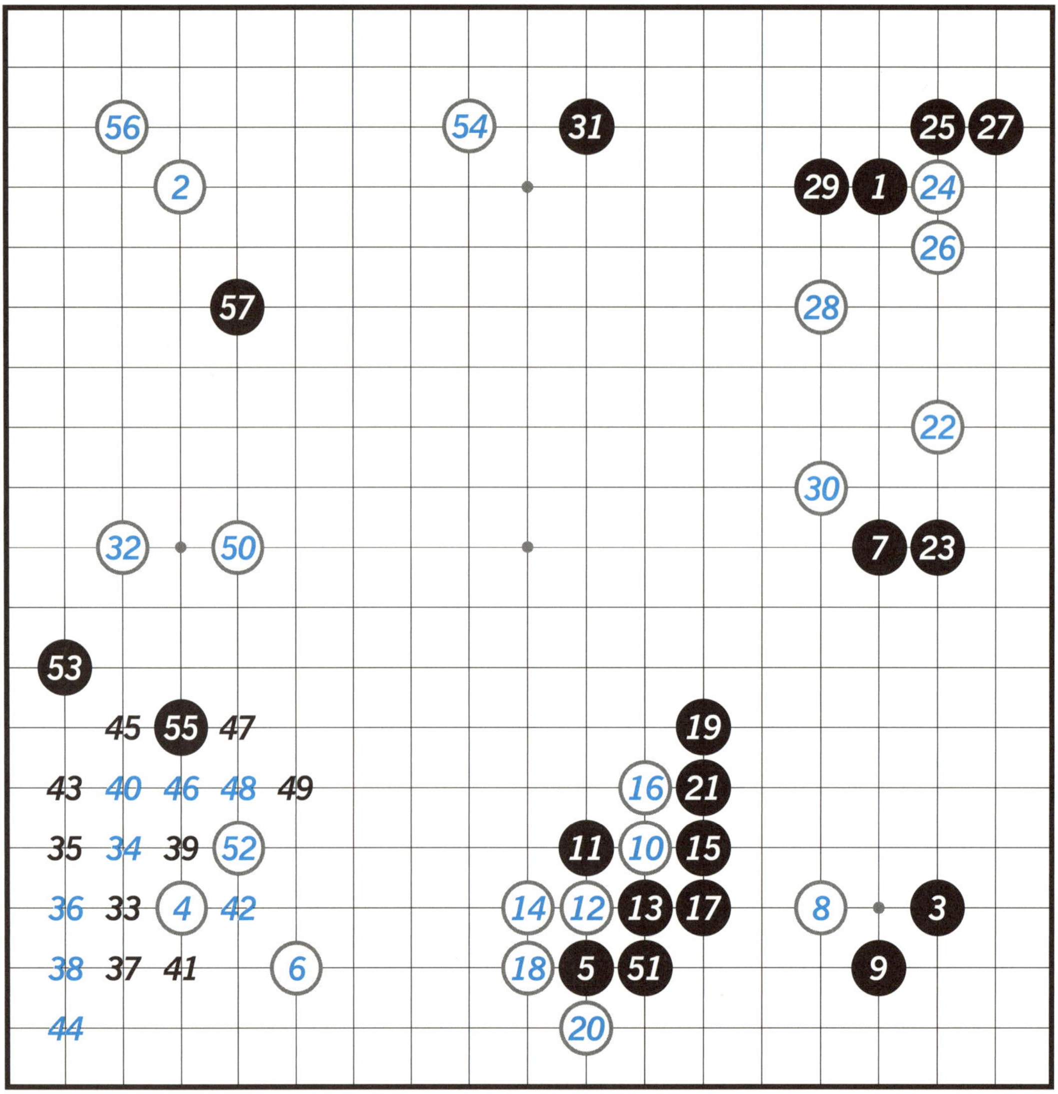

코멘트　좌하 흑47, 49까지. 당시 유행 정석.

메모

흑 장밍주 vs 장주주 백

LG배 세계기왕전 본선 | 2002년 4월

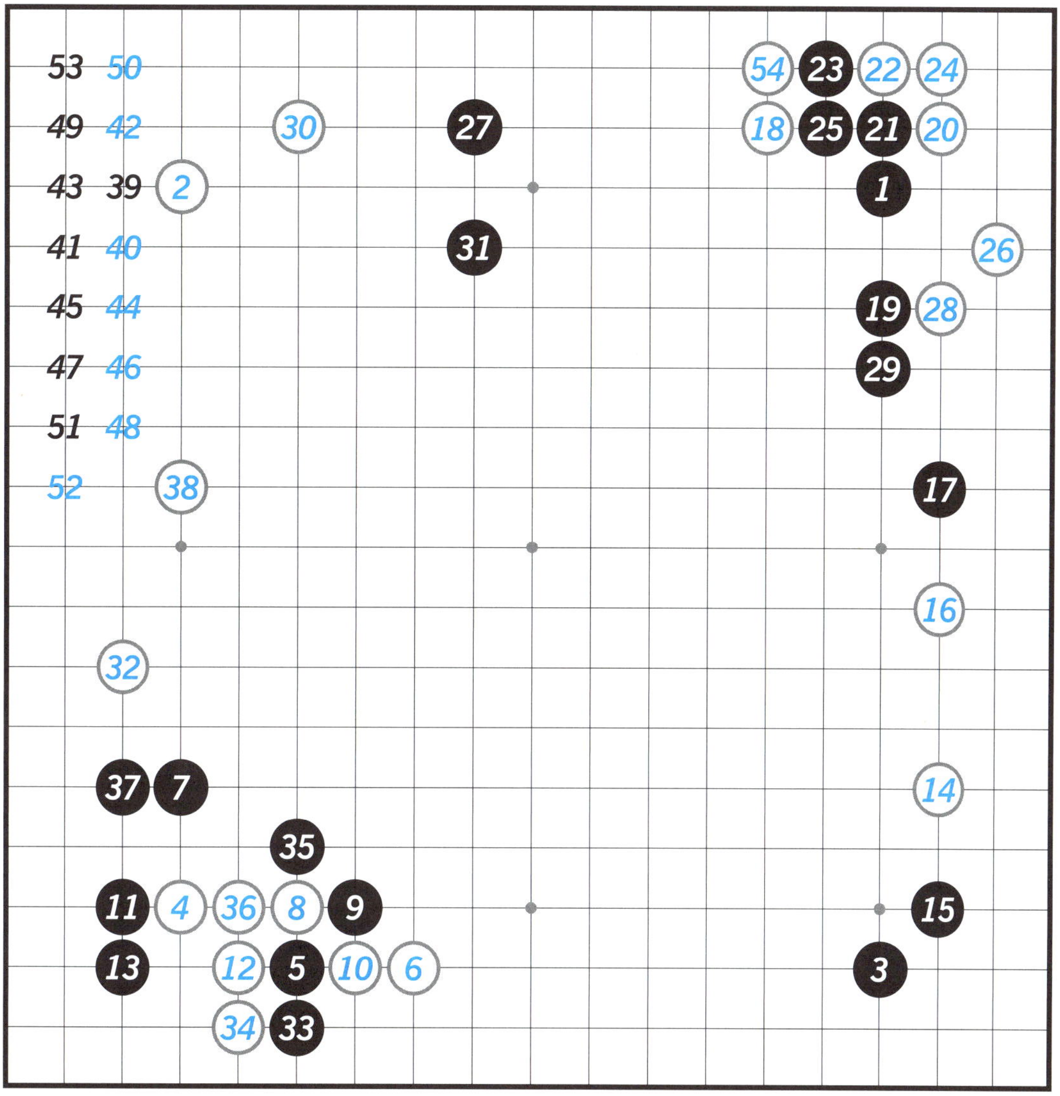

코멘트 형제 대결. 중국계 미국인으로 미주 대표로 참가한 형 장밍주. 루이 9단의 남편으로 한국기원 대표로 참가한 장주주 9단.

메모

흑 천야오예 vs 고노 린 백

LG배 16강 | 2013년 6월

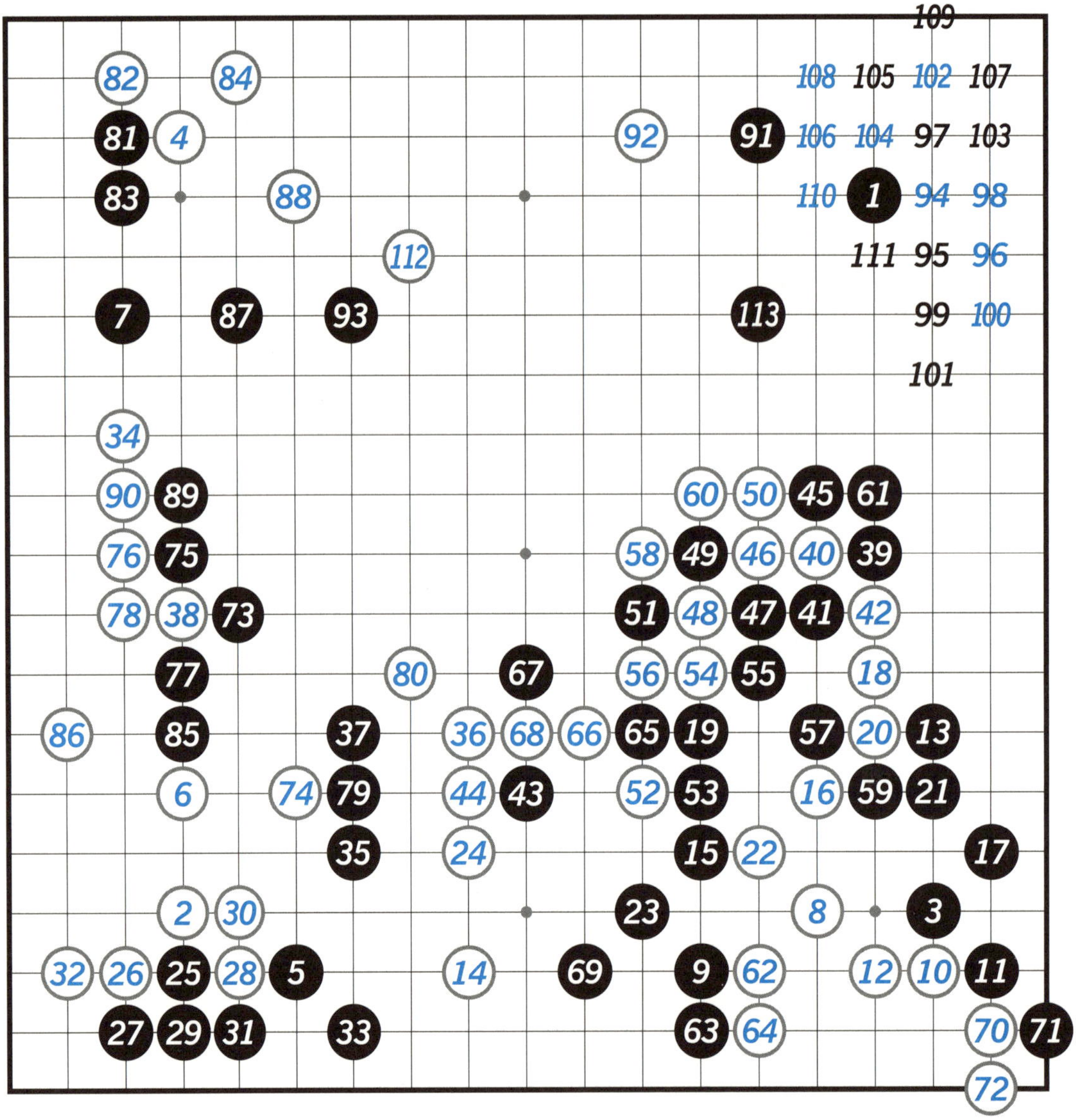

코멘트 흑103은 실리를 고려한 반발.

메모

이성재 9단 추천 수법

부분적인 손해를 감수하더라도 선수를 잡아라!

박승철 성재 형, 1권에 이어서 2권에도 인터뷰 하나만 부탁할게요.

이성재 그래, 당연히 도와줘야지.

박승철 2005년에 이창호 사범님과 둔 바둑인데요. 좌하귀 모양은 어떤 건가요?

이성재 음. 이런 바둑이 있었나? 하하. 좌하귀는 부분적으로는 백이 만족이지. 하지만 흑도 선수를 잡아서 59자리를 차지하려는 전략적인 선택이었어.

박승철 전체적으로는 어떤가요?

이성재 10여 년 전 바둑이지만 지금 보니 백이 좀 느슨하게 보이네. 좌상에서 흑이 너무 쉽게 안정이 되어서 창호 형이 좌하를 쉽게 처리한 것 같아. 백38도 좀 이상한 것 같고.

박승철 좌하귀에 백50으로 붙여왔을 때 흑이 보통 안쪽으로 많이 젖히지 않나요?

이성재 실리적으로는 그게 맞는데, 지금은 좌상 백에 두터움을 견제해야 하는 바둑이니까, 부분적인 손해를 감수하고 선수를 잡은 거지. 판을 넓게 보는 눈이 있네, 역시.

박승철 이 바둑 둘 때 당시 상황은 어땠어요?

이성재 본선에서 나도 2연승, 창호 형도 2연승이었는데 이때는 각 조에서 1위만 올라가는 방식이라 져서 탈락했었어. 이 다음 해는 각 조의 2위까지 올라가는 걸로 바뀌어서 더 아쉬웠지.

명가의 후예로 유명한 이성재 9단입니다. 조남철 국수, 최규병 9단, 이성재 9단으로 이어지는 바둑계 최고의 집안입니다. 최근에는 지방 연구생 지도에도 힘쓰고 있고요. 저에게는 언제나 명쾌하고 심오한 멘트로 많은 화두를 던져주는 고마운 선배 기사이기도 합니다. 바둑 보급에 적극적으로 나서고 있는 이성재 9단의 다음 행마를 응원해주세요!

※ p.46 기보 참조.

날일자 굳힘

한 칸으로 저공비행

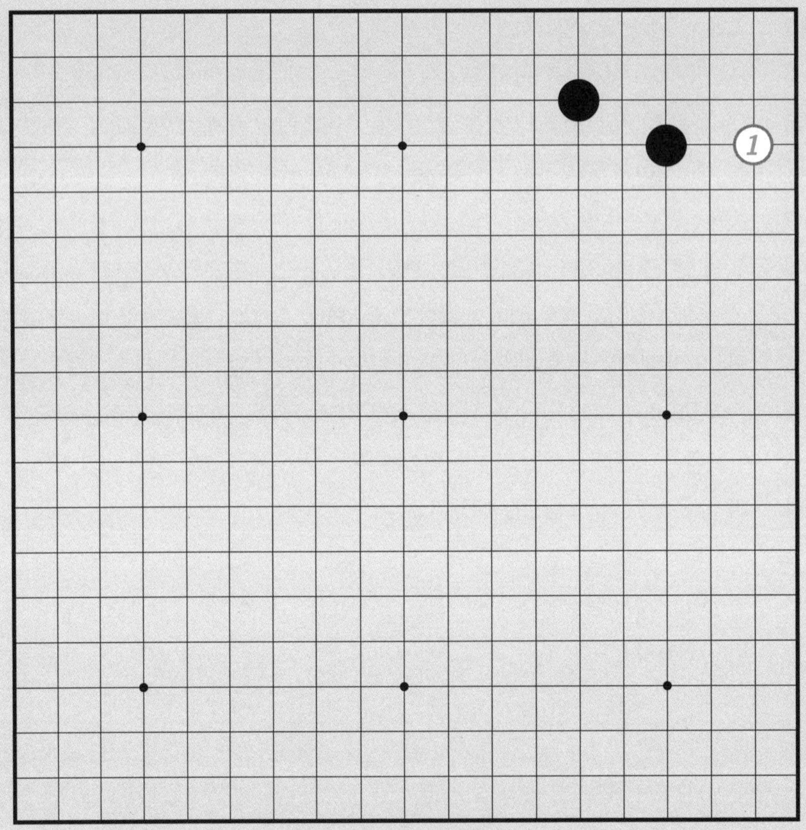

바둑은 체스나 장기와 다르게 돌 하나하나의 능력치가 똑같습니다.
또 왕을 잡는 개념이 아니고, 전체 영토를 누가 더 많이 차지하느냐가 중요하죠.
줄 건 주고, 내가 더 크게 얻는 게 중요합니다.
이미 굳힘을 한 곳에(상대의 돌 2개가 있는 곳에) 내가 착수한다고 좋은 결과를 얻기는 힘들죠.
판을 넓게 보고 최대한 간명하게 처리하는 개념을 익히는 게 이번 장의 목표입니다.

날일자 굳힘 – 한 칸으로 저공비행

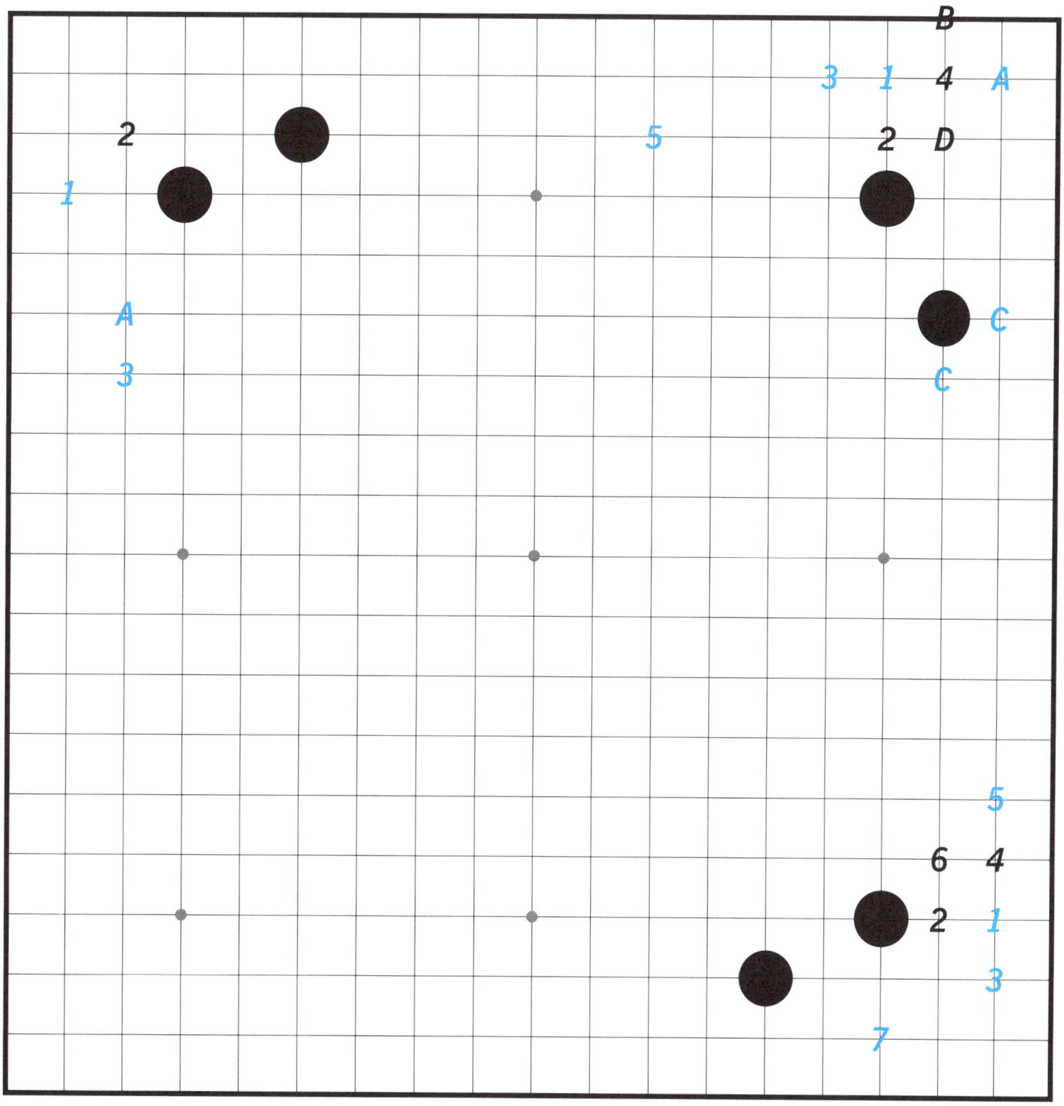

○○○○○○○○○○ ○ △ ✕

백1은 실리에 민감한 수법, 흑2가 가장 간명. 백3은 A도 가능.

흑2가 가장 많이 두어지는 수법. 이후 A에 B는 C의 붙임으로 맛이 나쁘다. A에 D로 양보가 보통 진행.

배석에 따라 백3의 귀 차지도 가능.

날일자 굳힘 – 한 칸으로 저공비행

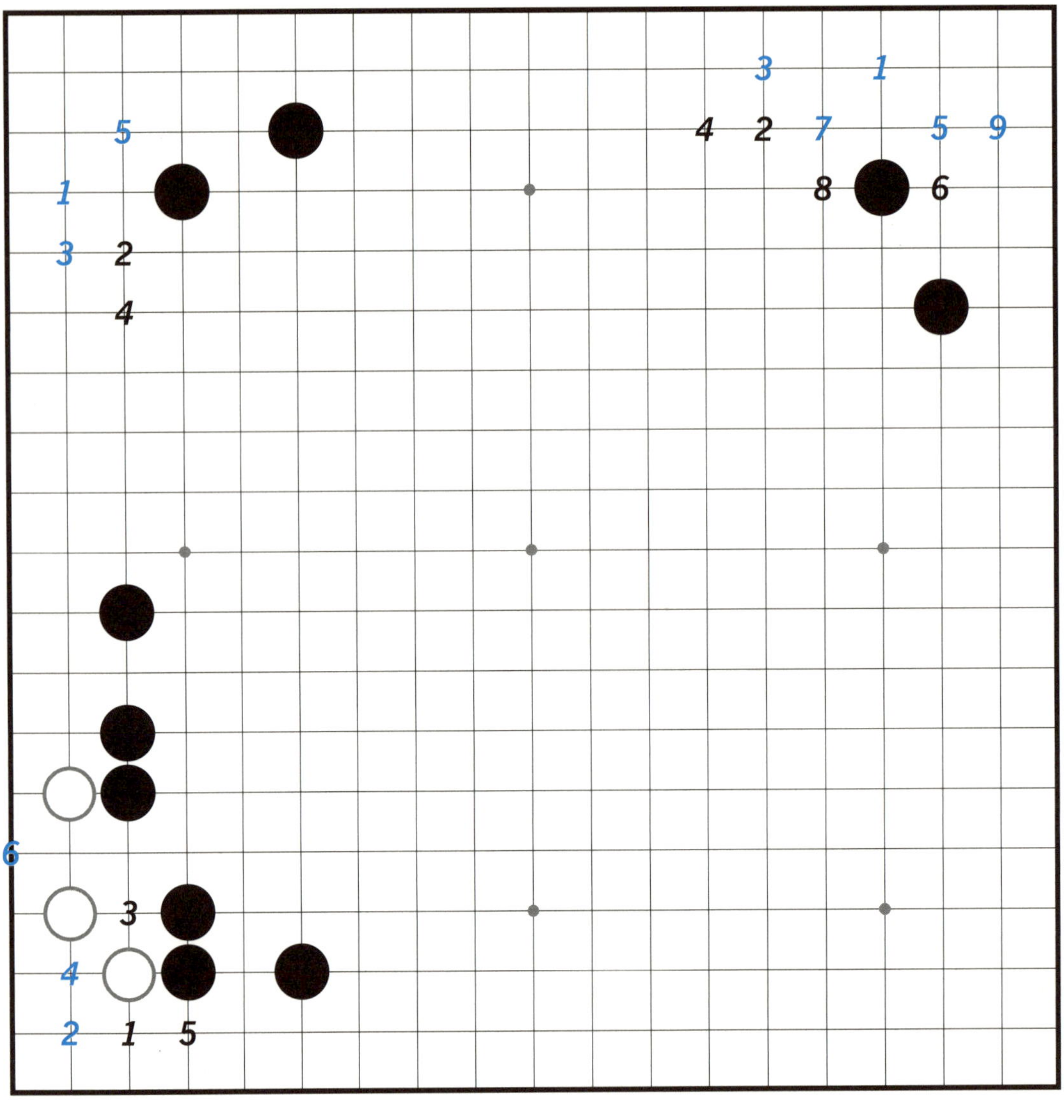

흑이 세력을 선택한 수법들. (반상 전체)

주위가 튼튼해도 잡지는 못함.

백7, 백9는 손 빼도 살아 있지만 한 수의 가치가 충분하다.

날일자 굳힘 – 한 칸으로 저공비행

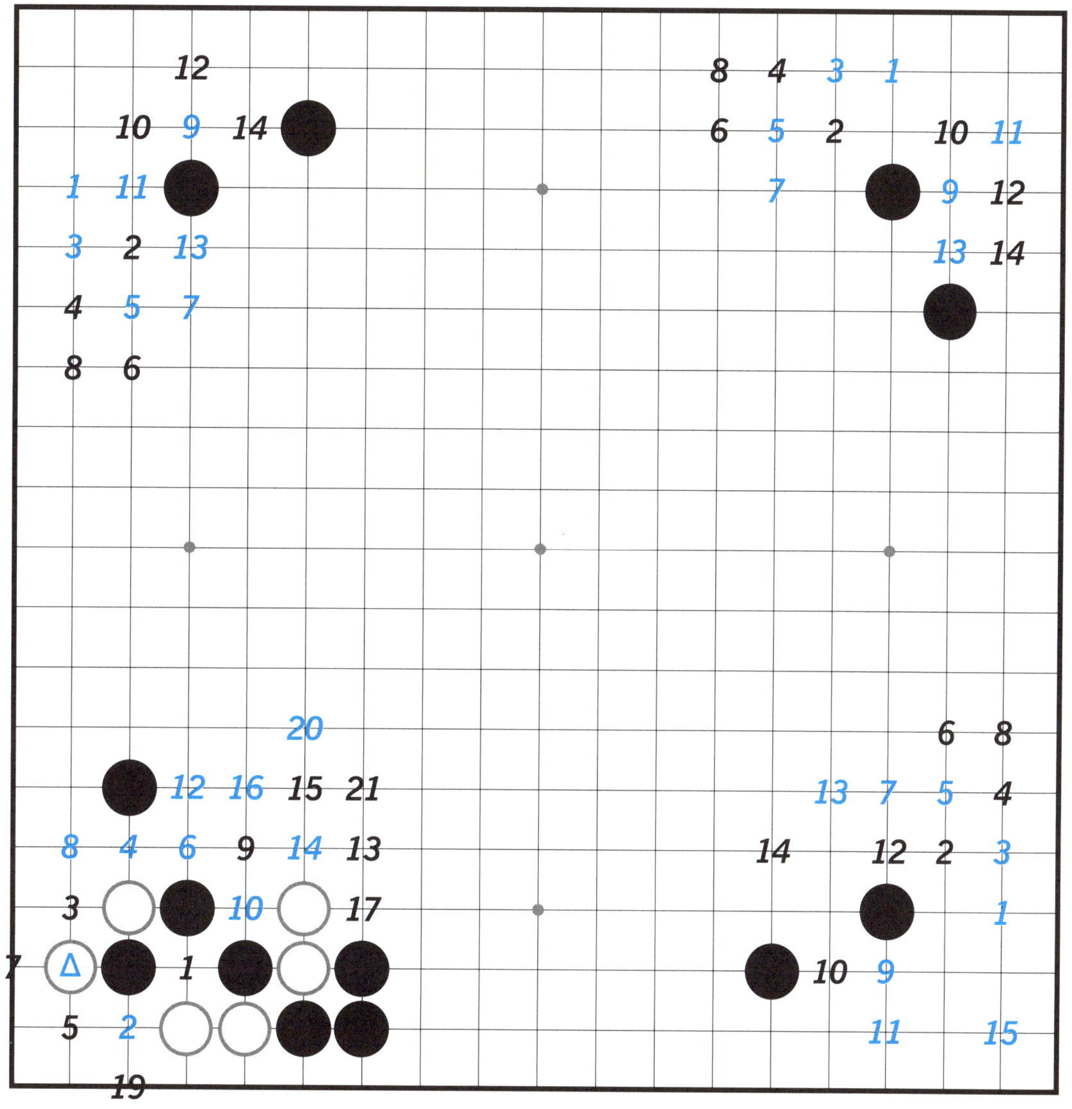

흑의 변신. 자주 나오는 모양.

축이 유리하다면 백11의 수법이 가능.

(우상에 이어서) 복잡한 수순들.

흑10은 무기력. 백 만족의 변화.

정석 날일자 굳힘 – 한 칸으로 저공비행

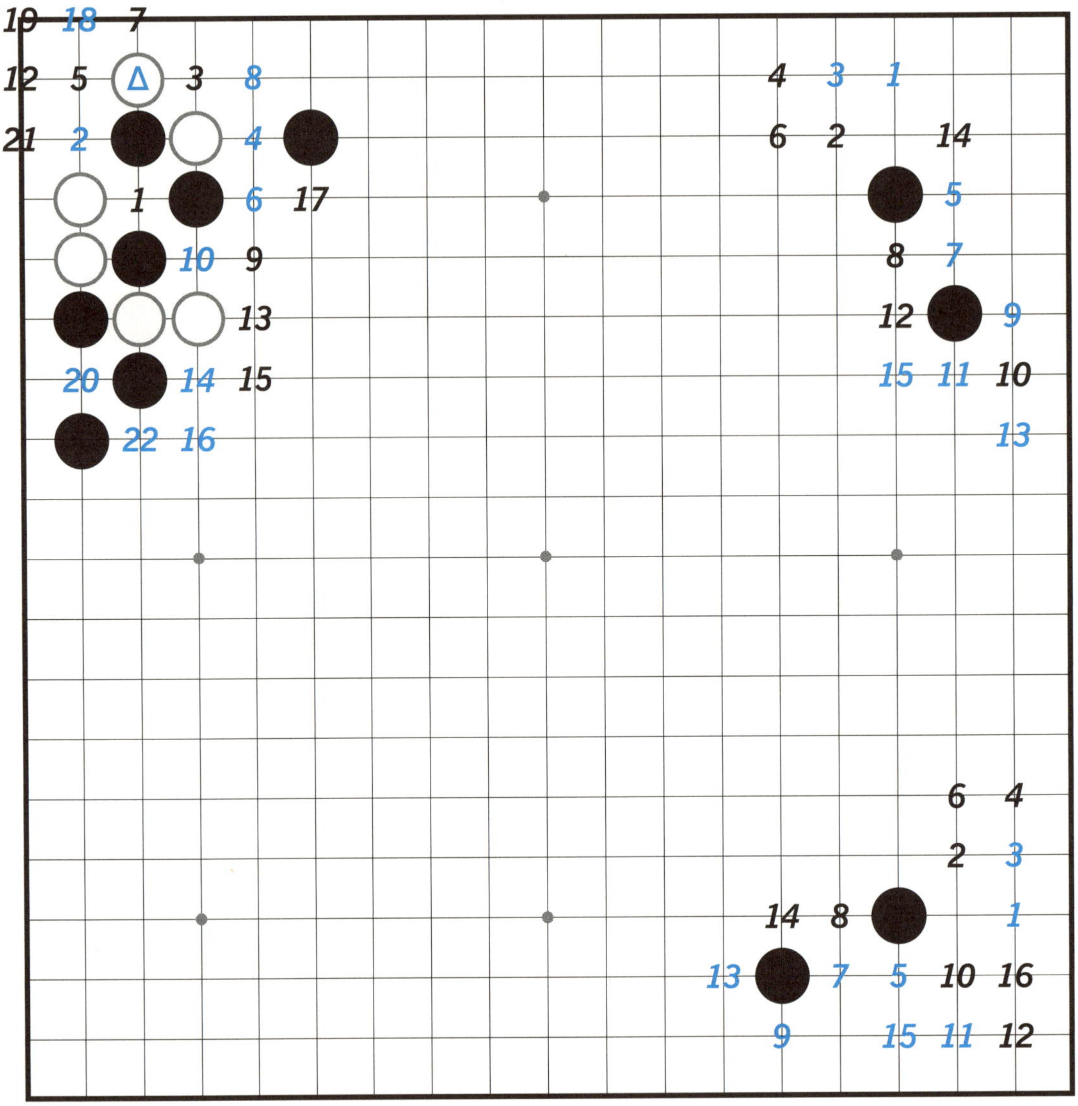

※11=△

(이어지는 변화) 복잡한 패 변화.	백5의 변화도 배석에 따라 유력하다.
	백5의 변화도 배석에 따라 유력하다.

날일자 굳힘 – 한 칸으로 저공비행

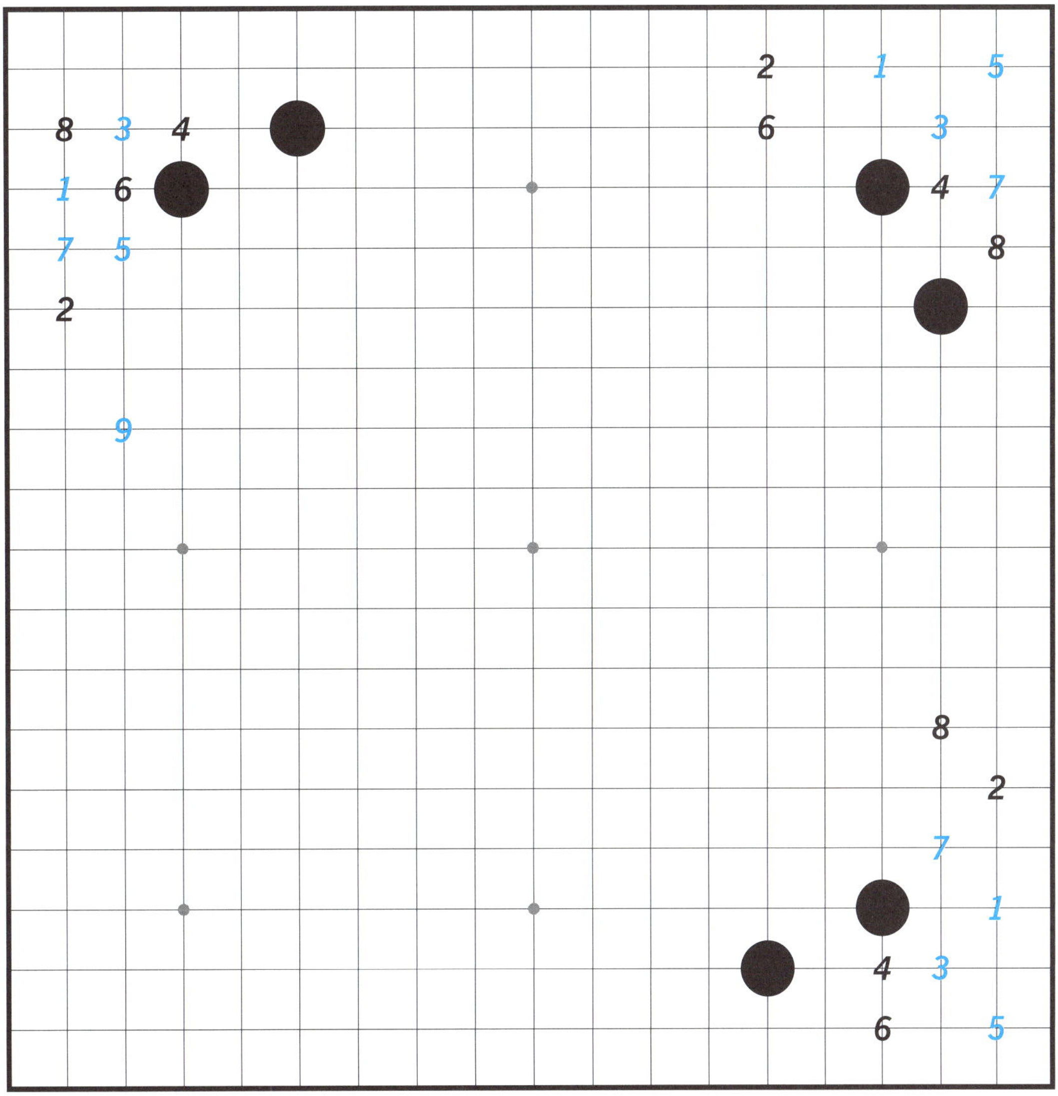

흑2가 프로들이 좋아하는 응수.

흑6이 패맛을 남기는 좋은 수.

흑6으로 곤마를 만드는 것도 가능.

흑 이창호 vs 박영훈 백

LG정유배 결승3국 | 2004년 11월

코멘트 백100, 102로 실리를 선택.

메모

⚫ 흑 루이나이웨이 vs 이창호 ⚪ 백

KBS 바둑왕전 | 2004년 4월

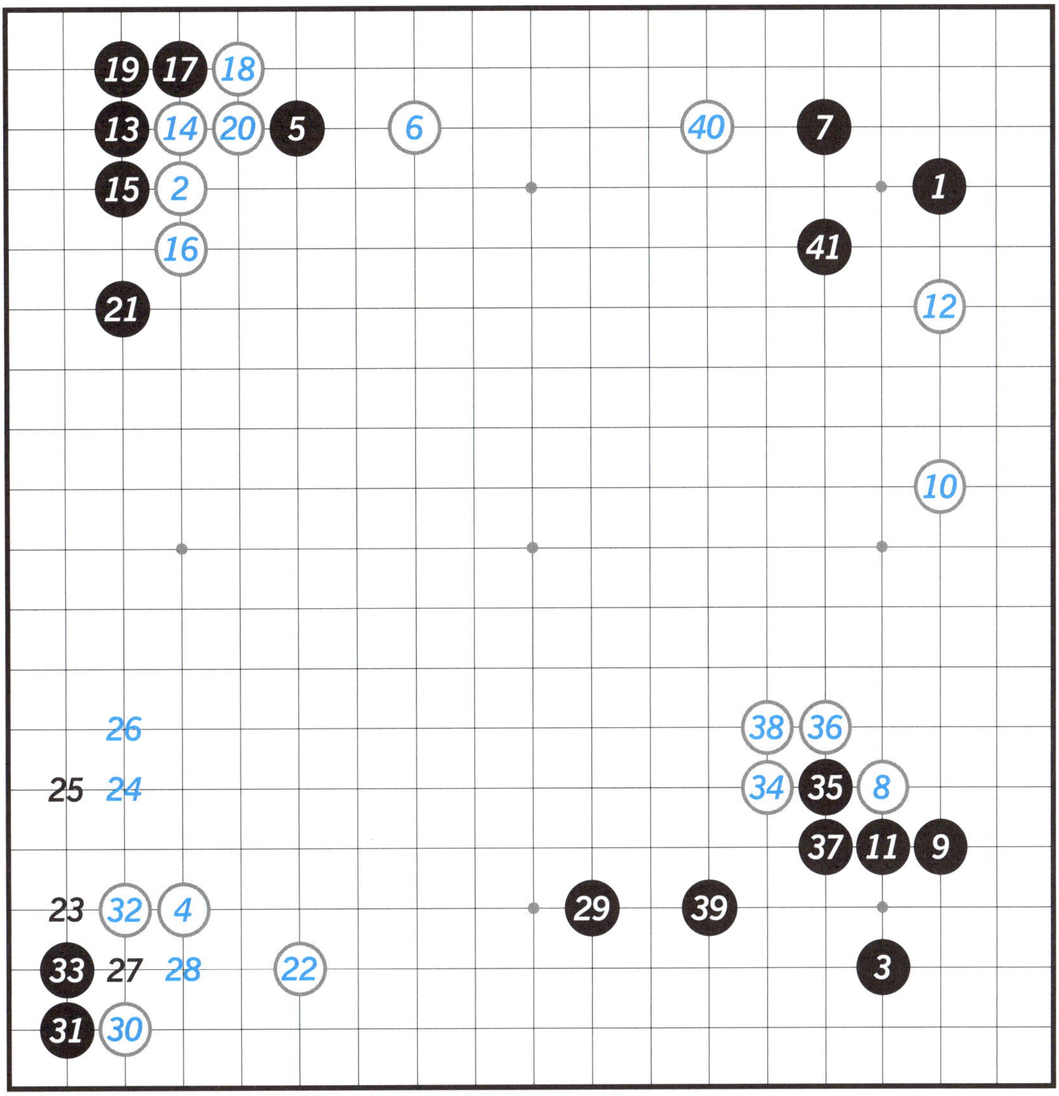

코멘트　루이 9단의 한국 활동 당시 기보. 지금도 중국기원에 매일 출석하여 훈련 일정을 소화하며 바둑 공부를 한다.

메모

흑 윤혁 vs 강동윤 백

전자랜드배 8강 | 2008년 7월

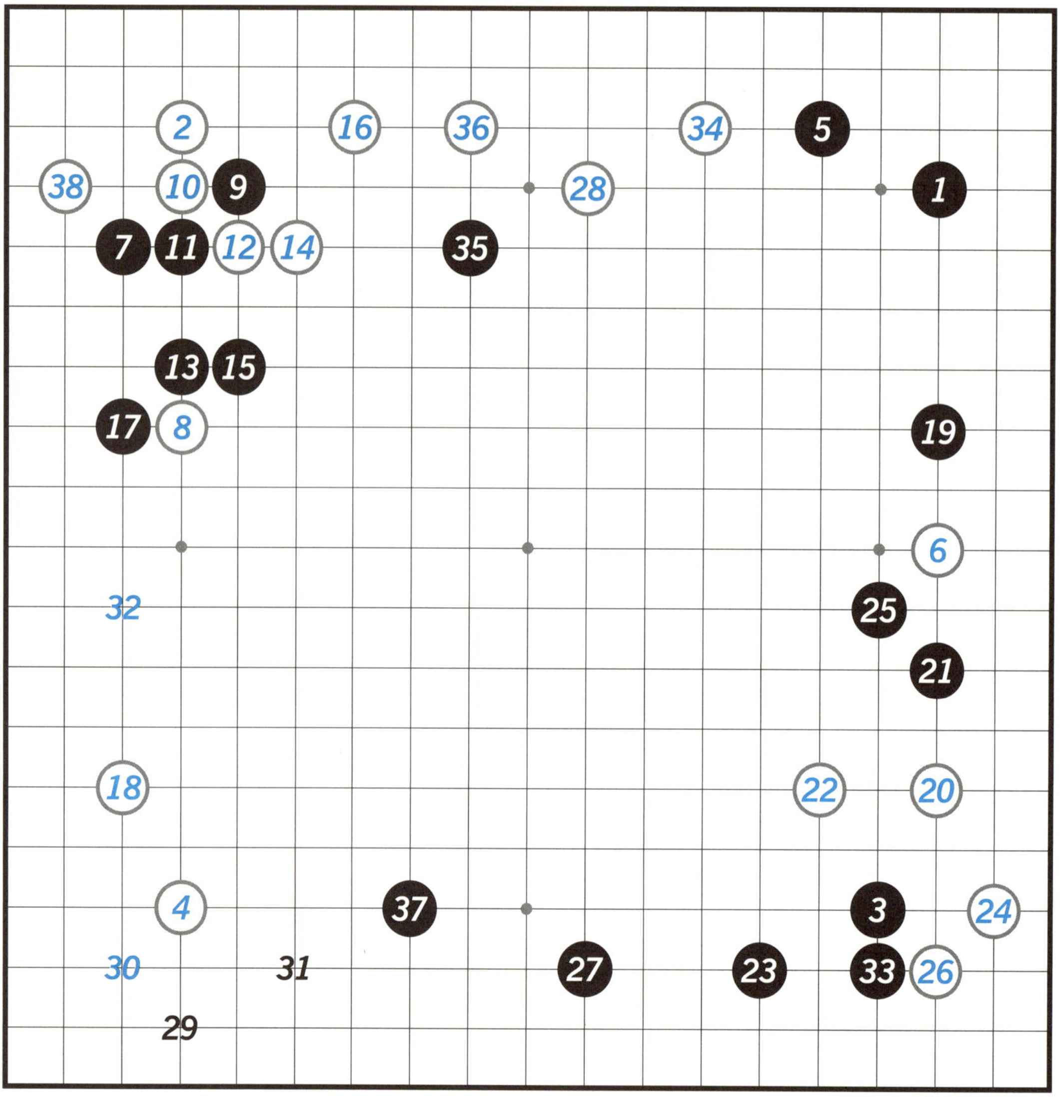

코멘트

메모

● 흑 이지현 vs 홍민표 ⑭ 백

렛츠런파크배 본선 16강 | 2014년 9월

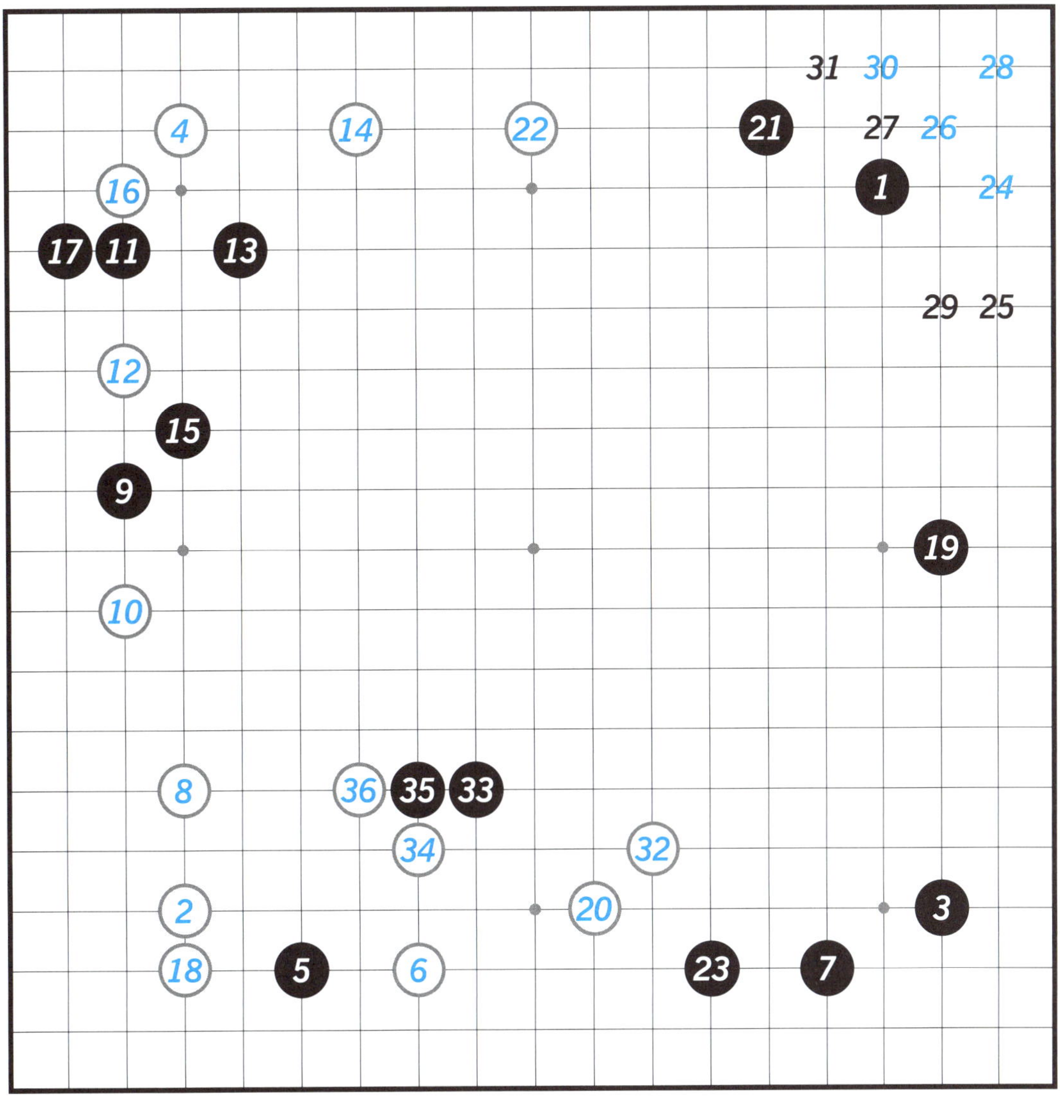

코멘트   흑29가 귀에 패맛을 남기는 좋은 수.

메모

흑 판팅위 vs 박정환 백

응씨배 결승4국 | 2013년 3월

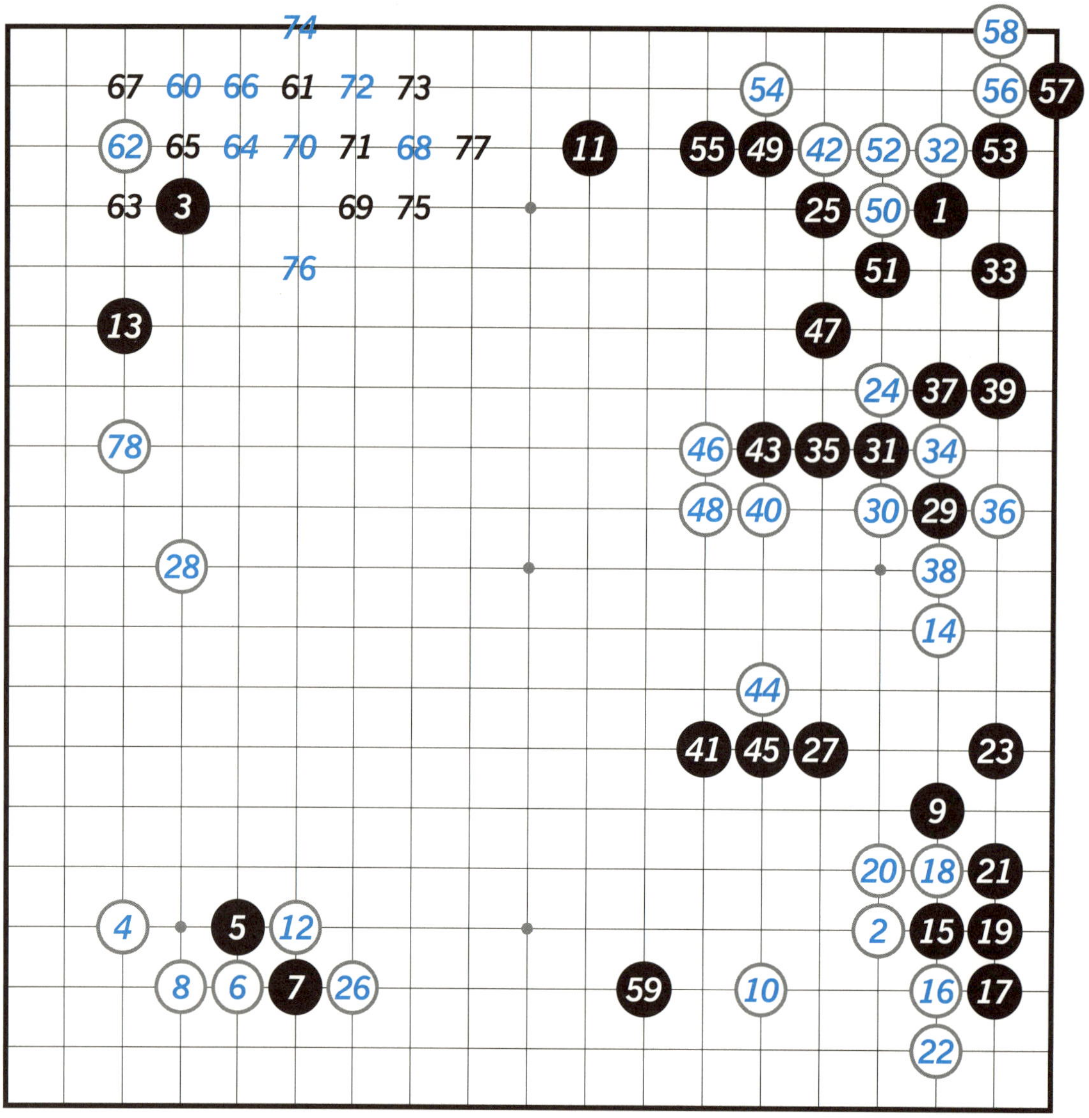

코멘트 2013년 한국 바둑의 개인전 무관의 빌미가 된 통한의 역전패.

메모

⬤ 흑 원성진 vs 박창명 ⚪ 백

물가정보배 본선 | 2014년 8월

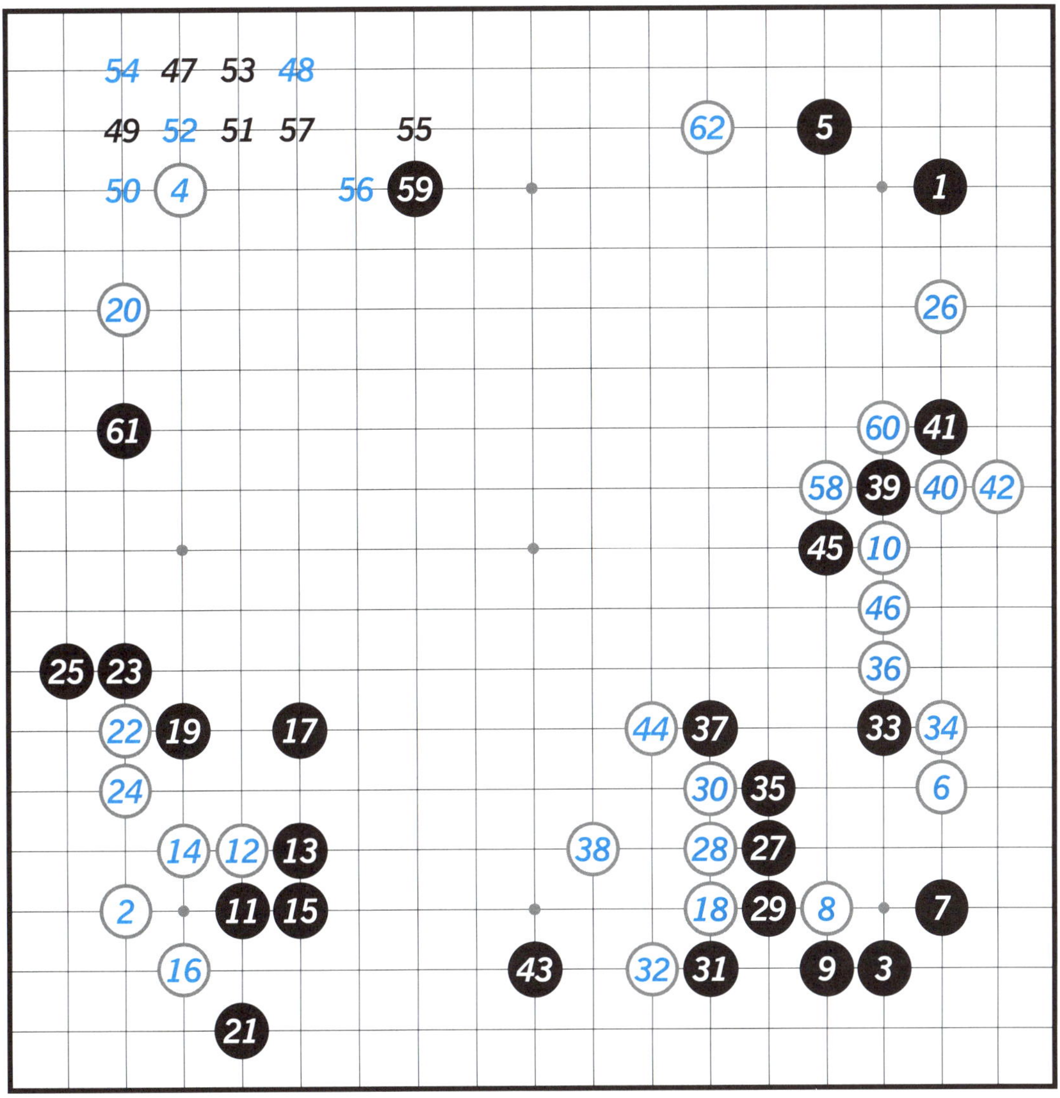

흑 박승철 vs 김승재 백

BC카드배 신인왕전 | 2008년 1월

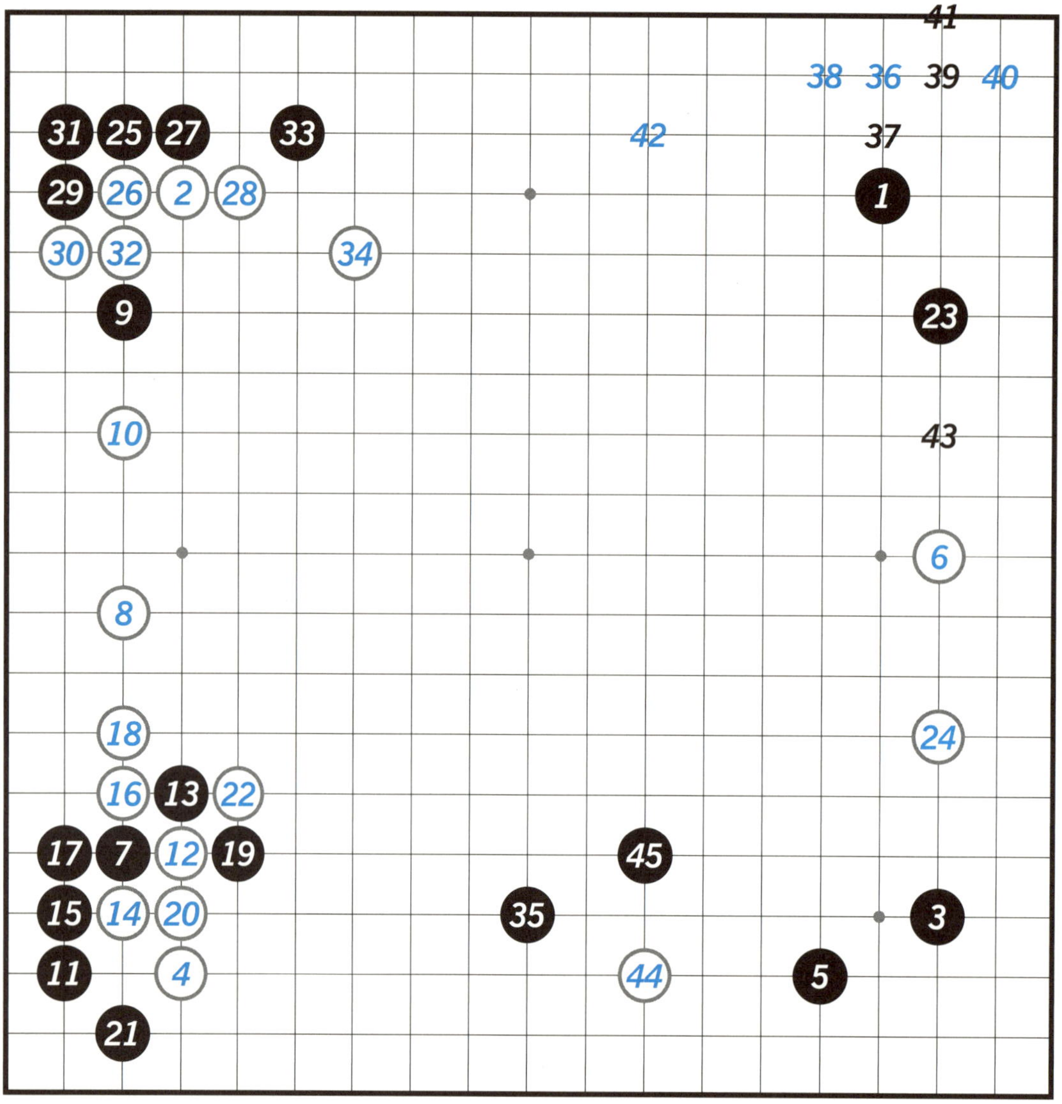

코멘트   흑41도 가능한 수법. 단 바로 43으로 지켜야 한다.

메모

흑 박정환 vs 탄샤오 백

농심배 본선 | 2014년 2월

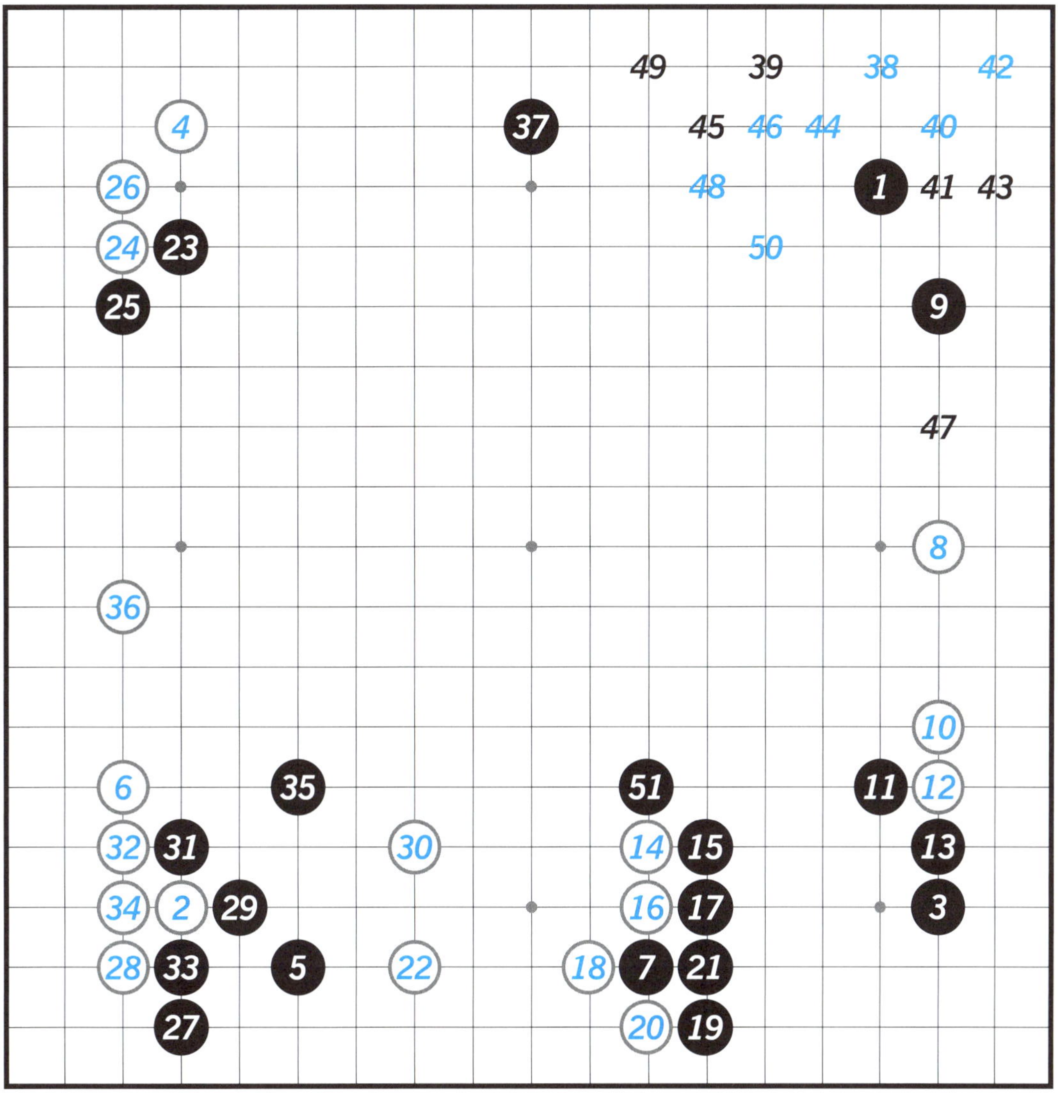

코멘트 흑43, 47로 백을 미생으로 만들어 공격.

메모

실 전

흑 김지석 vs 박영훈 백

명인전 8강 | 2014년 8월

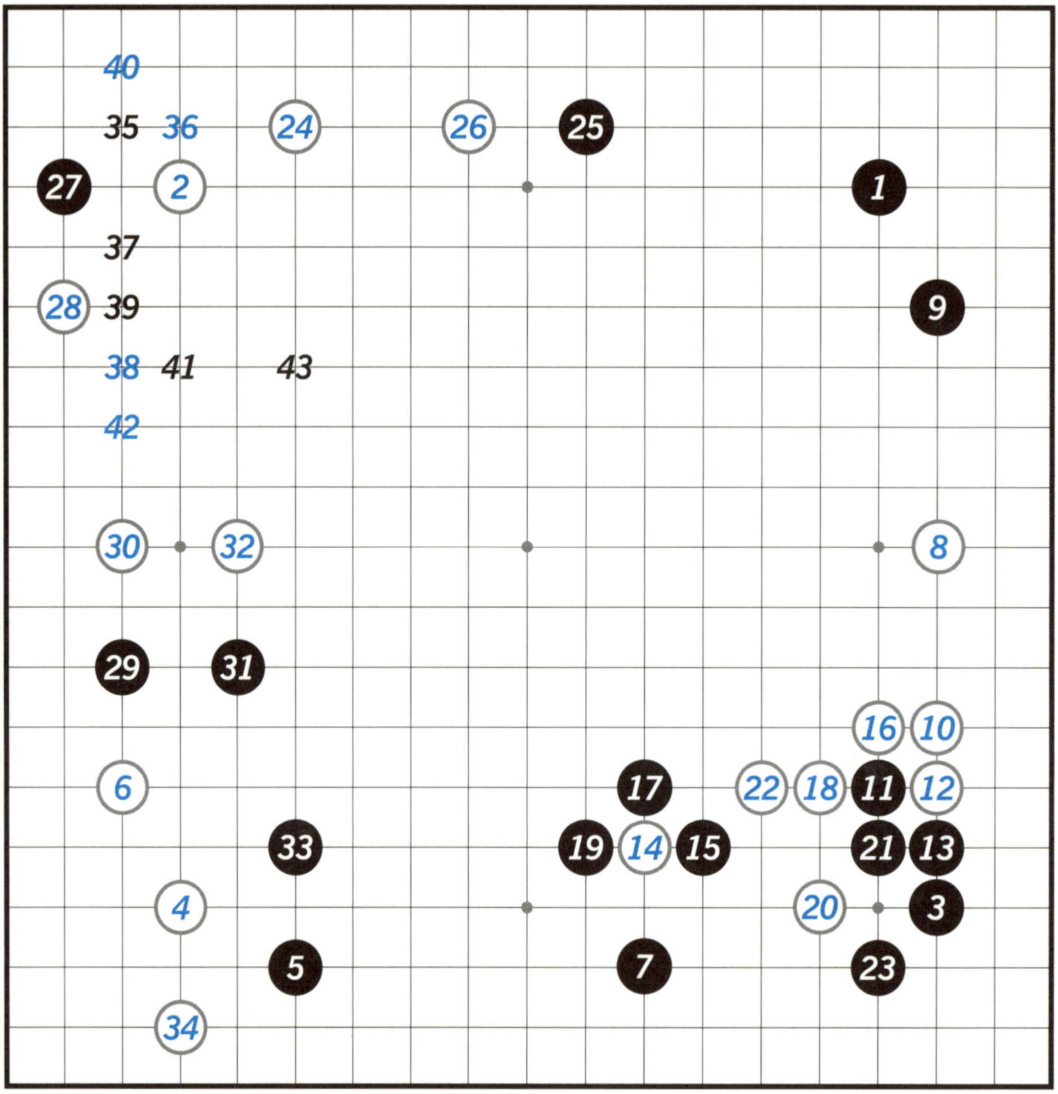

코멘트 흑27부터 37까지 재미있는 수순들.

메모

흑 커제 vs 박영훈 백

중국 갑조리그 본선 | 2013년 8월

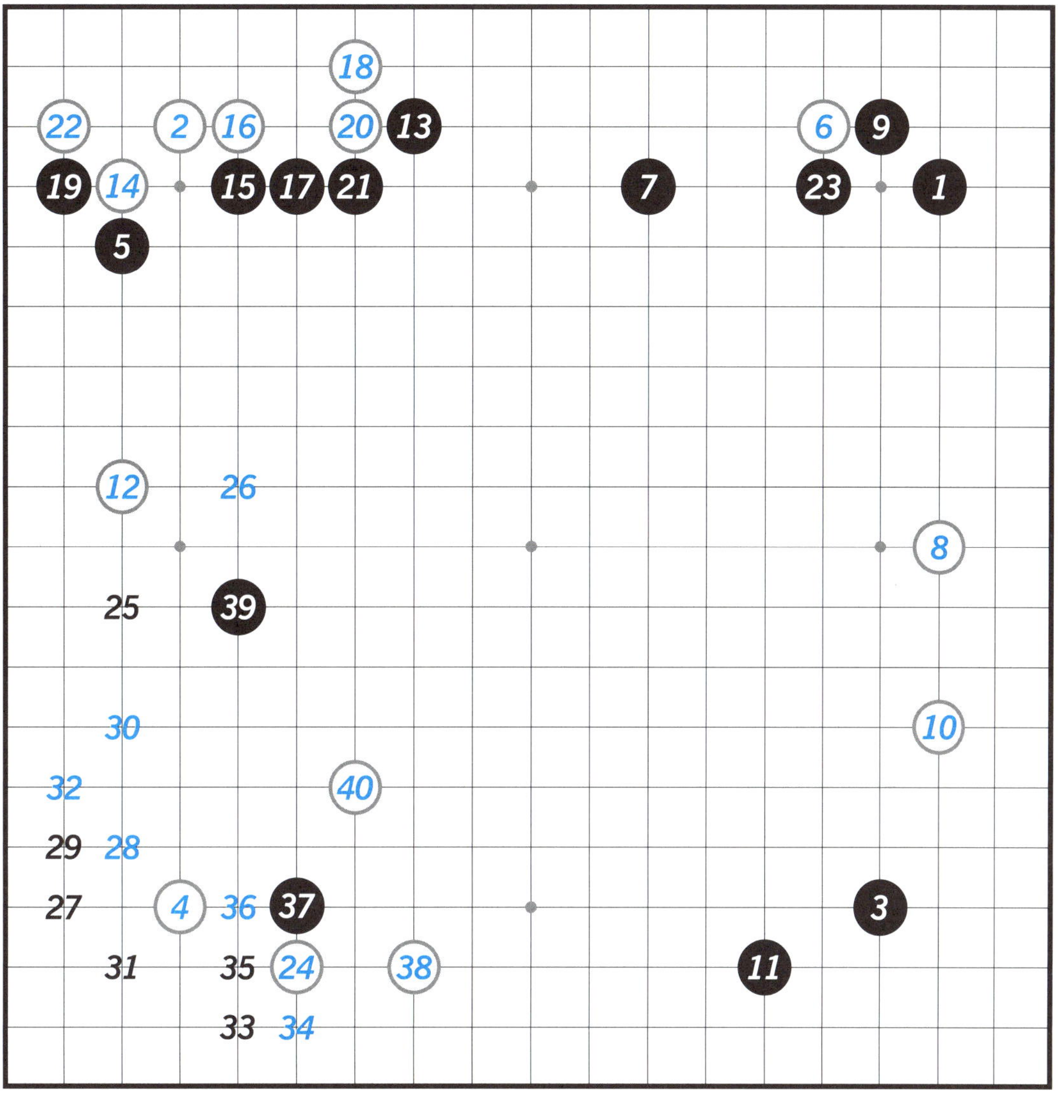

코멘트   중국 차세대 1인자로 가장 유력해 보이는 97년생 커제.

메모

박창명 2단 추천 수법

축 관계가 포인트

박승철 좌상귀 모양에 대해 어떻게 생각해?

박창명 배석 관계가 중요하다고 생각됩니다만 부분적인 모양으로만 본다면 축 관계가 포인트라고 생각합니다(56수). 축이 좋은 쪽이 우세한 모양이라고 생각됩니다.

박승철 원성진 9단과 대국할 당시의 상황은?

박창명 당시 원성진 9단이 군인이었기 때문에 저에겐 절호의 기회라고 생각했습니다. 마음을 비우고 즐기려고 했던 것이 좋은 결과를 이끌어낸 것 같습니다.

박승철 앞으로의 목표는?

박창명 중국의 판팅위 9단은 "나는 관념의 창조를 원한다"라고 말했습니다. 저는 지금의 관념을 뒤엎고 수준이 다른 바둑을 구사하고 싶어요.

박승철 팬들에게 하고 싶은 말이 있다면?

박창명 바둑의 신비, 바둑의 즐거움을 저 혼자만 누리고 싶지 않아요. 많은 바둑 팬들과 함께 바둑의 신비를 누리고 싶습니다.

남과 다른 독특한 바둑을 구사하는 박창명 2단의 인터뷰입니다. 평소 인문학에 관련된 책을 많이 읽는다고 해서 화제가 되고, 또 바둑이 늘려면 책 읽는 소양도 필수라고 주장하는 새내기 프로입니다. 2014년 1월 24세(1991년생)라는 늦은 나이에 입단했지만, 2014년 9월에는 한국물가정보배 결승에 오르면서, 예전 서봉수 9단이 2단 시절 명인전에 도전했던 모습을 재현하기도 했지요. 올드 팬들에게 향수를 불러일으킨 주인공이기도 합니다. 비록 나현 5단에게 우승컵은 내주었지만, 앞으로의 행보가 더욱 기대되는 박창명 2단입니다.

※ p.63 기보 참조.

날일자 굳힘
날일자 저공비행

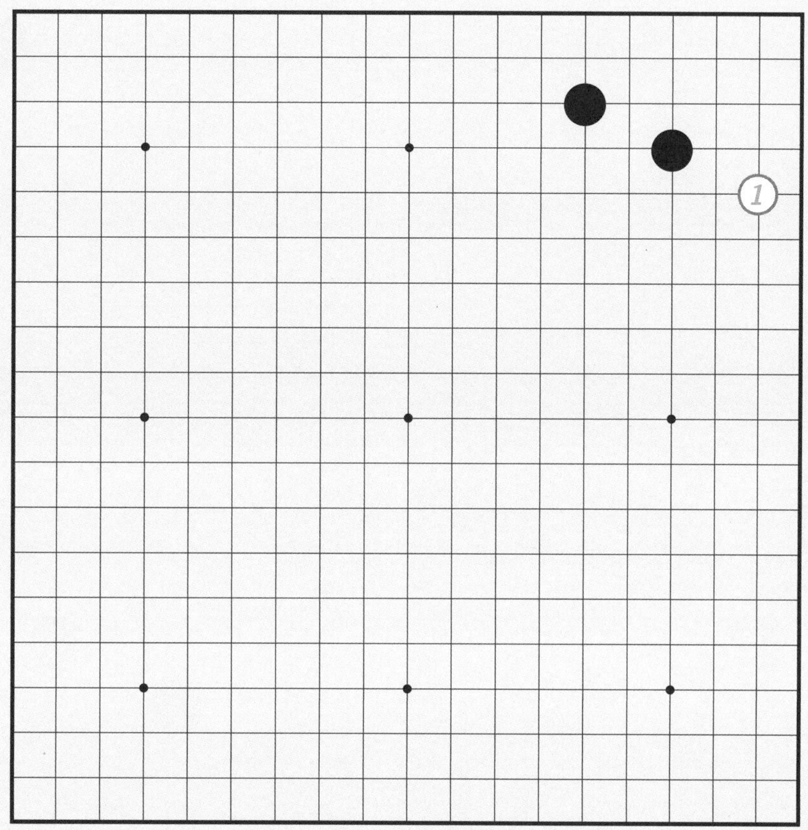

앞의 5장과 비슷한 개념입니다만, 앞의 수법이 실리에 민감하다면
이번 장의 날일자 저공비행은 상대의 모양을 견제하는 의미가 강합니다.
최근에는 중국식 포석에서 많이 등장하고 있습니다.

날일자 굳힘 – 날일자 저공비행

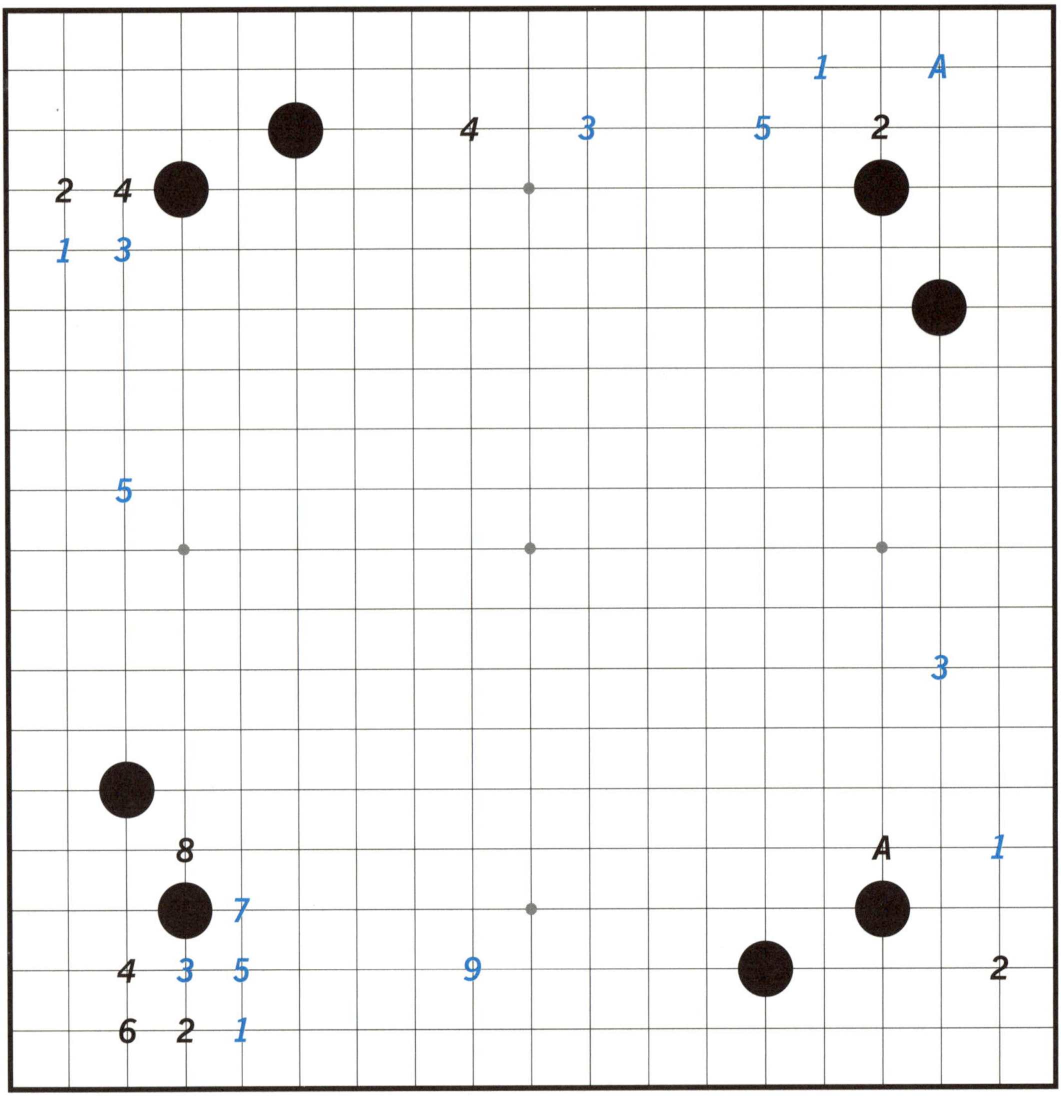

백1에는 흑2가 정수.

흑4는 나쁜 수. 앞의 정석(P. 42)보다 손해.

흑2는 실리로 손해, A의 수법이 남는다.

흑2도 간명, 하지만 A 자리가 좋아 공격이 되지 않는다.

날일자 굳힘 – 날일자 저공비행

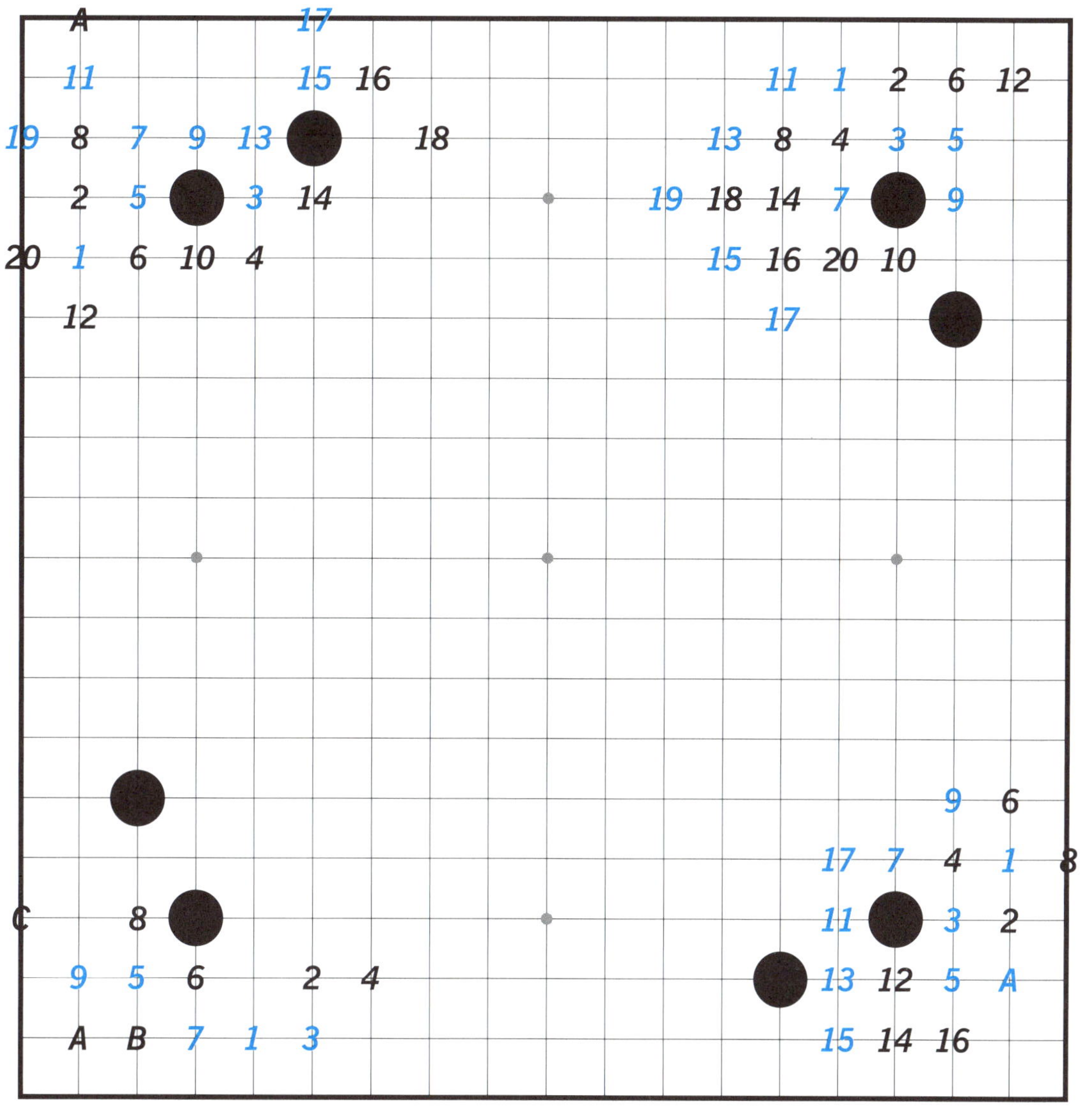

백3은 유명한 함정 수. 흑4가 좋은 수로 흑 우세, 귀에는 A의 맛이 있다.

90년대 중반 유행 정석. 최근은 실리가 커서 백이 안 둔다.

흑이 세력을 선택, 이후 A, B, C가 끝내기 요령.

백 만족의 진행, 흑8로 9 자리면, 백A로 맞보기.

흑 최철한 vs 원성진 백

LG배 준결승 | 2012년 11월

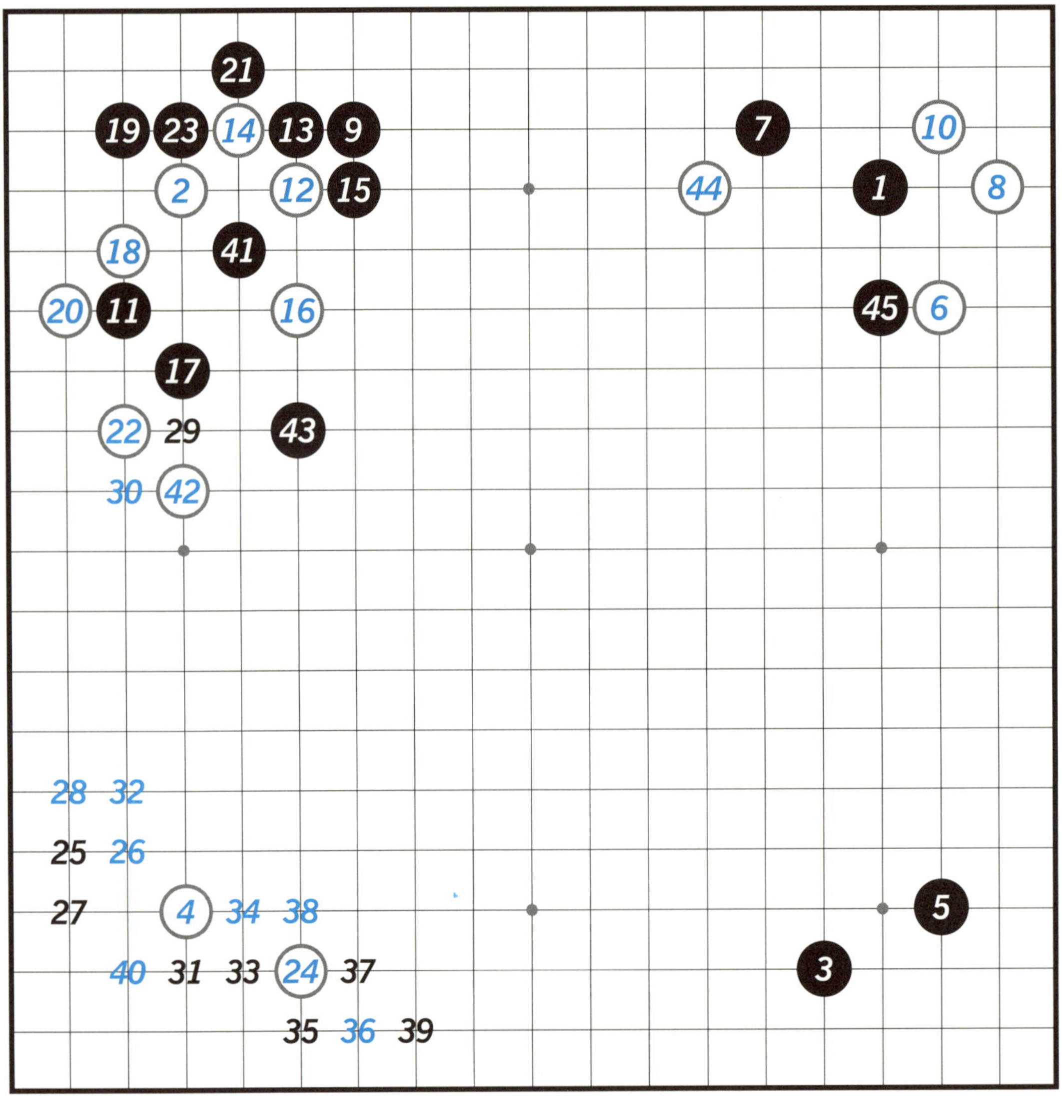

코멘트 흑31로 하변을 선택.

메모

● 흑 이창호 vs 백홍석 ⊙ 백

명인전 준결승1국 | 2011년 11월

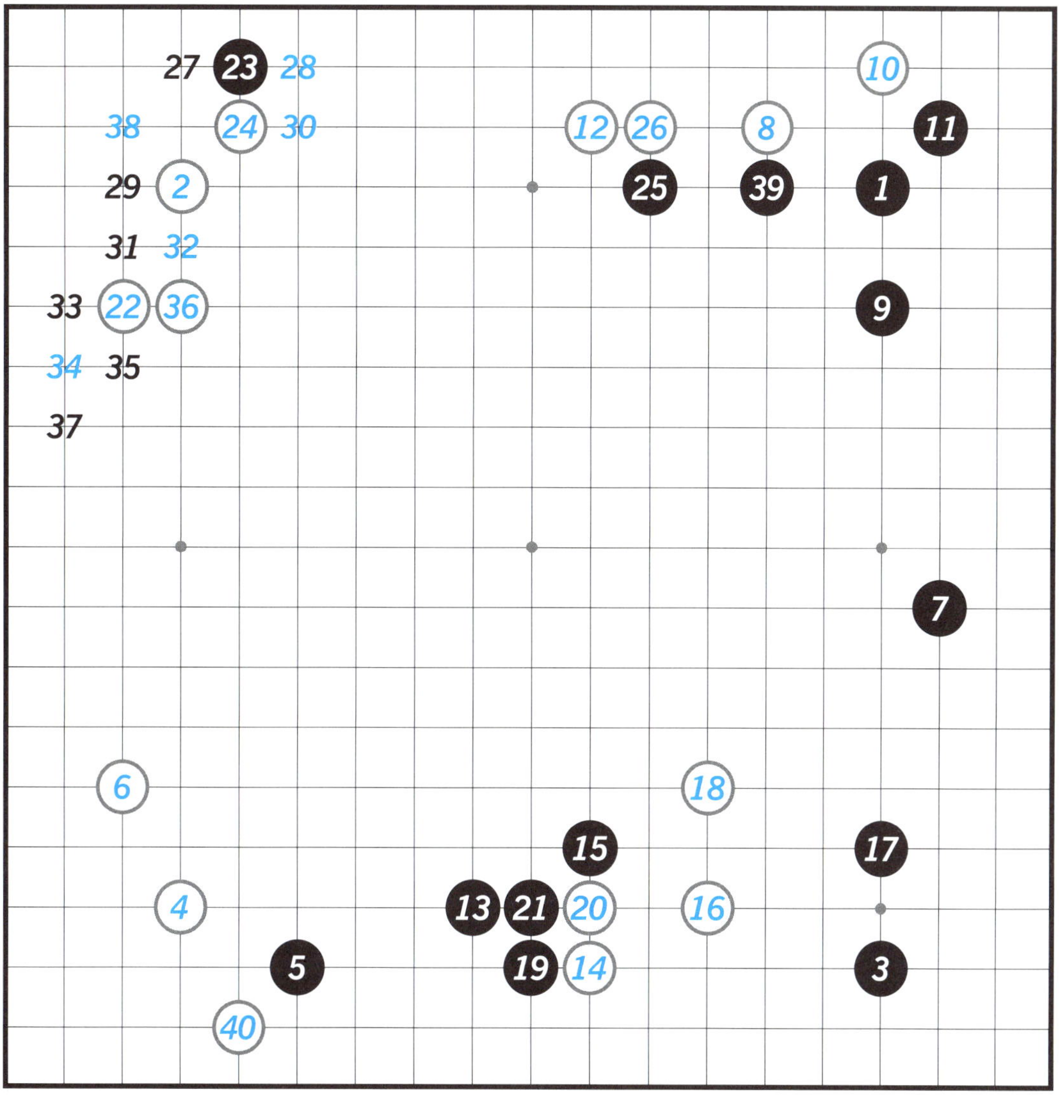

코멘트　p.86 인터뷰 참조.

메모

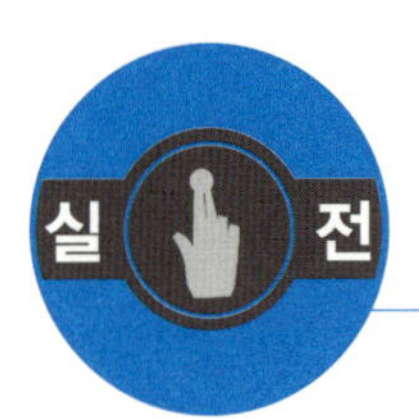 

흑 김승재 vs 조한승 백

삼성화재배 | 2014년 8월

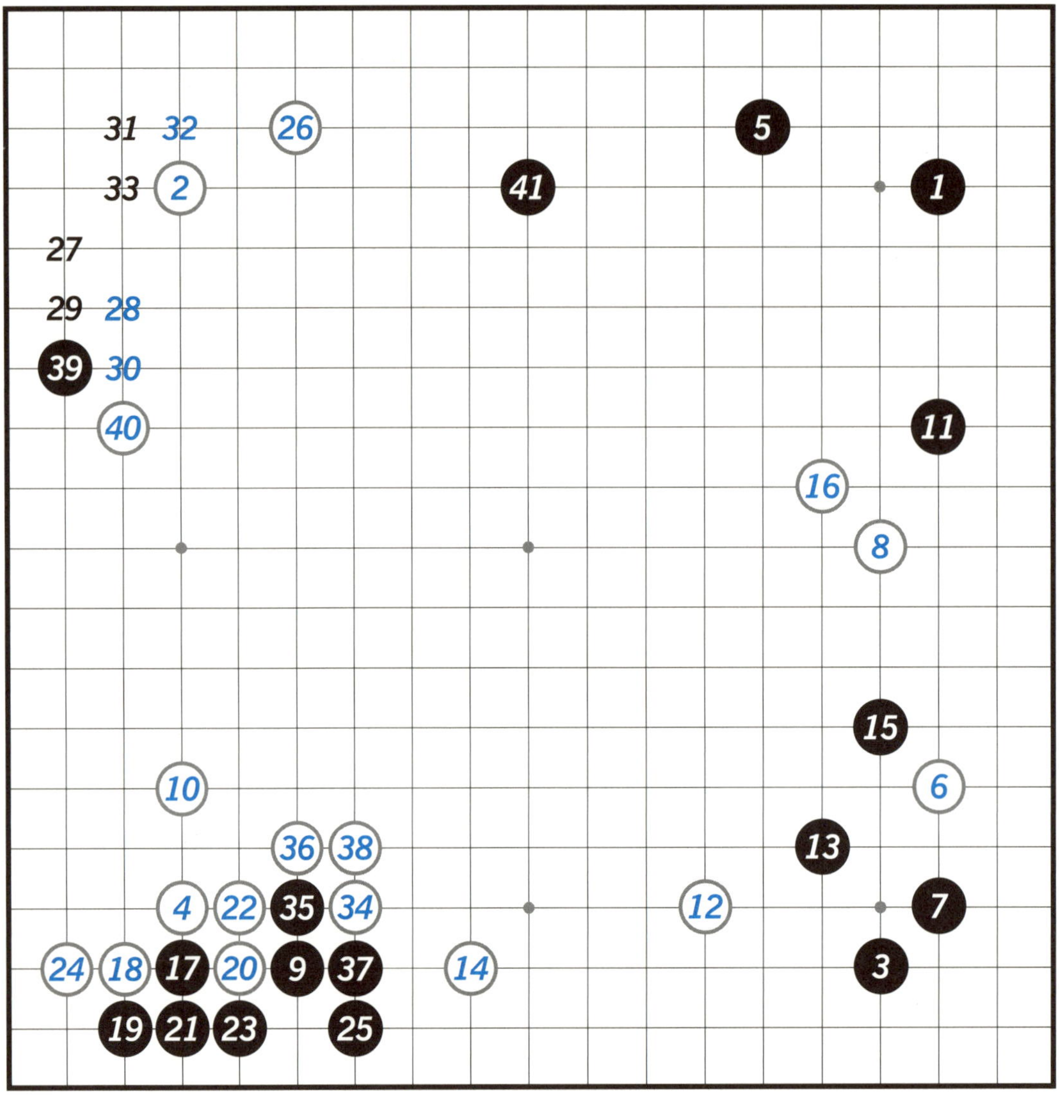

코멘트   흑27, 백28 모두 특이한 선택.

메모

<흑> 이세돌 vs 딩웨이 <백>

CSK배 단체전 | 2004년 3월

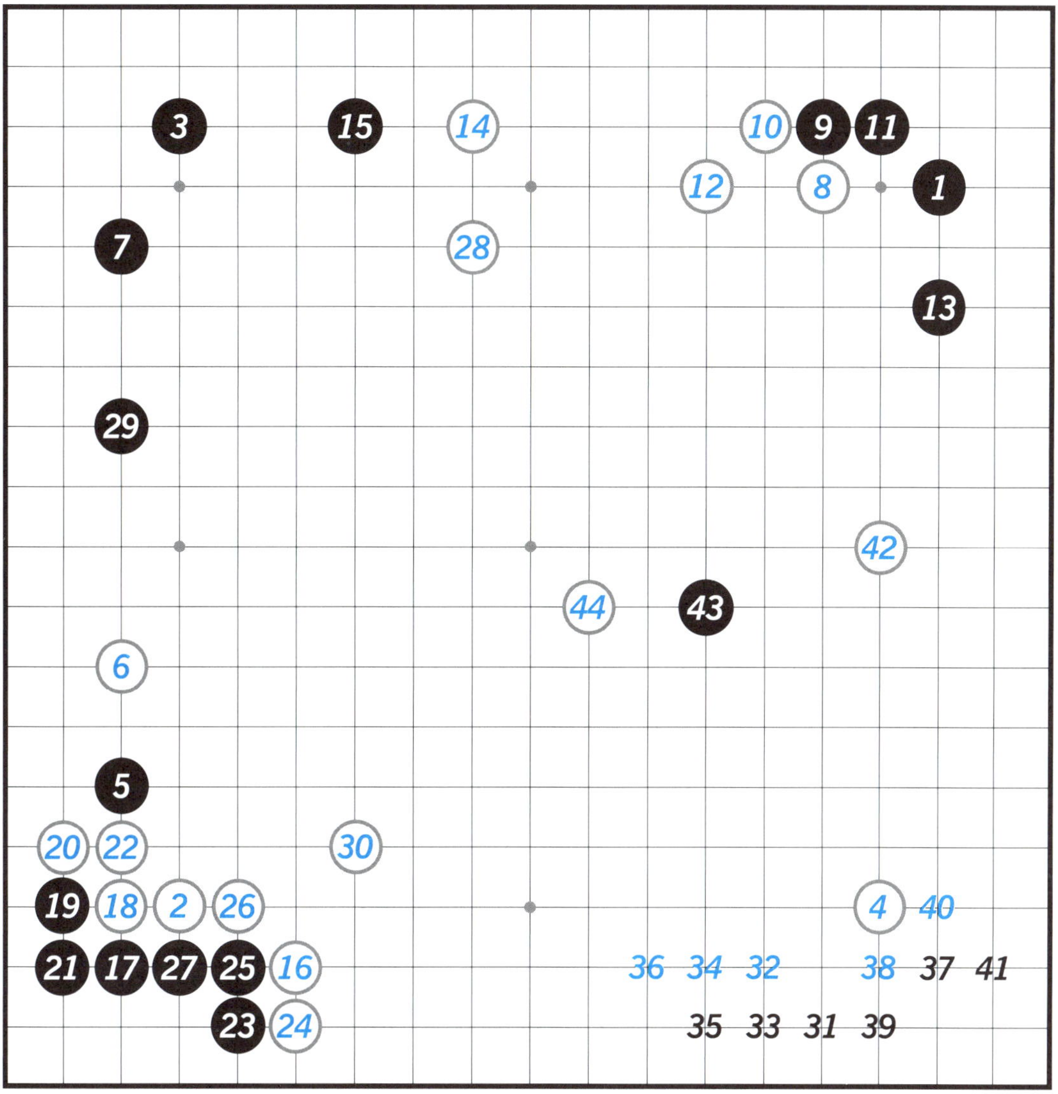

코멘트　한때 이세돌 천적으로 이름 날렸던 딩웨이.

메모

● 흑 창하오 vs 허영호 ⑩ 백

춘란배 | 2010년 3월

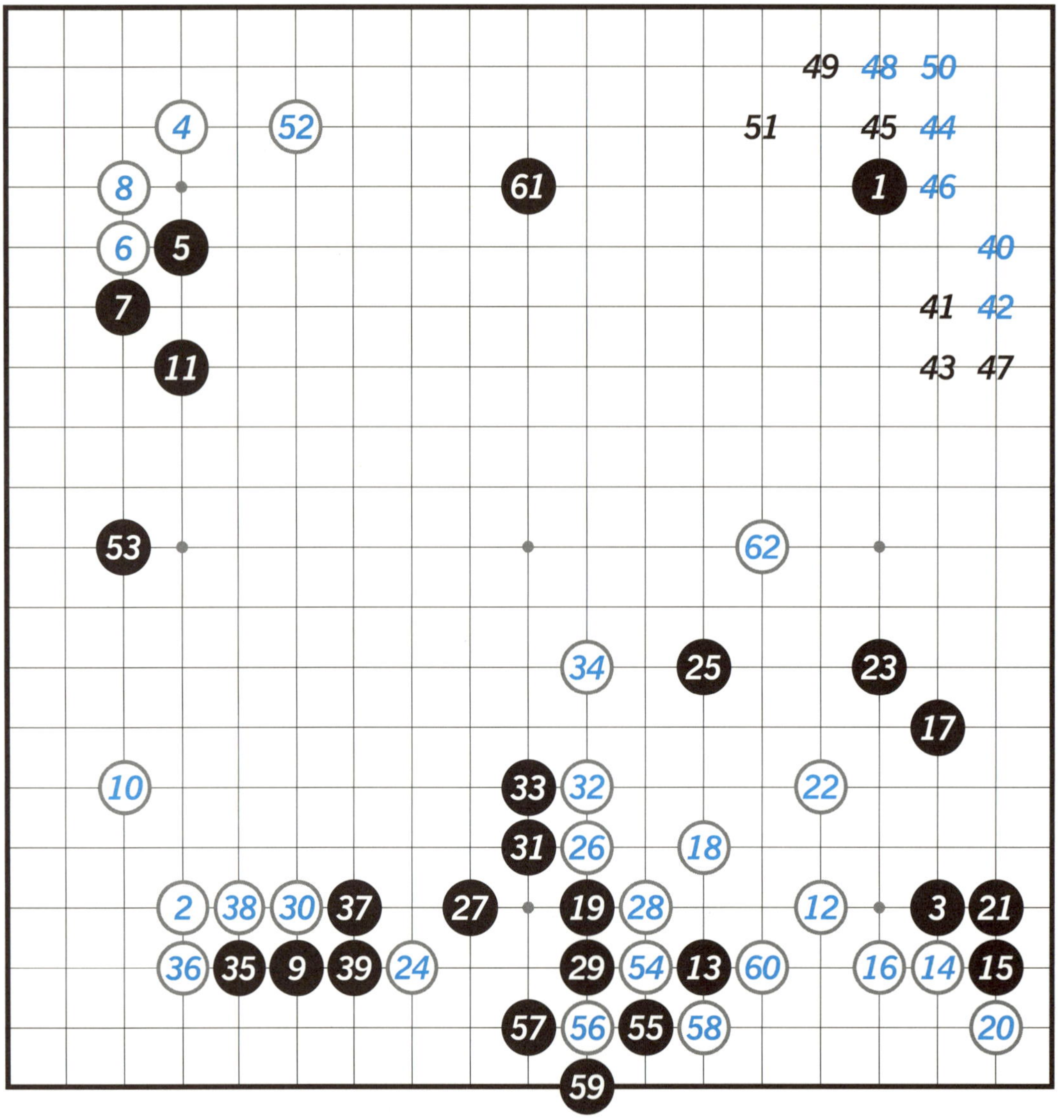

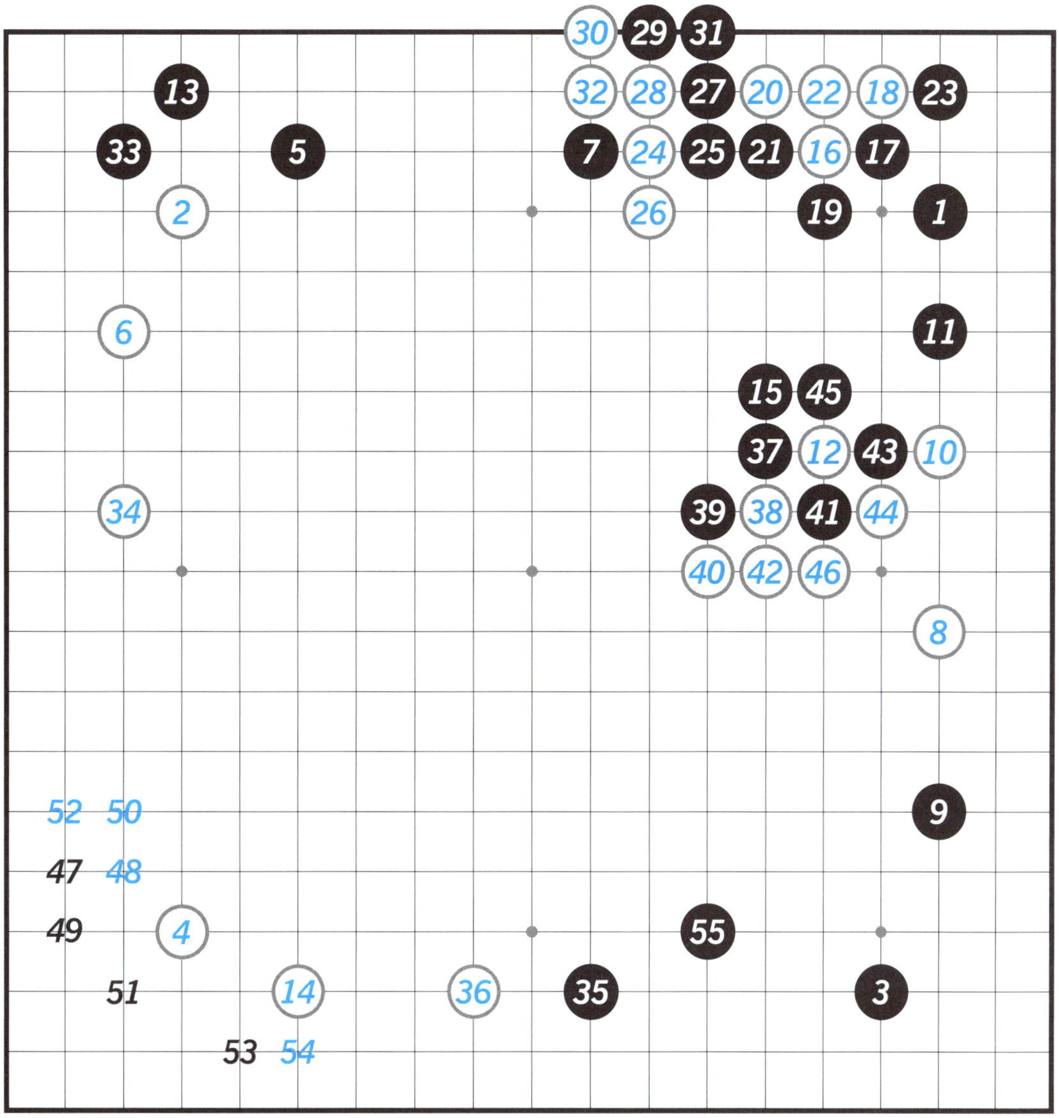

코멘트 좌하귀에서 백의 최선의 끝내기는? 꼭 생각해보아야 할 문제.

메모

⚫흑 황원송 vs 장리 ⚪백

중국 갑조리그 | 2014년 10월

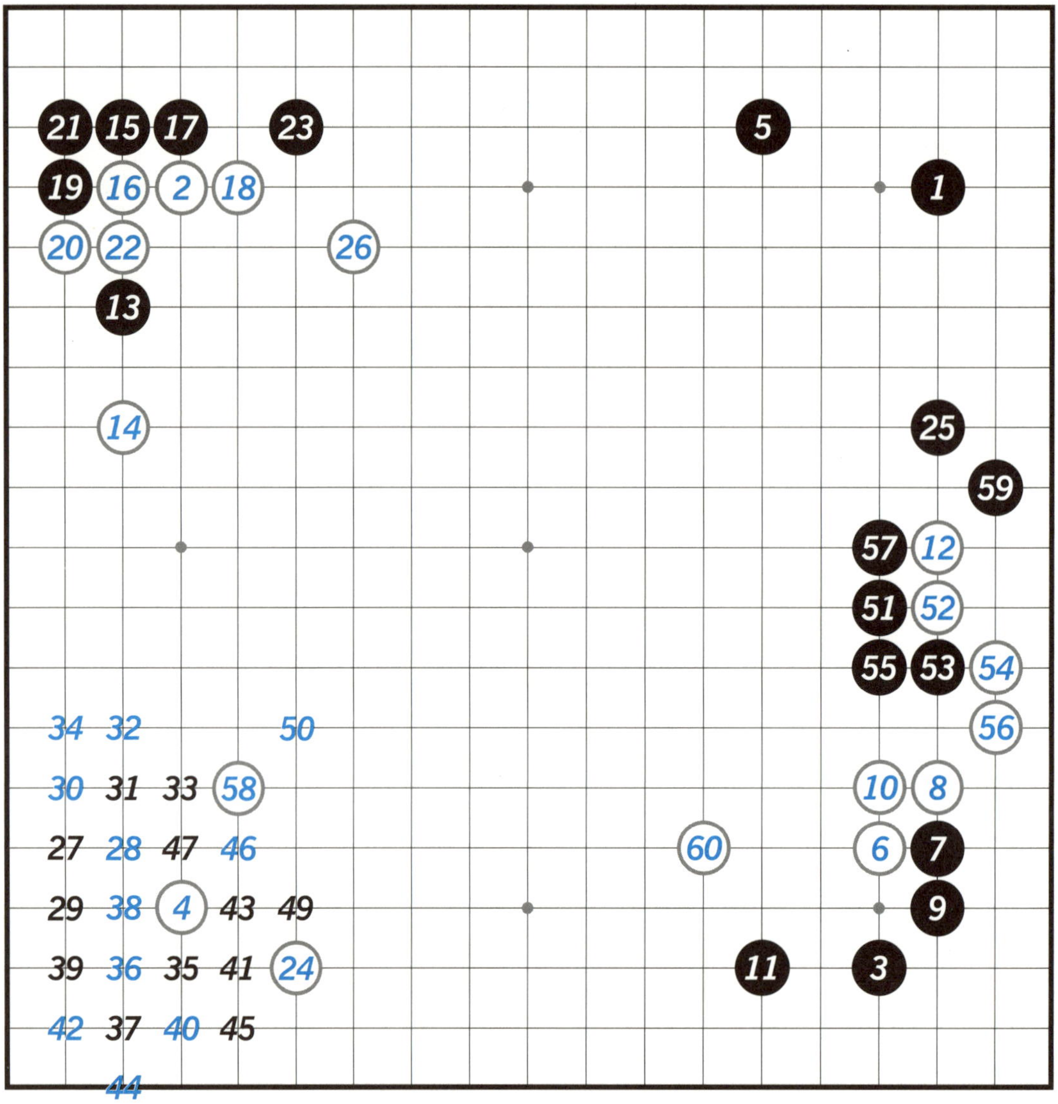

코멘트 백50이 배울 만한 수.

메모

● 흑 창하오 vs 최철한 백

중국 갑조리그 | 2013년 9월

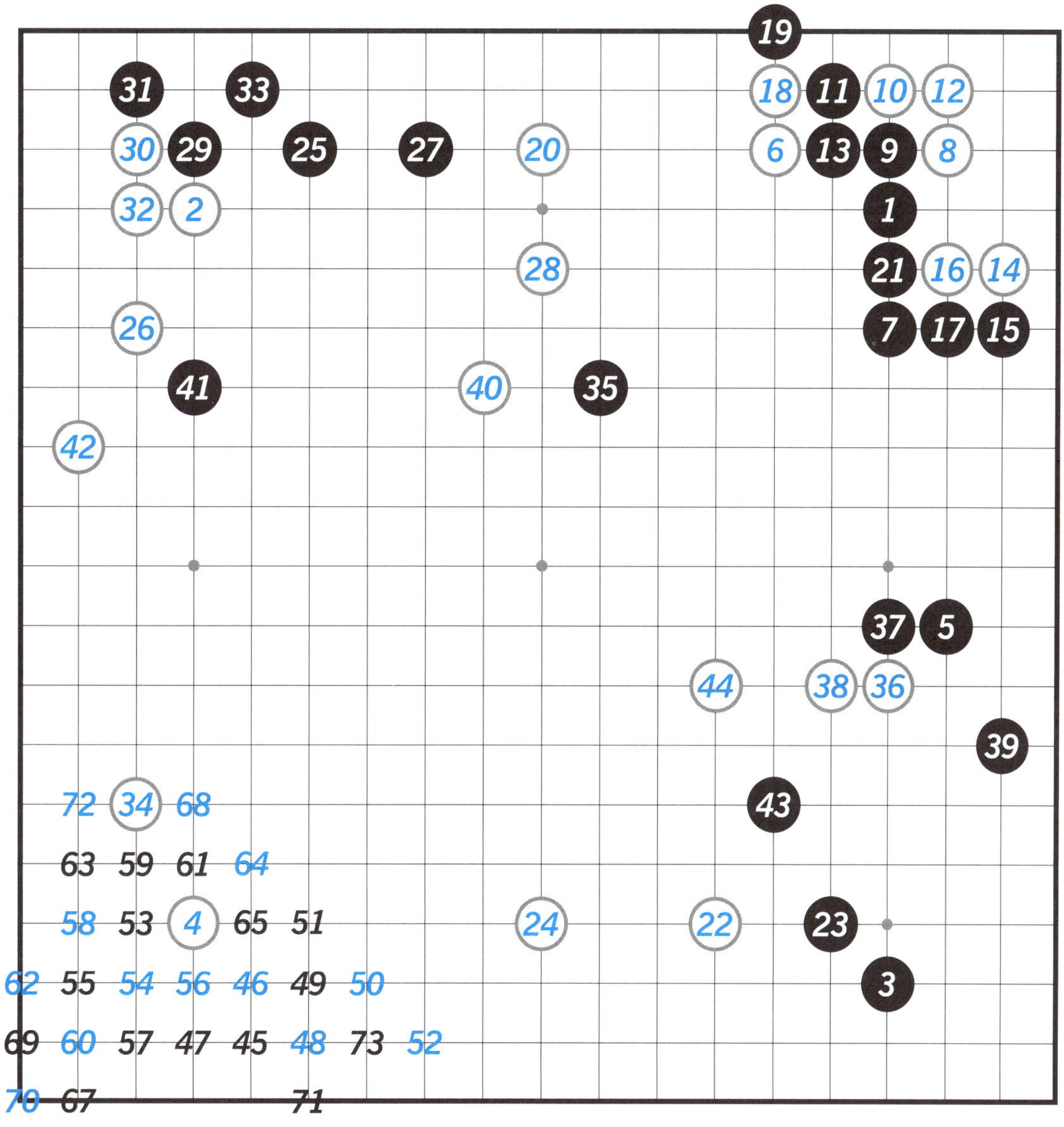

코멘트 패의 공방. 바꿔치기의 결말은 호각.

메모

흑 이창호 vs 이세돌 백

한국물가정보배 | 2010년 9월

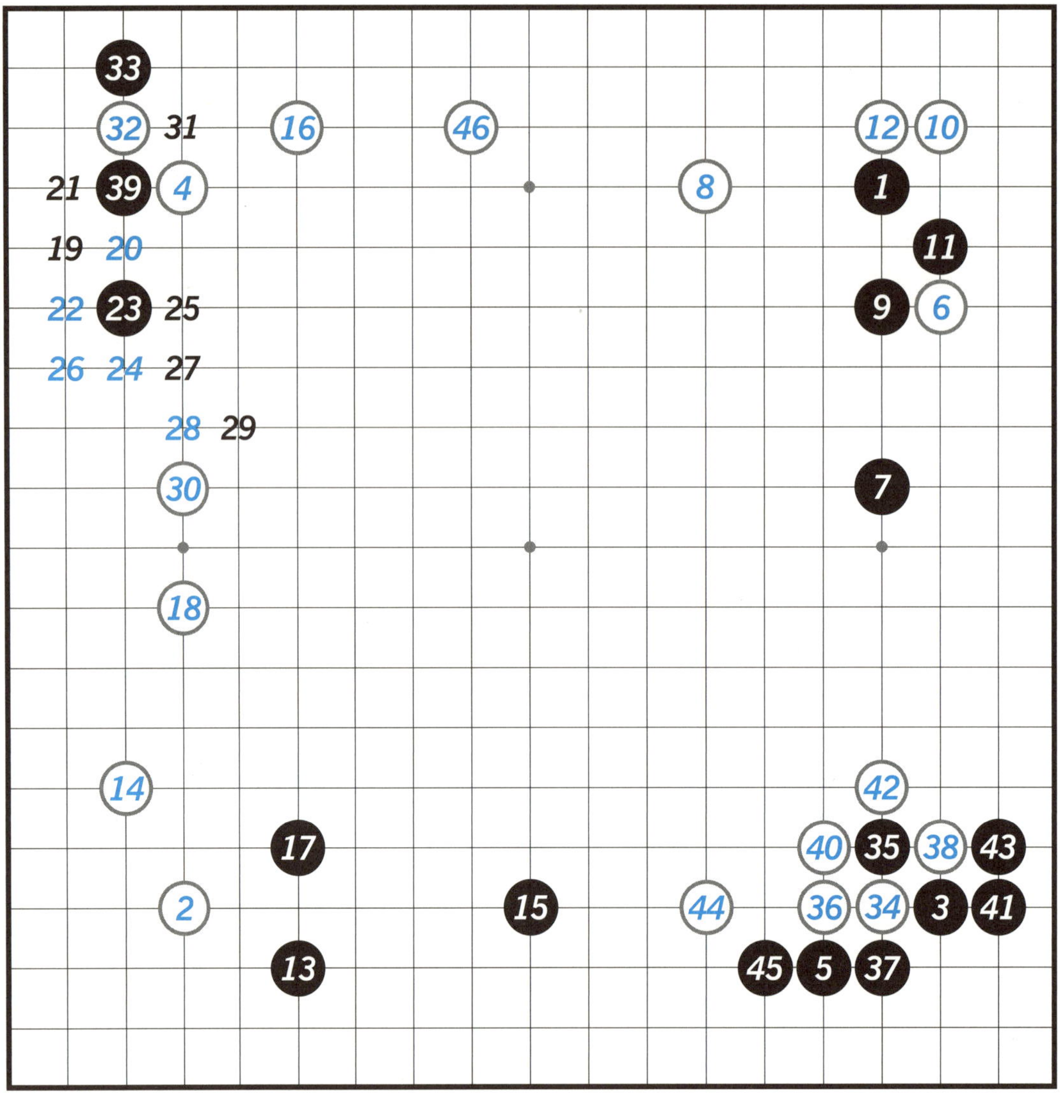

코멘트   축머리를 둘러싼 공방이 볼 만한 일국.

메모

흑 박영훈 vs 박승철 (백)

오스람코리아배 신예연승최강전 | 2003년 5월

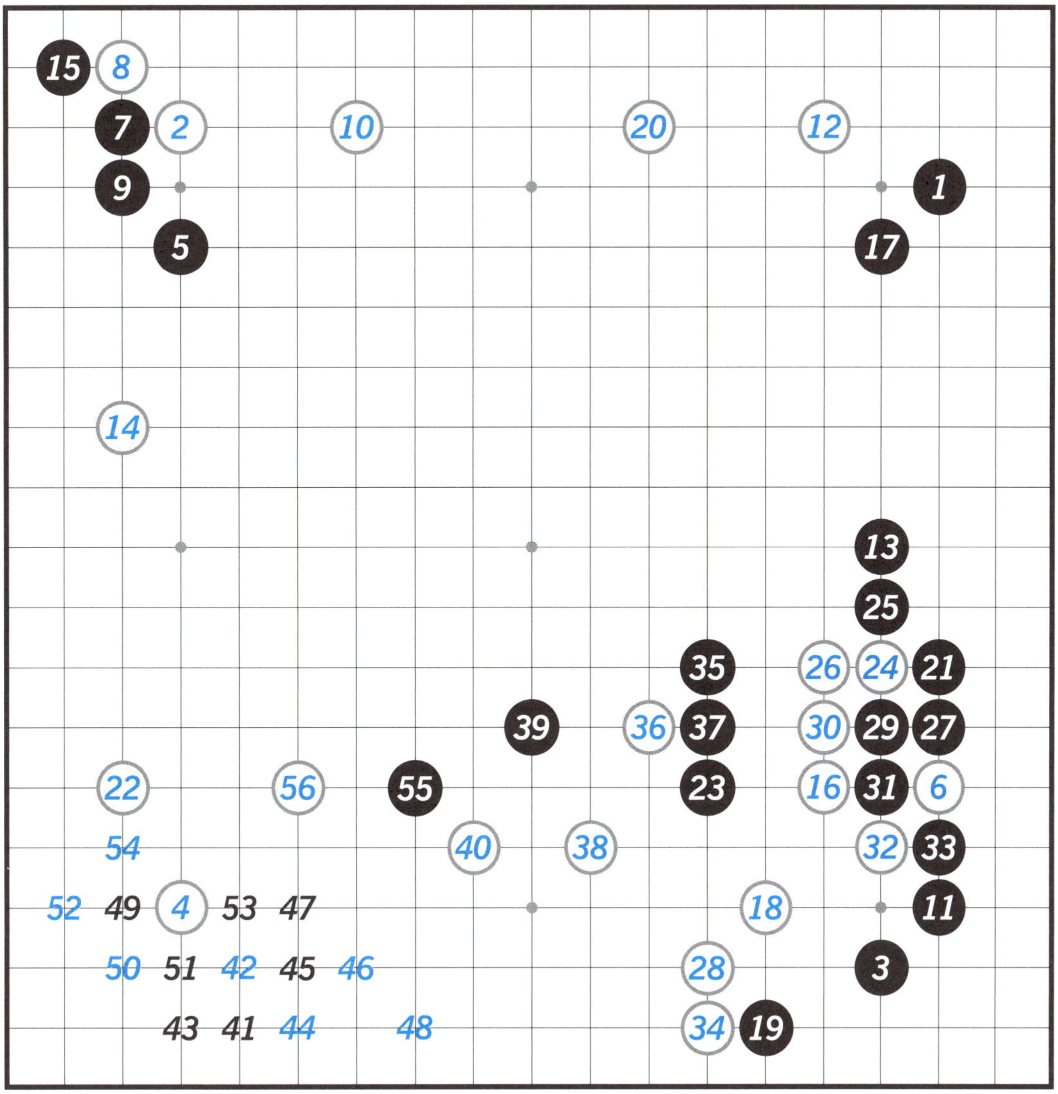

코멘트　필자의 대국. 하변 대마를 잡고 필승의 국면에서 막판 사활 착각으로 대역전패.

메모

실 전

흑 이세돌 vs 구리 백

십번기 5국 | 2014년 5월

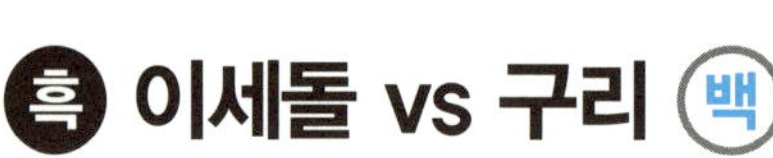

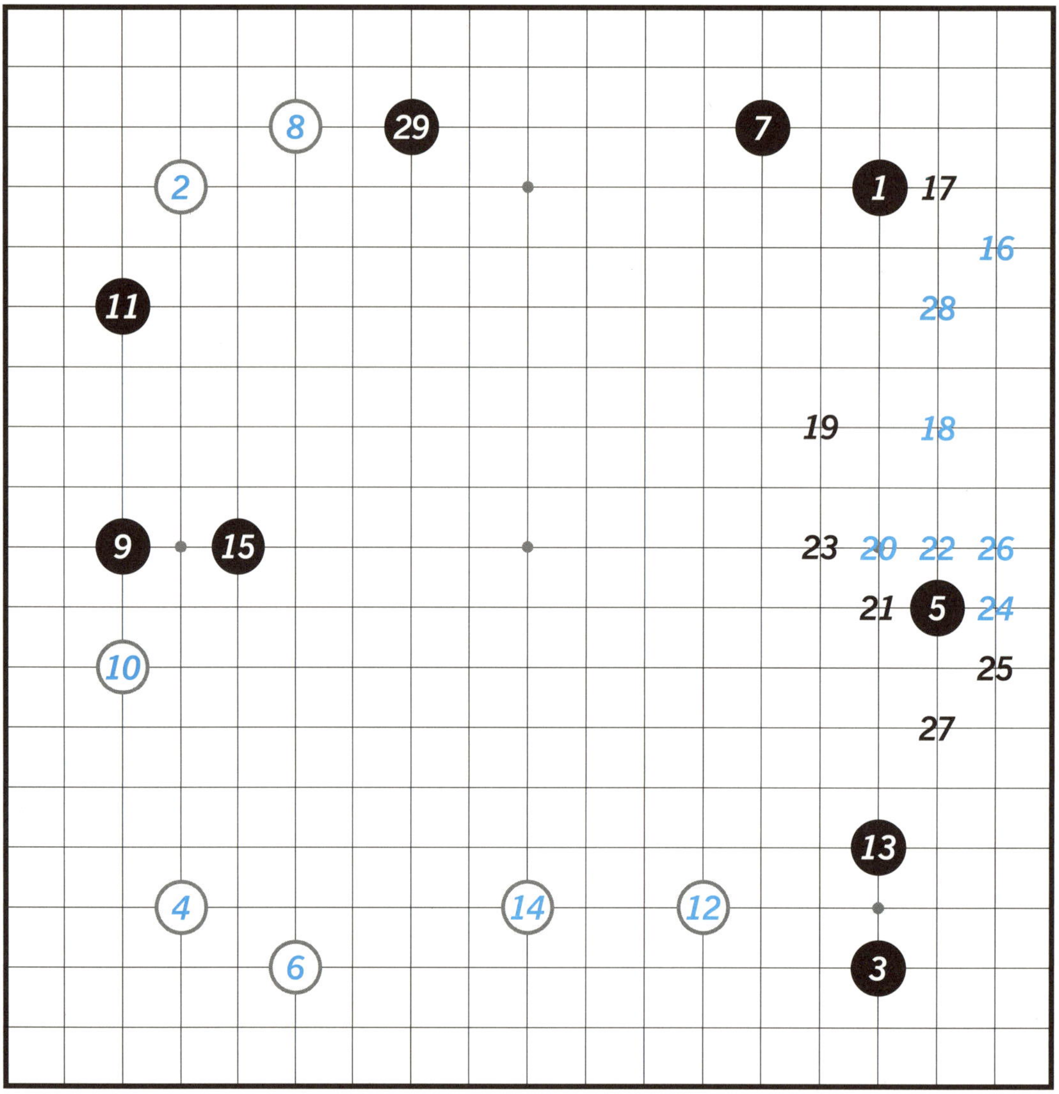

코멘트 우변 진행은 백 성공.

메모

⚫ 천야오예 vs 이세돌 ⚪백

삼성화재배 8강 | 2012년 10월

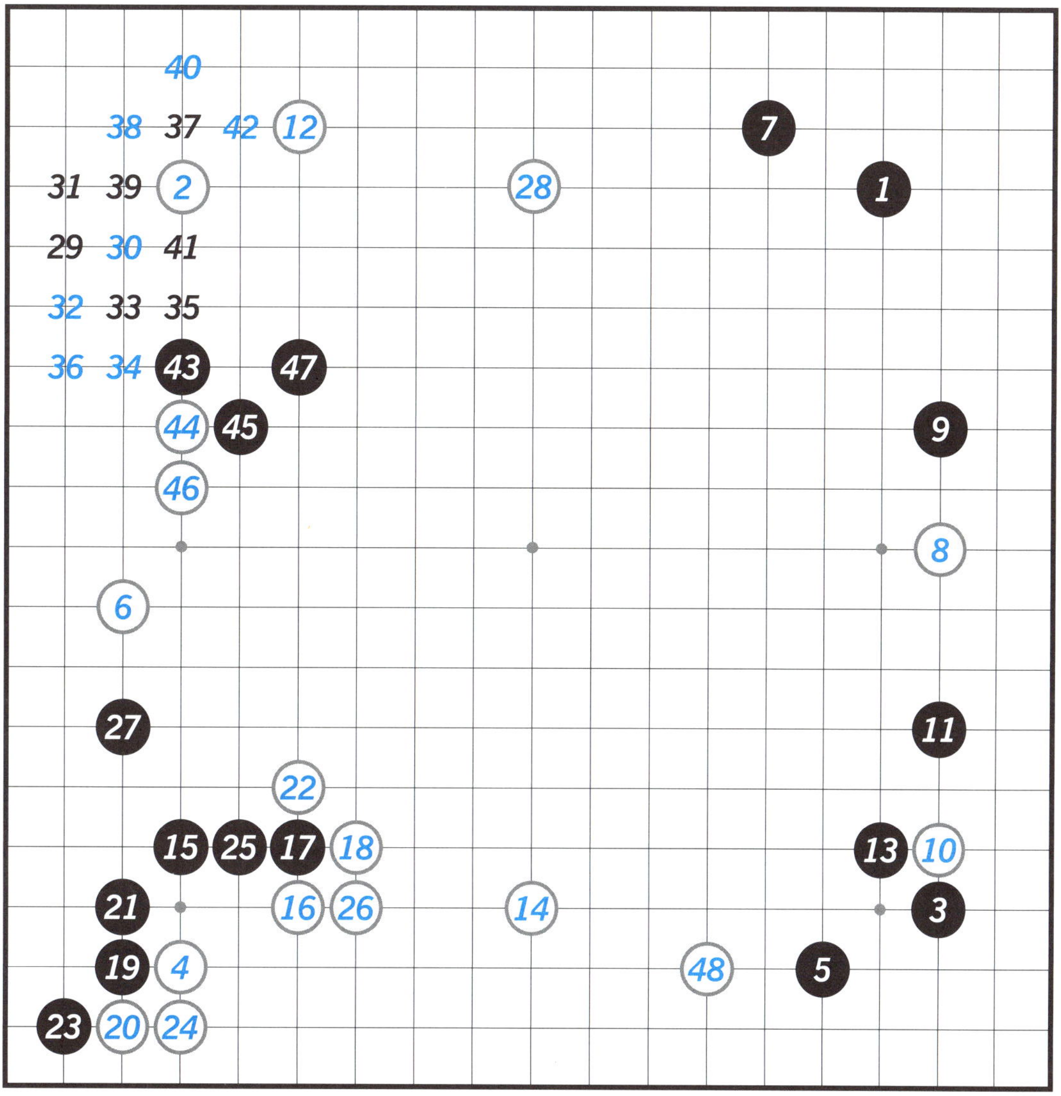

코멘트   백30은 좌변 백 한 점을 위한 정석 선택. 48까지 백 포석 성공.

메모

실전

흑 씨에허 vs 콩지에 백

후지쯔배 16강 | 2011년 8월

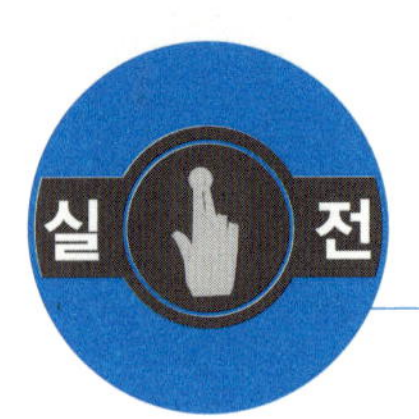

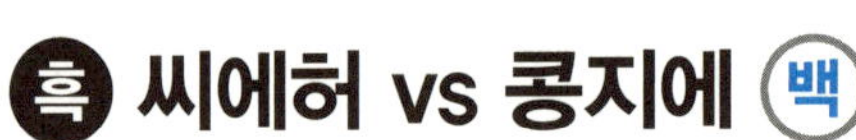

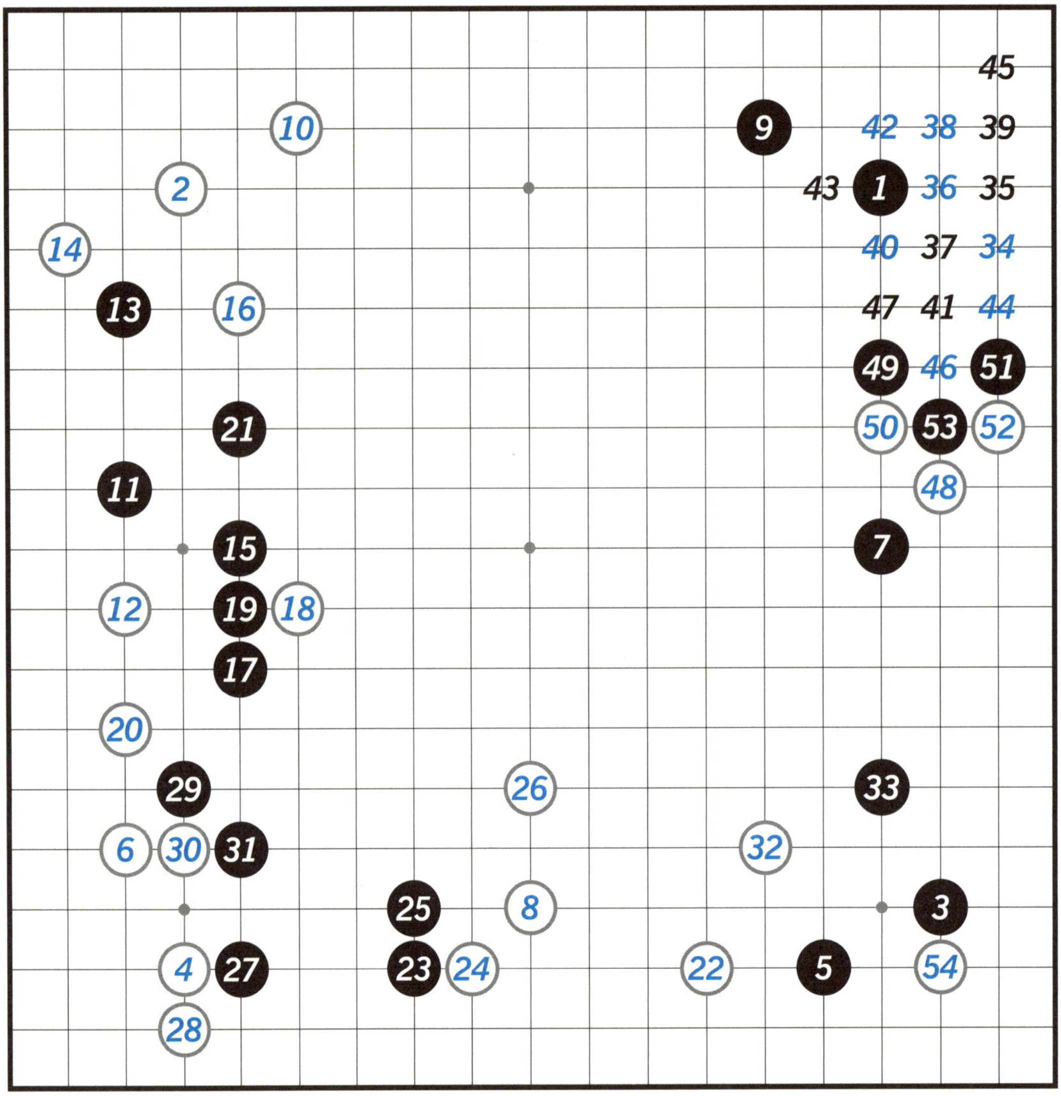

코멘트 백48이 특이한 수법.

메모

⚫ 흑 이창호 vs 이지현 ⚪ 백

한국바둑리그 | 2014년 4월

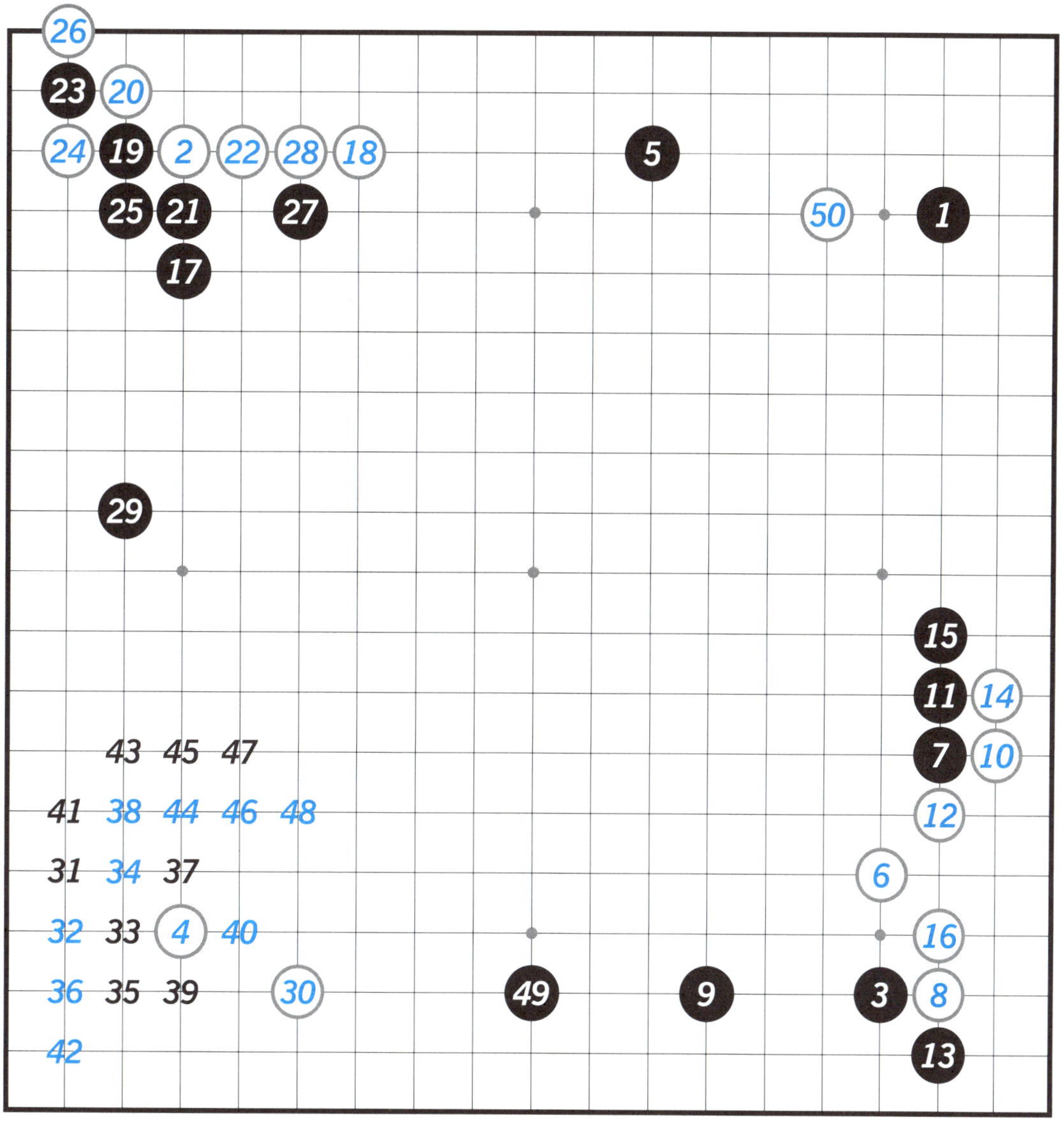

코멘트   백10은 당시 잠깐 연구되던 수법.

메모

백홍석 9단 추천 수법

변신을 준비하는 수

백홍석 아, 이 바둑! 이창호 사범님한테 이때 상대 전적이 너무 안 좋아서 초반을 잘 짜야 된다고 생각하고 초반 준비를 많이 했었는데, 결과도 좋았고.

박승철 이 바둑 이전에 1승 8패였네. 이후로 4연승 했고. 이게 명인전 준결승 3번기네.

백홍석 맞아. 이때 2대 0으로 이기고 올라갔는데, 결승에서 영훈이 형(박영훈 9단)한테 1대 3으로 져서 준우승 했었지.

박승철 좌상귀 모양은 어떤 거야?

백홍석 일단 상변 흑 두 점 잡은 실리가 크니까 백도 충분하다고 봤어. 흑29는 보통은 끊어 가는 것이지만 지금은 축이 불리하거든.

박승철 아, 백18 자리에 축머리가 있네. 그냥 이렇게 붙이는 것도 많이 두는 거지?

백홍석 응. 이미 변신을 준비하고 흑25도 교환을 해놓으신 것 같아. 프로 기보 실전에도 많이 있는 모양이고.

박승철 흑도 상변보다는 좌변을 중시한 변신이구나. 앞으로 목표는 언제?

백홍석 내가 복무하는 동안 중국 바둑이 많이 올라왔네. 이제 전역했으니 내가 눌러줘야지.

2005년까지는 잠잠하다가 2006년에 SK가스배에서 우승하고 같은 해 삼성화재배에서 4강까지 가면서 잠재력을 폭발시킵니다. 2007년부터 2011년까지 무려 7번의 준우승을 하며 뭔가 약간 부족한 느낌을 지울 수 없었지만, 드디어 2012년 BC카드배 월드바둑챔피언십에서 중국의 인해전술을 꺾고(8강 홀로 진출) 당이페이에게 승리하며 한국 바둑 팬들에게 깊은 감동을 주었었습니다. 이어 여름에는 TV바둑아시아에서 콩지에 9단을 꺾고 우승하며 세계대회 2관왕의 영광을 차지합니다. 언제나 예의 바르고 만능 스포츠맨이고 누구나 좋아하는 백홍석 9단을 많이 응원해주시기 바랍니다.

※ p.73 기보 참조.

갈라 침 이후
귀로 전개

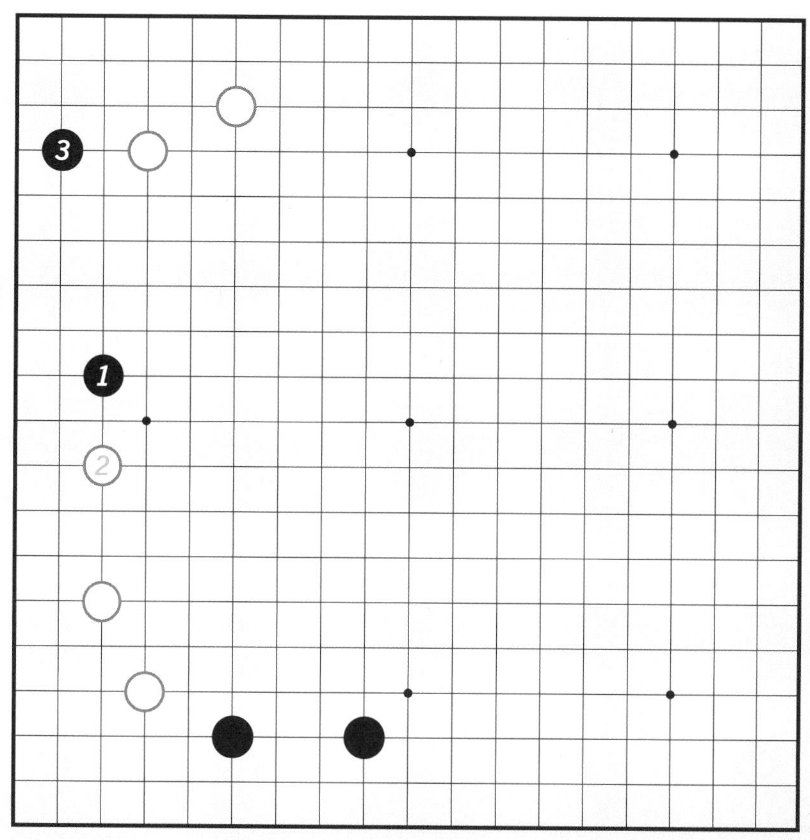

먼저 갈라 친 후, 5, 6장에서 익힌 수법들을 활용하여 정리하는 변화를 익혀봅니다.

정석

갈라 침 이후 귀로 전개

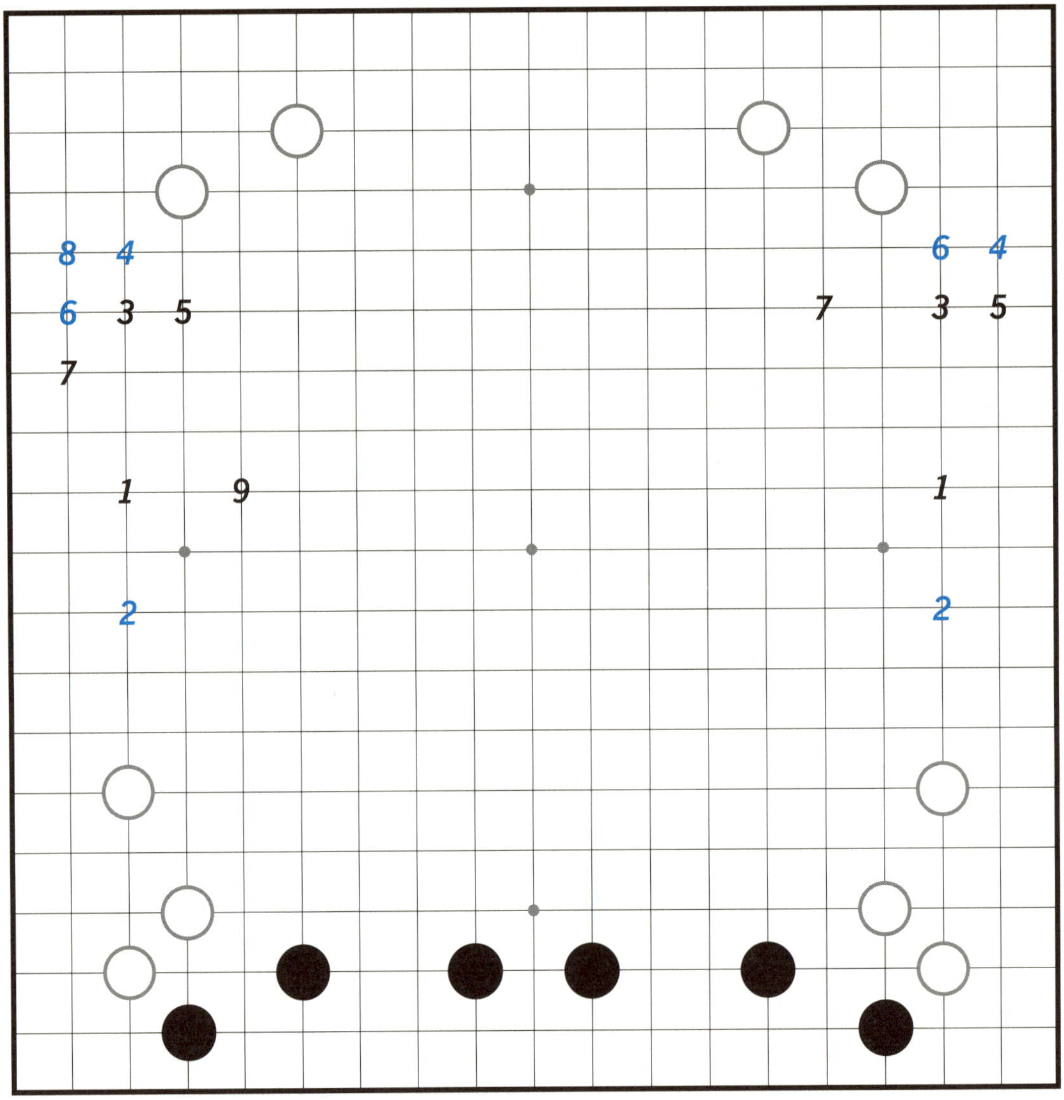

○○○○○○○○○○ ○△×

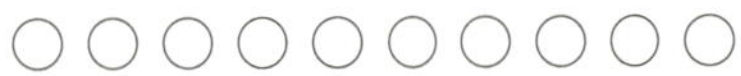

백 만족. 선수로 귀를 차지.

역시 귀의 실리가 크다. 흑3은 싱겁다는 결론.

갈라 침 이후 귀로 전개

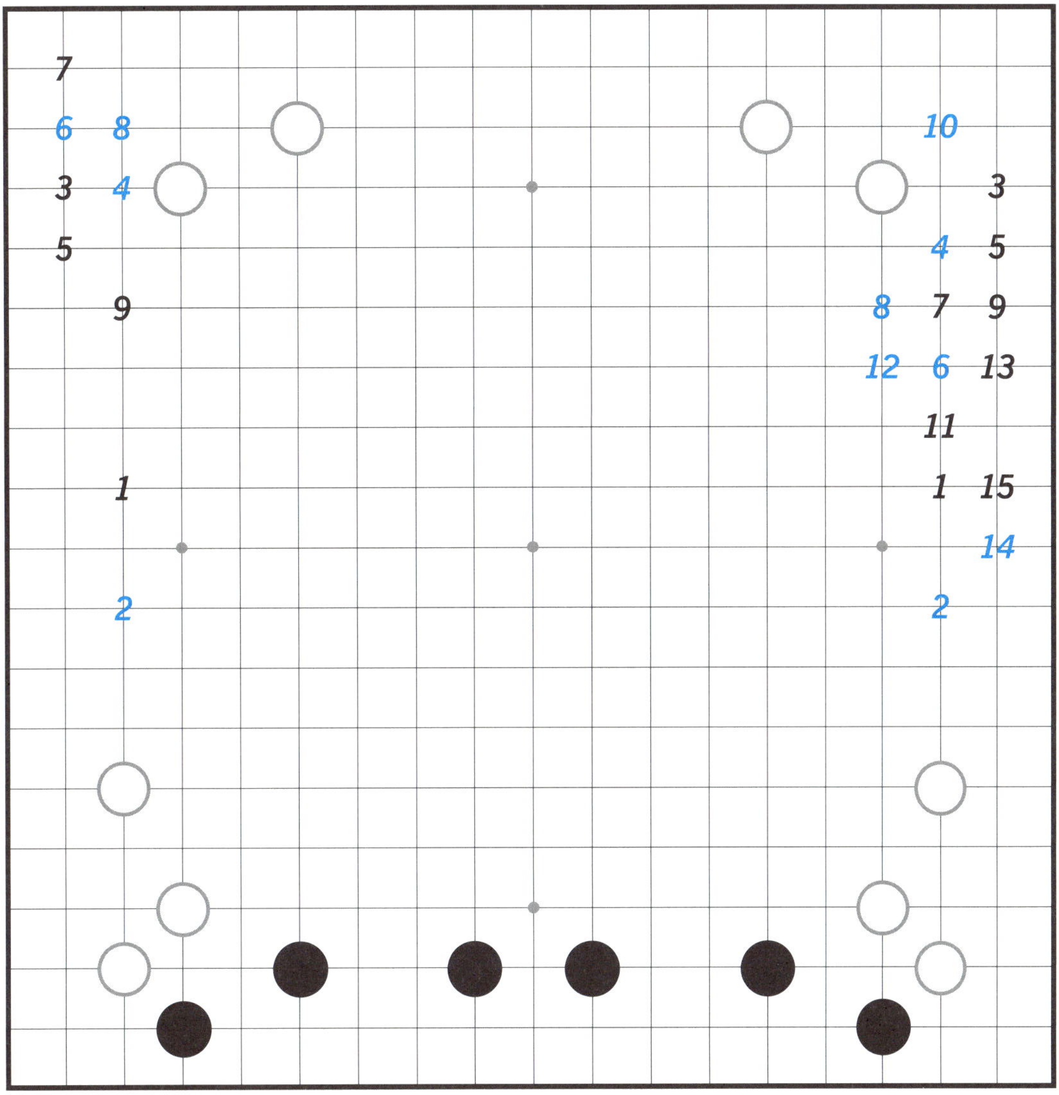

흑3의 저공비행이 정수.

백4, 백6에 흑7은 좋지 않다. 백14가 안형 관계로 선수라 백 만족.

 **갈라 침 이후 귀로 전개**

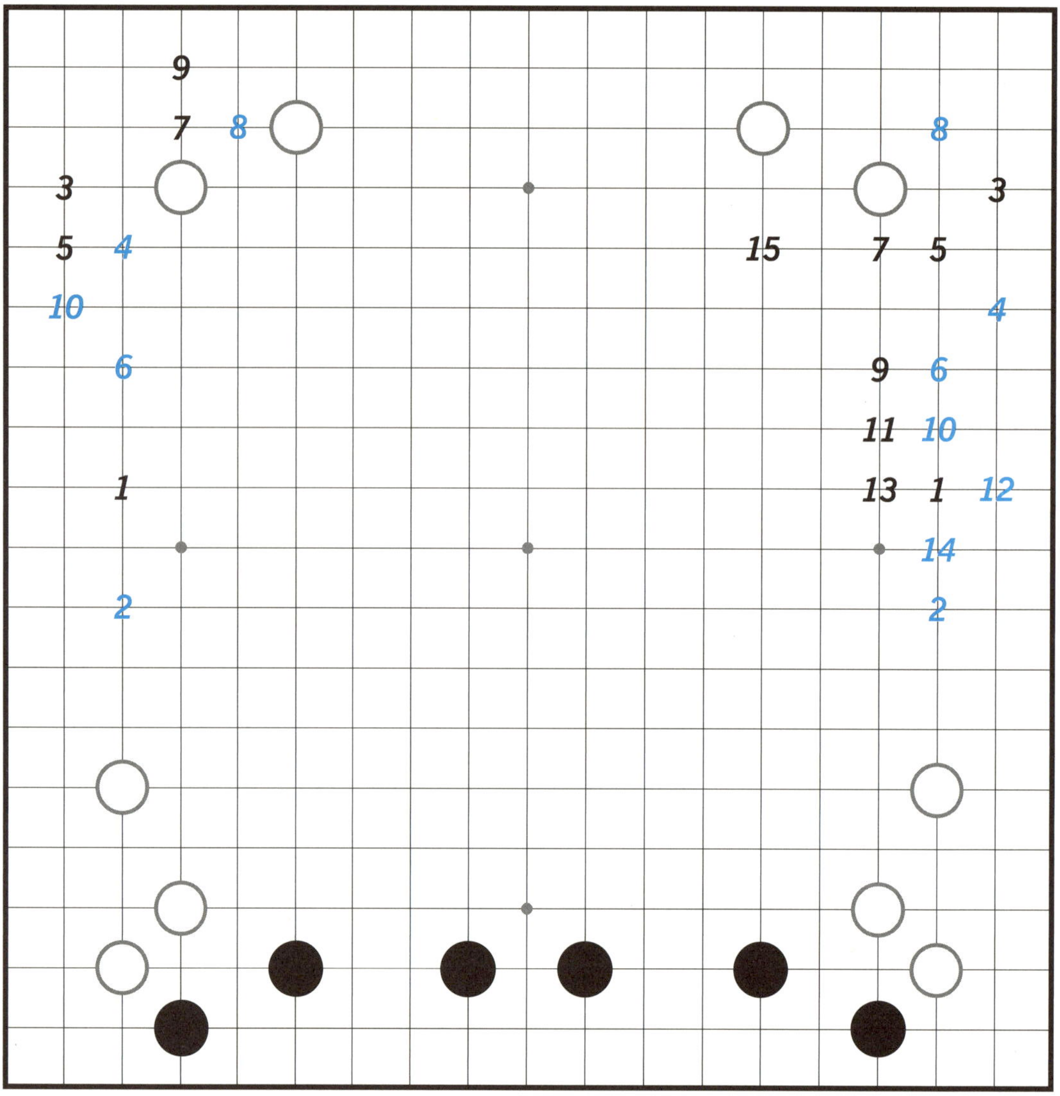

서로 최선의 진행. 흑 실리. 백 세력.

백4, 백6도 가능한 수법.

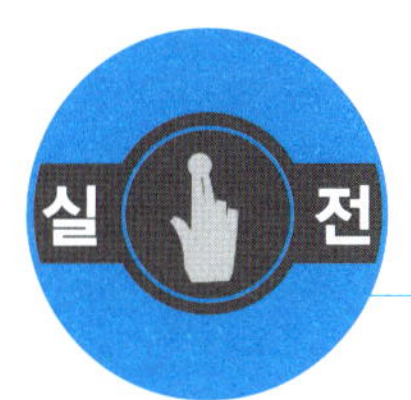

흑 조인선 vs 이세돌 백

렛츠런파크배 16강 | 2014년 10월

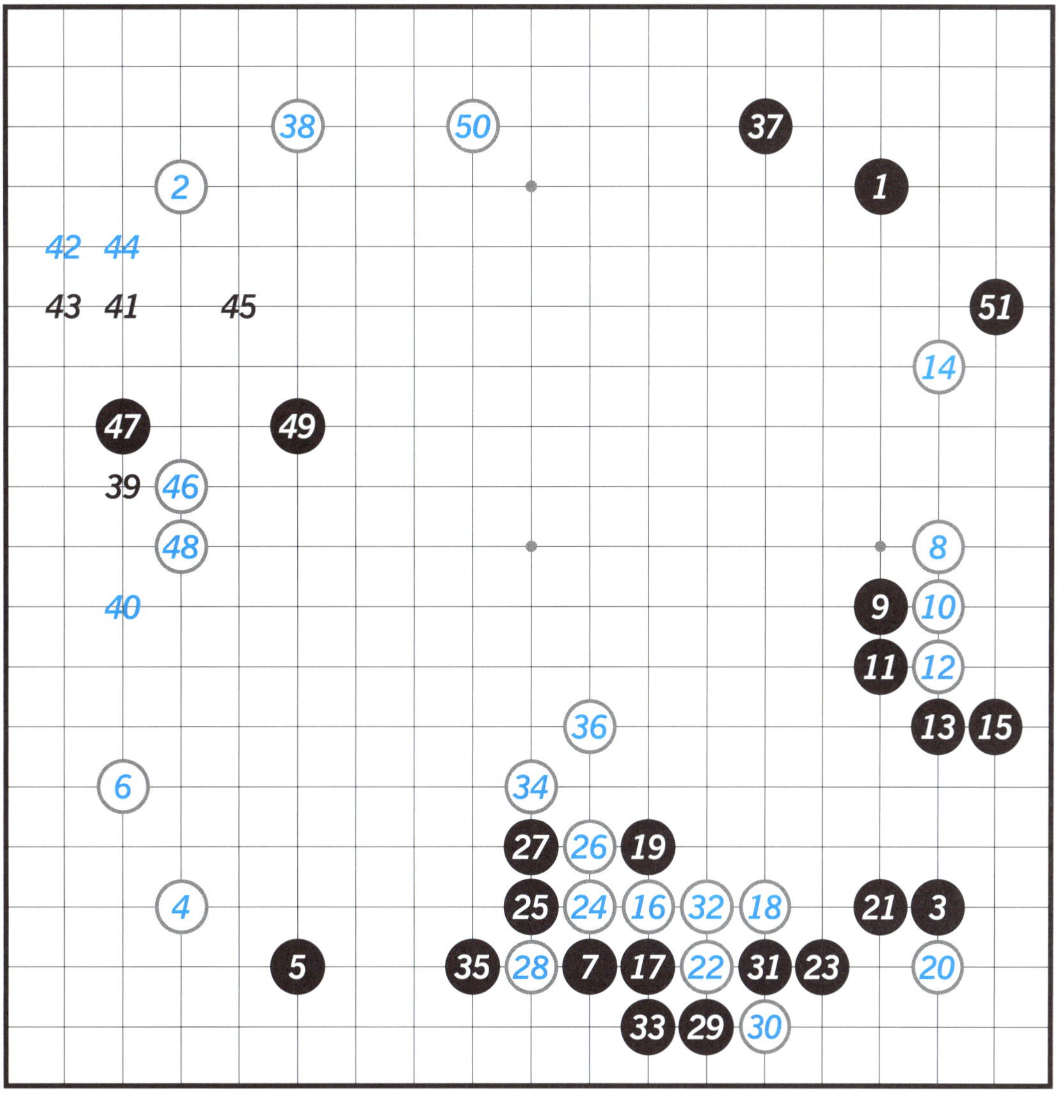

코멘트   흑41은 평범한 수법이지만, 백46이 날카로워 백 만족.

메모

● 흑 친웨신 vs 나현 ○ 백

중국갑조리그 | 2014년 6월

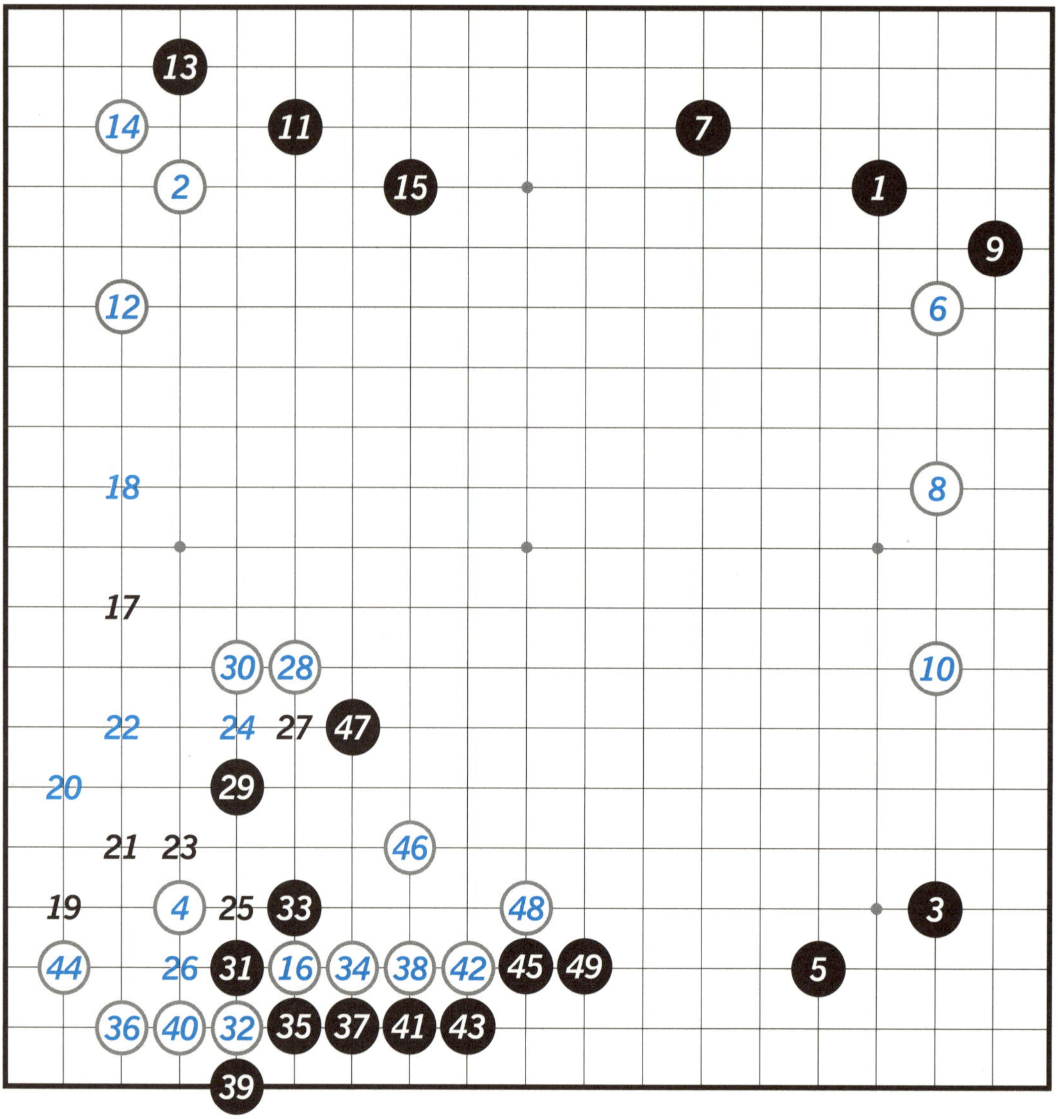

코멘트   어려운 전투.

메모

흑 이원도 vs 김지석 백

명인전 예선 | 2012년 7월

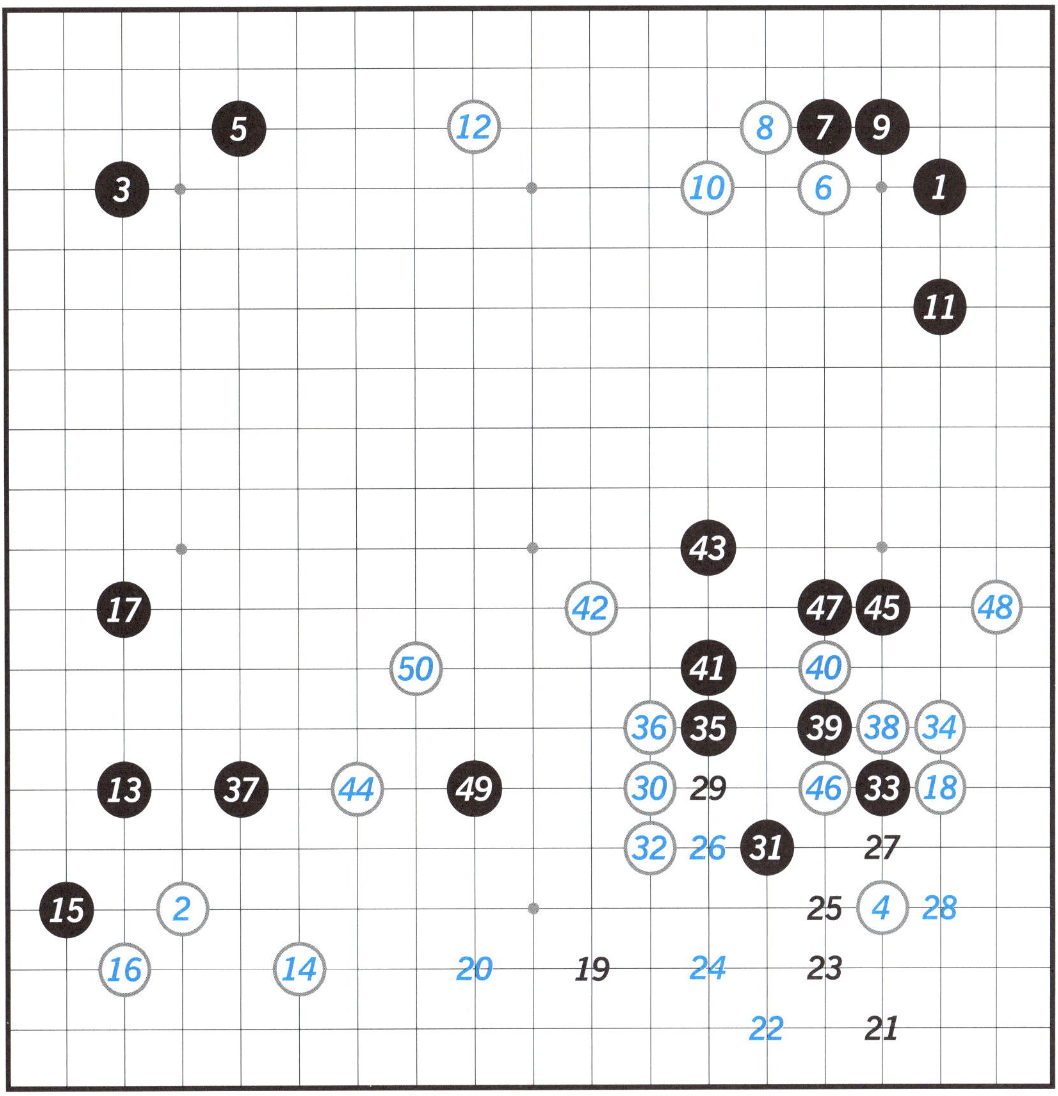

코멘트   백26은 기세. 전투 시작.

메모

실 전

흑 김민호 vs 김지석 백

한국바둑리그 | 2014년 7월

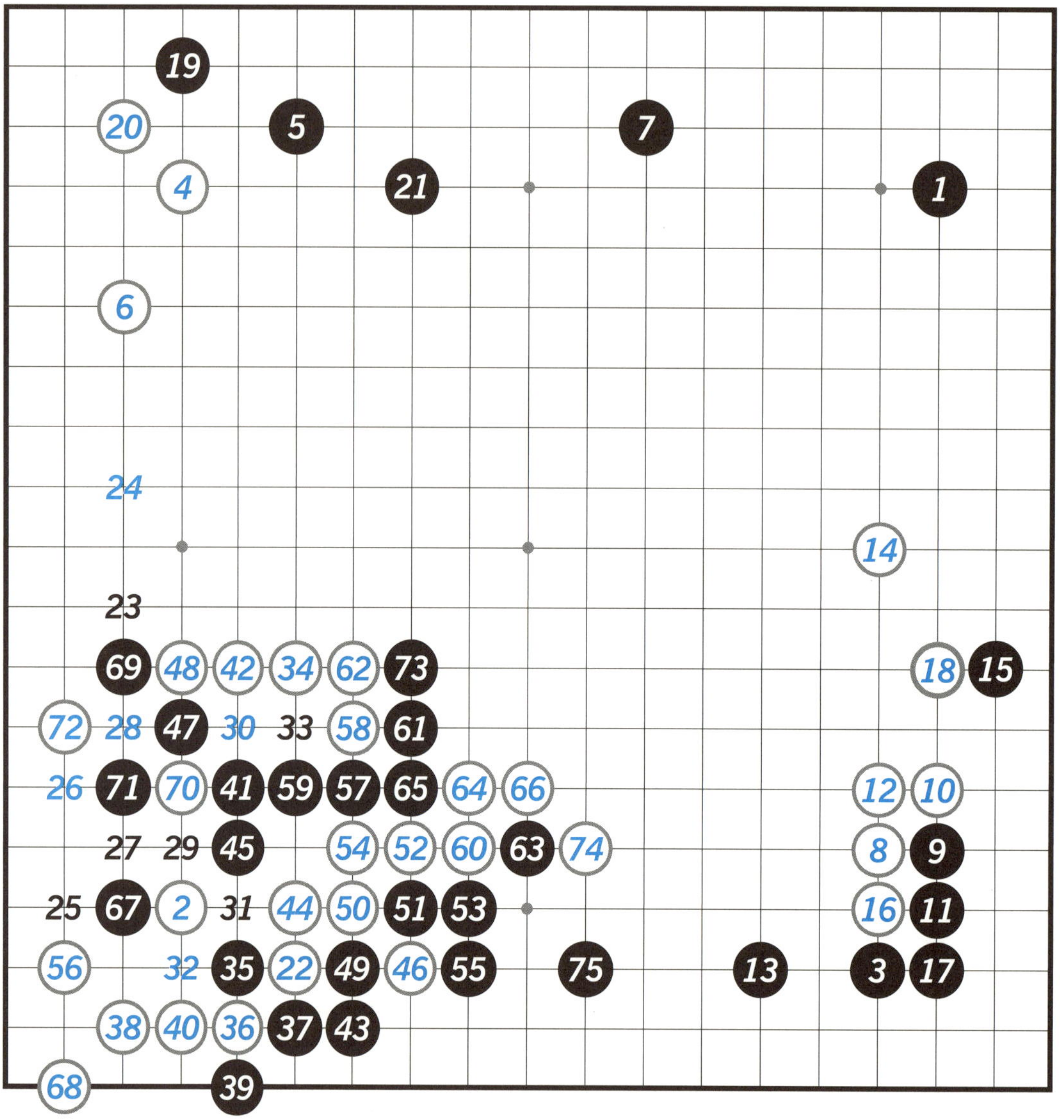

코멘트 흑35, 37이 강수. 서로 어려운 전투.

메모

잘못된 침입의 예

절대로 무리하지 마세요!

때는 약 3년 전, 한국물가정보배 프로기전 결승대국을 관전하러 한국기원에 갔을 때 벌어진 일입니다.

한국물가정보 K팀장님은 중학생 시절, 전국대회에서 현재의 쟁쟁한 프로들과 겨뤄서 우승까지 했던 대단한 기력의 소유자입니다. 당시 한국기원의 연구생 입학 제의를 뿌리치고 공부에 전념, 명문대에 진학하여, 현재는 평범한 회사원입니다. 현재 H사 9단, T사 9단, C사 7단 왕별의 짱짱한 실력을 자랑합니다.

한국물가정보 TV 진행을 맡고 있는 J양은 여자 연구생 출신으로, 운이 나빠서 프로가 못 됐을 뿐, 여자 프로 못지않은 실력을 가지고 있습니다. 여자입단대회에서 아쉽게 탈락, 현재는 아마추어 기사로 활동 중입니다.

많은 사람들의 관심과 응원 속에 이 두 사람의 친선대국이 시작되었습니다.

K팀장님이 백번입니다. 초반 진행은 백이 약간 편한 흐름이었습니다. 중반 전투가 시작될 무렵, 〈참고도 1〉이 문제의 침투입니다.

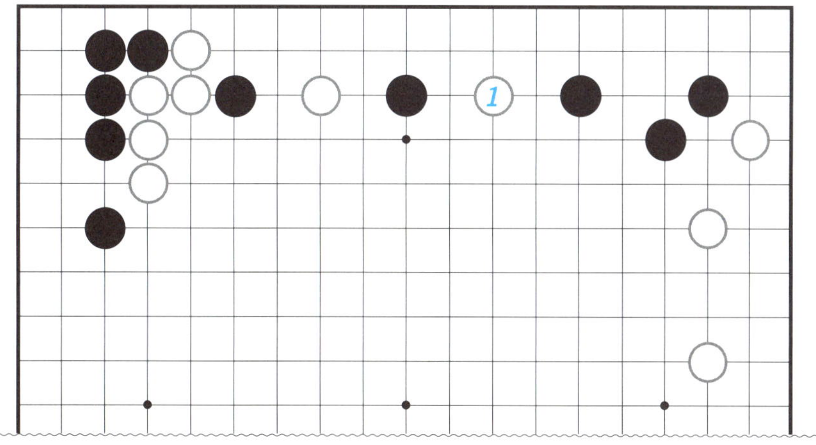

〈참고도 1〉

〈참고도 2〉에서는 백의 침입에 흑2가 정확한 응수, 역시 고수답게 A, B의 악수 교환은 생략하고, 백3으로 붙여갔지만 흑4, 흑6에 곤란합니다.

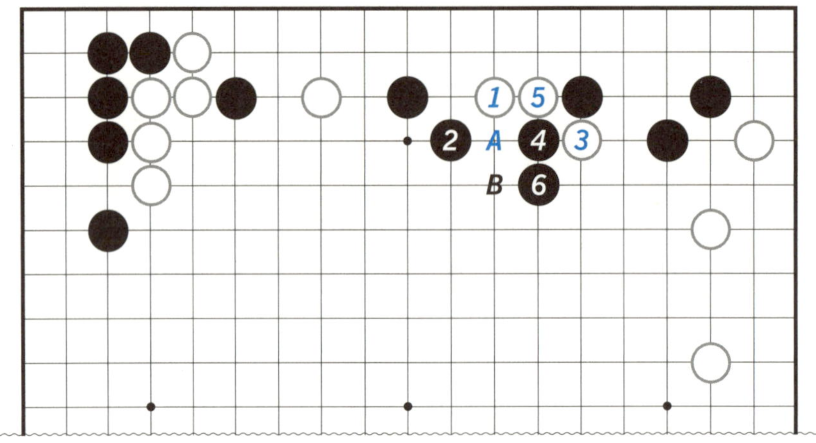

〈참고도 2〉

〈참고도 3〉에서는 백1 이하로 잡으며 흑6, 흑8의 장문 모양이 좋아서 상변을 깼지만 우변 백이 다쳐서 백 실패. 그래도 실전보다는 이게 나을 듯합니다.

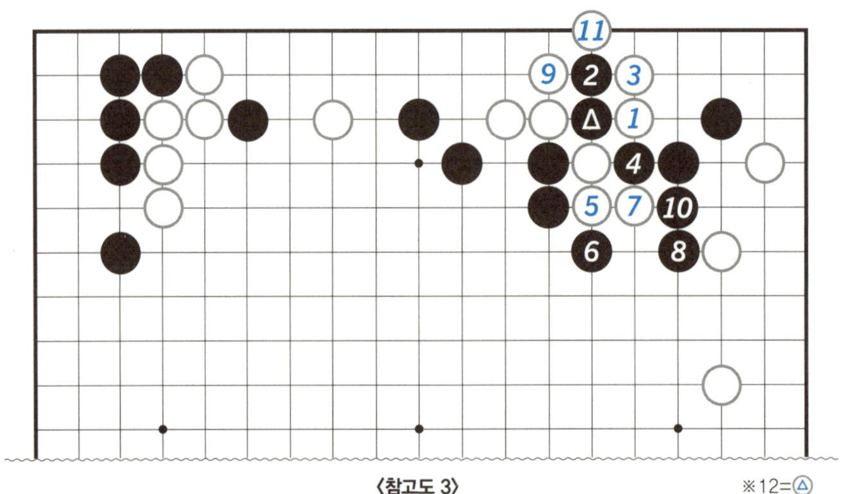

〈참고도 3〉   ※12=△

<참고도 4>는 실전 진행입니다. 흑8까지 백의 사활도 확실치 않습니다. 불리함을 깨닫고 백 9, 백11로 강하게 두었지만 백의 고전입니다.

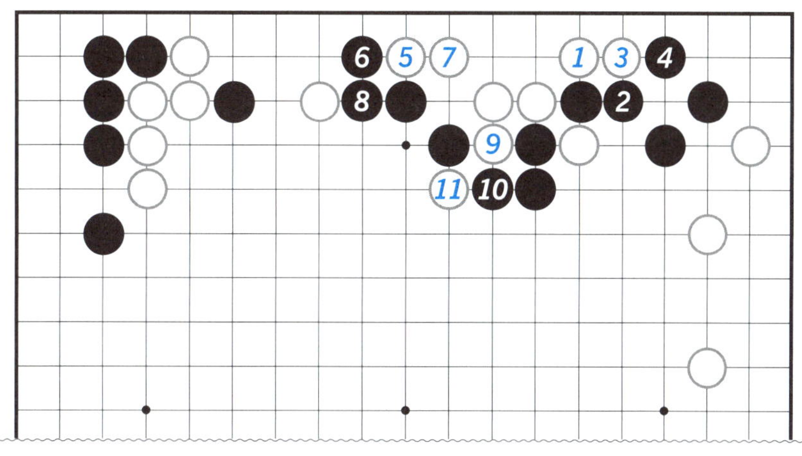

<참고도 4>

결과적으로 최초의 침입이 무리입니다. 지금은 주위에 백돌이 약하기 때문에 침입하지 않고 손을 빼고 다른 곳으로 두어야 했습니다. 프로에 가까운 실력을 지닌 고수들 바둑에서도 이런 무리가 종종 나옵니다. <위기십결>에서도 입계의완(入計宜緩), 공피고아(功彼顧我)이고, 피강자보(彼强自保), 세고취화(勢孤取和)라며 네 번이나 무리하지 말라고 강조를 합니다.

아마추어 여러분, 무리하지 마세요!

눈목자 굳힘

붙임

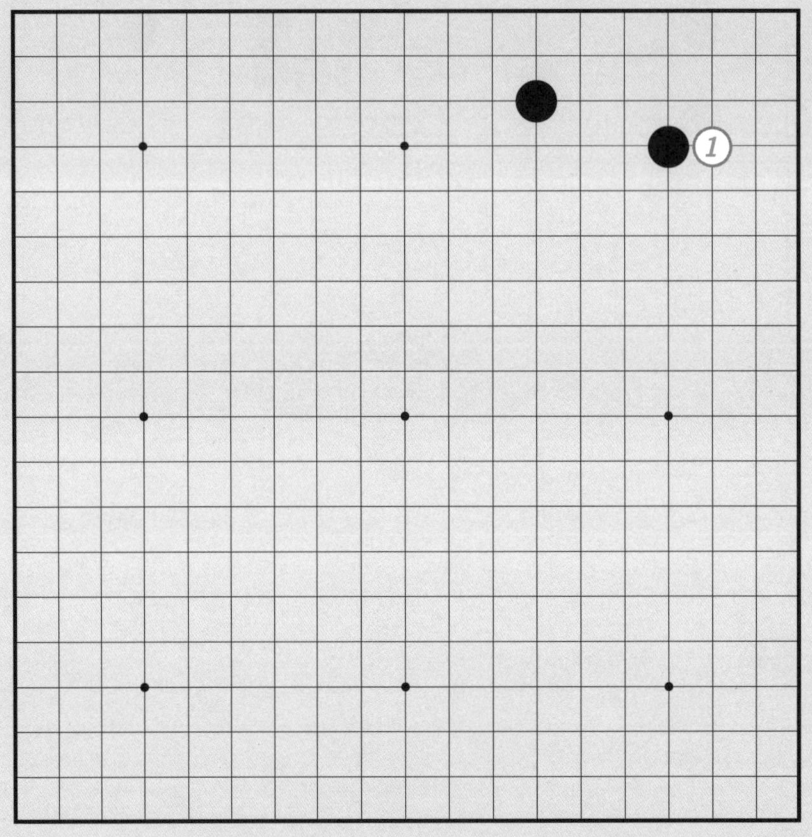

눈목자 굳힘은 귀의 실리보다는 대세를 중시하는 수법.
야구로 치면 한 점 내려고 보내기 번트를 대는 스몰볼과 반대 개념입니다.
호방한 대세관이 강점인 기사들이 애용하는 수법입니다.

눈목자 굳힘 – 붙임

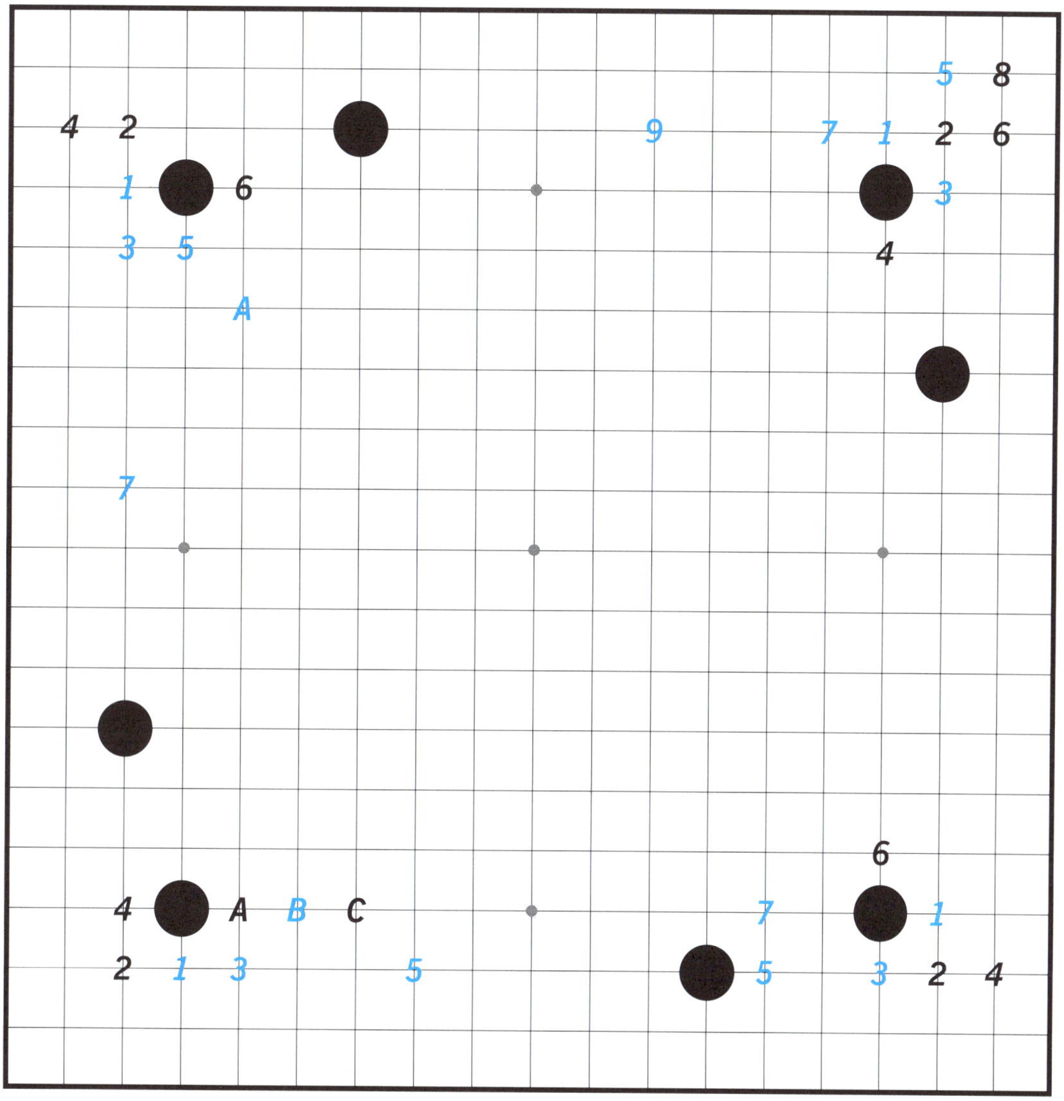

기본형. 백5는 A도 가능.

백3도 가능. 흑4는 간명.

흑4는 실리로 손해지만 두텁다. 다음 A, B, C의 수단이 유력.

백5가 배워둘 만한 맥점.

정석

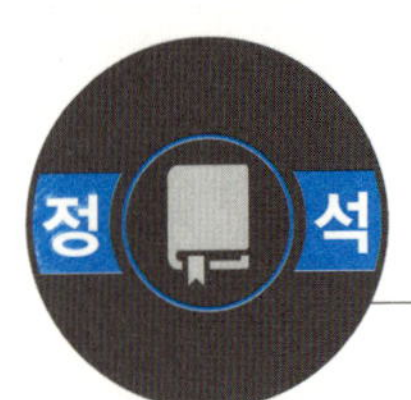

눈목자 굳힘 – 붙임

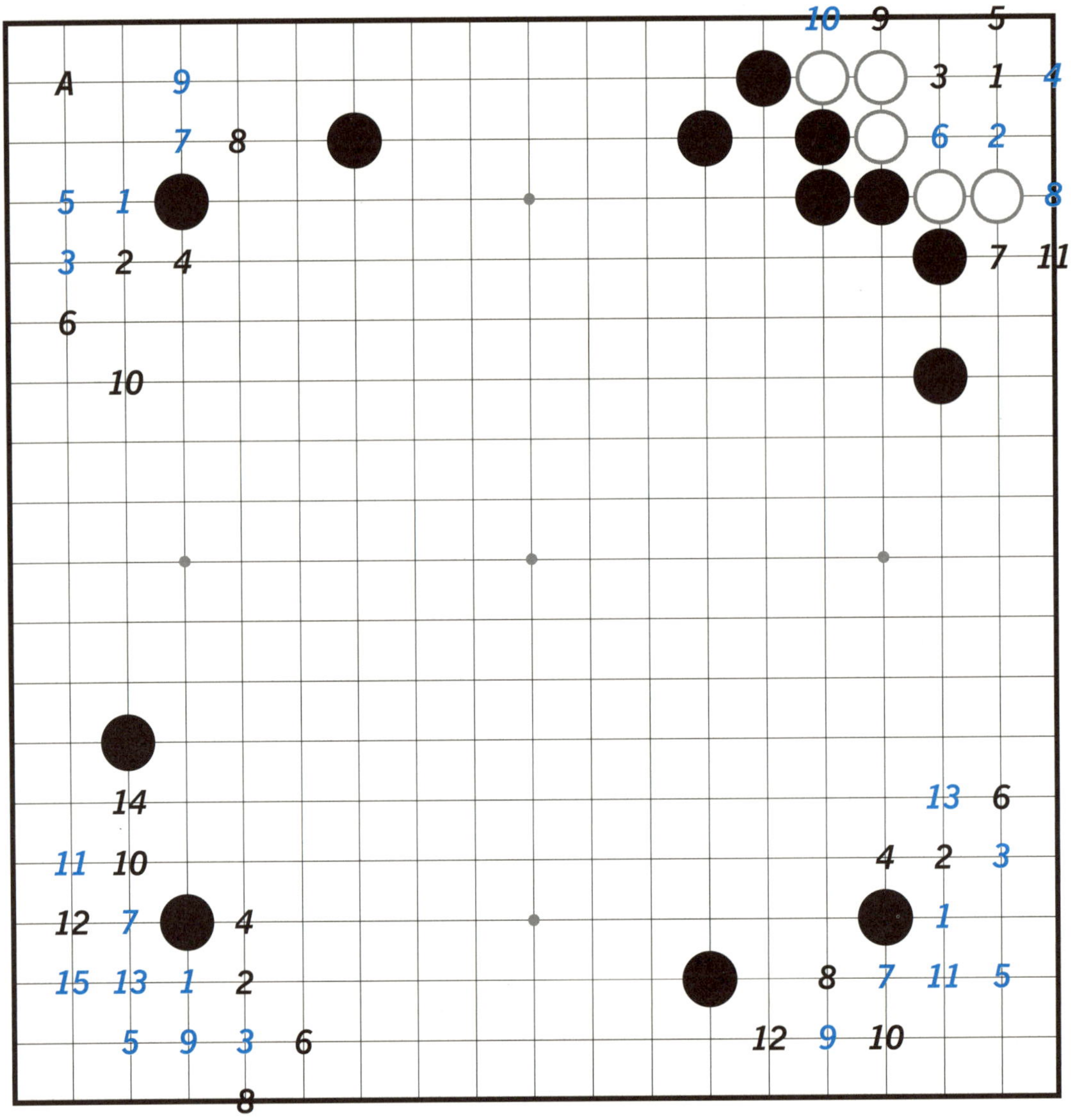

○ ○ ○ ○ ○ ○ ○ ○ ○ ○　　　○ △ ✕

일단락. 귀의 맛이 있다.	(좌상에 이어서) 한수 늘어진 패.
귀의 맛이 없어서 백 만족.	축이 유리하면 백5의 호구가 유력한 수법.

눈목자 굳힘 – 붙임

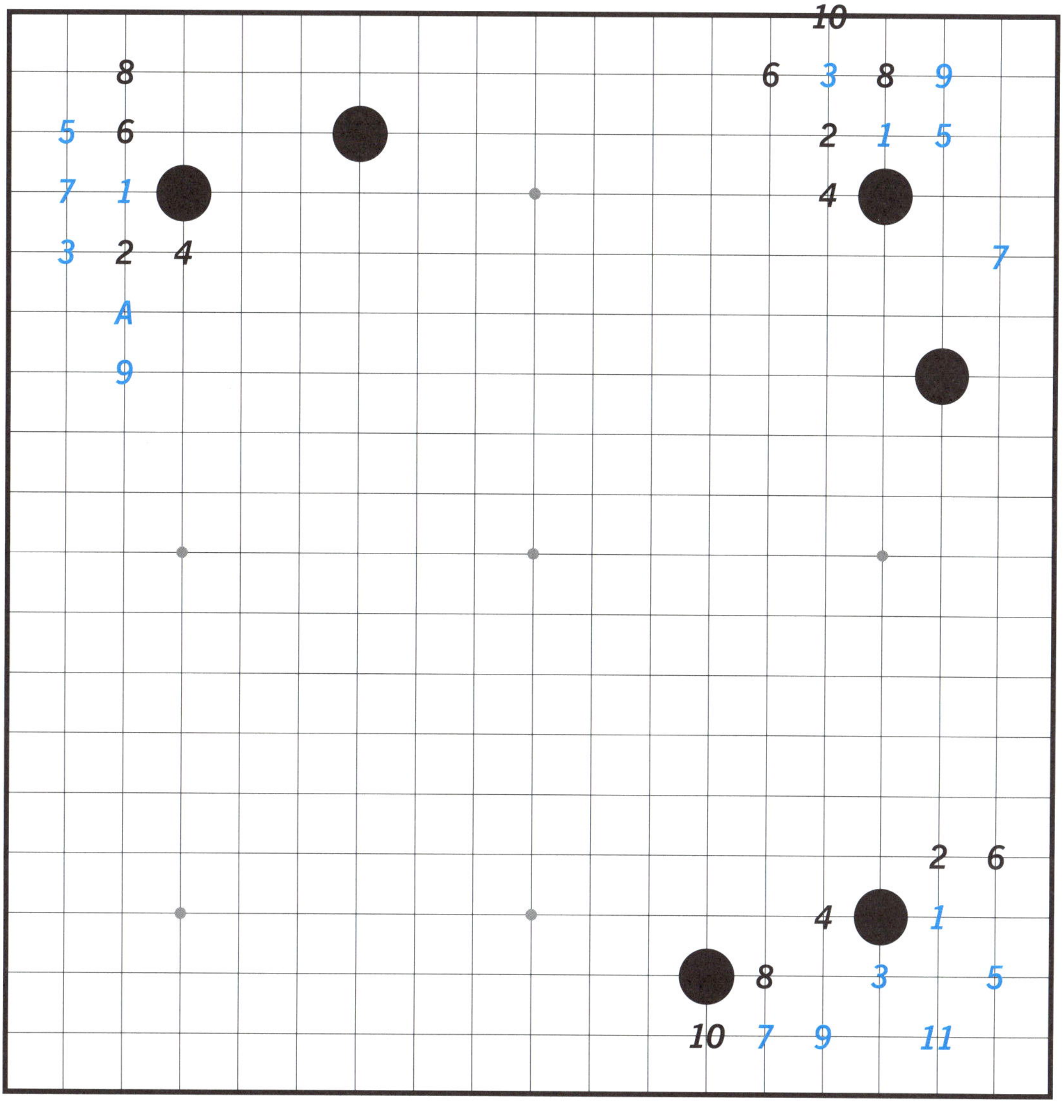

자주 보는 모양. 백9는 A도 가능.

백5는 별로. 흑이 따낸 자세가 좋다.

백3도 가능. 백11을 생략하면 패 모양.

● 흑 구리 vs 이세돌 (백)

LG배 결승 제1국 | 2009년 2월

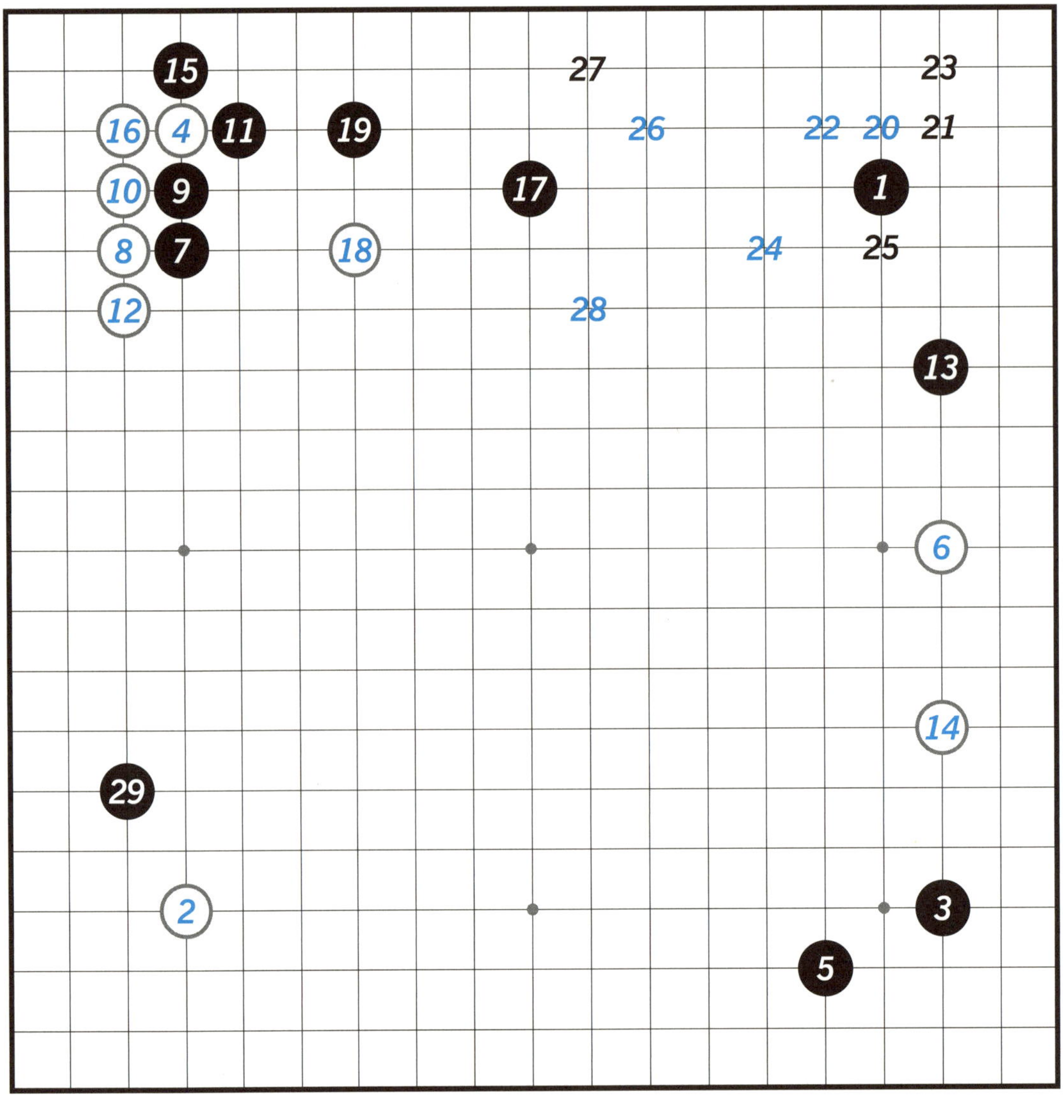

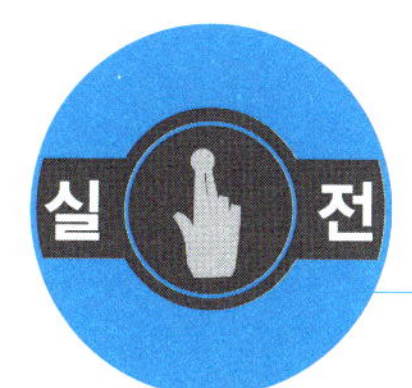

● 김승재 vs 한태희 ⑩

한국바둑리그 | 2013년 7월

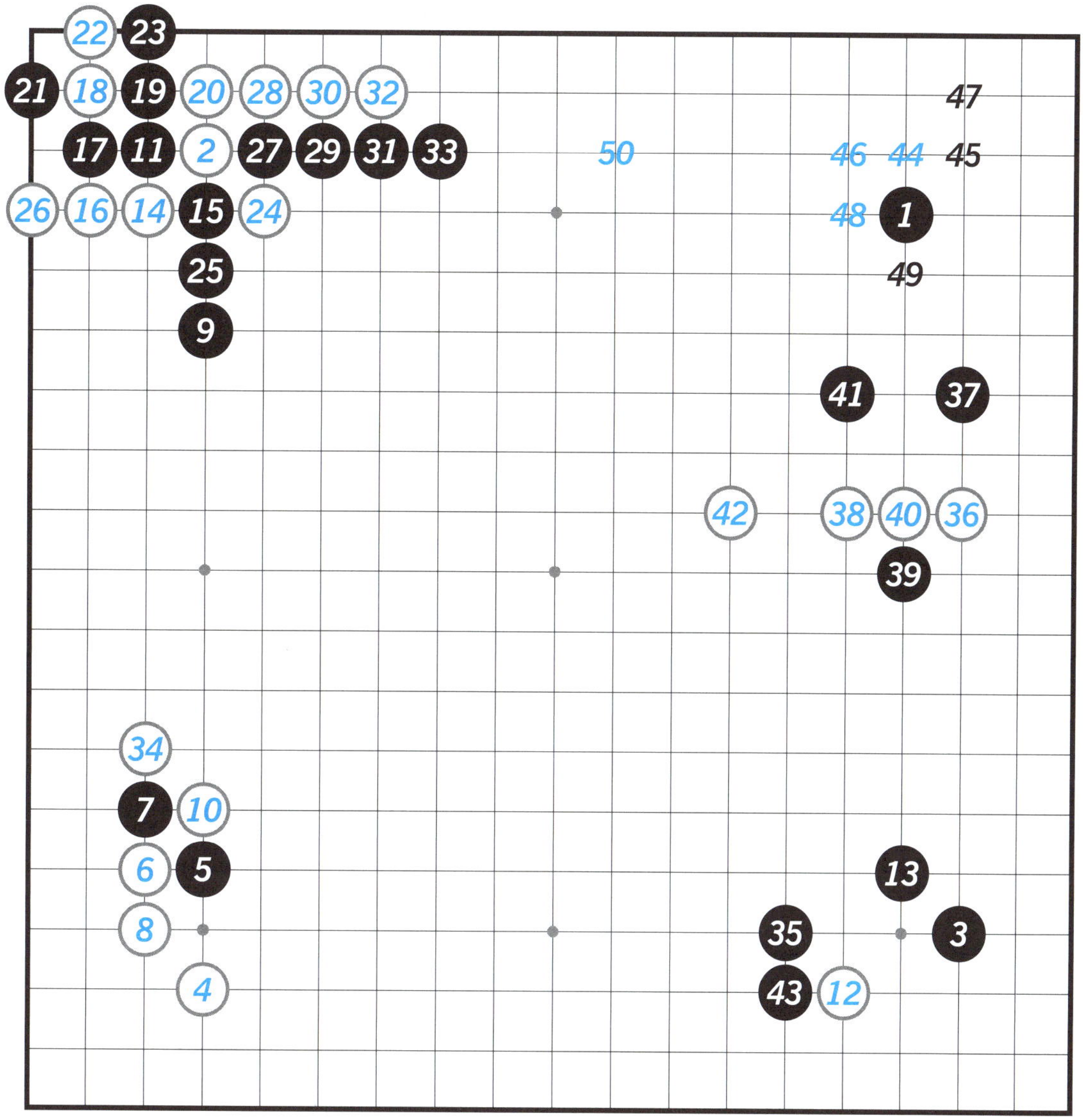

코멘트 좌상 흑9의 두 칸 높은 걸침은 대만 출신 전 일본 1인자인 왕리청 9단이 전성기 때 애용하던 수법.

메모

흑 안성준 vs 이태현 백

한국바둑리그 | 2011년 10월

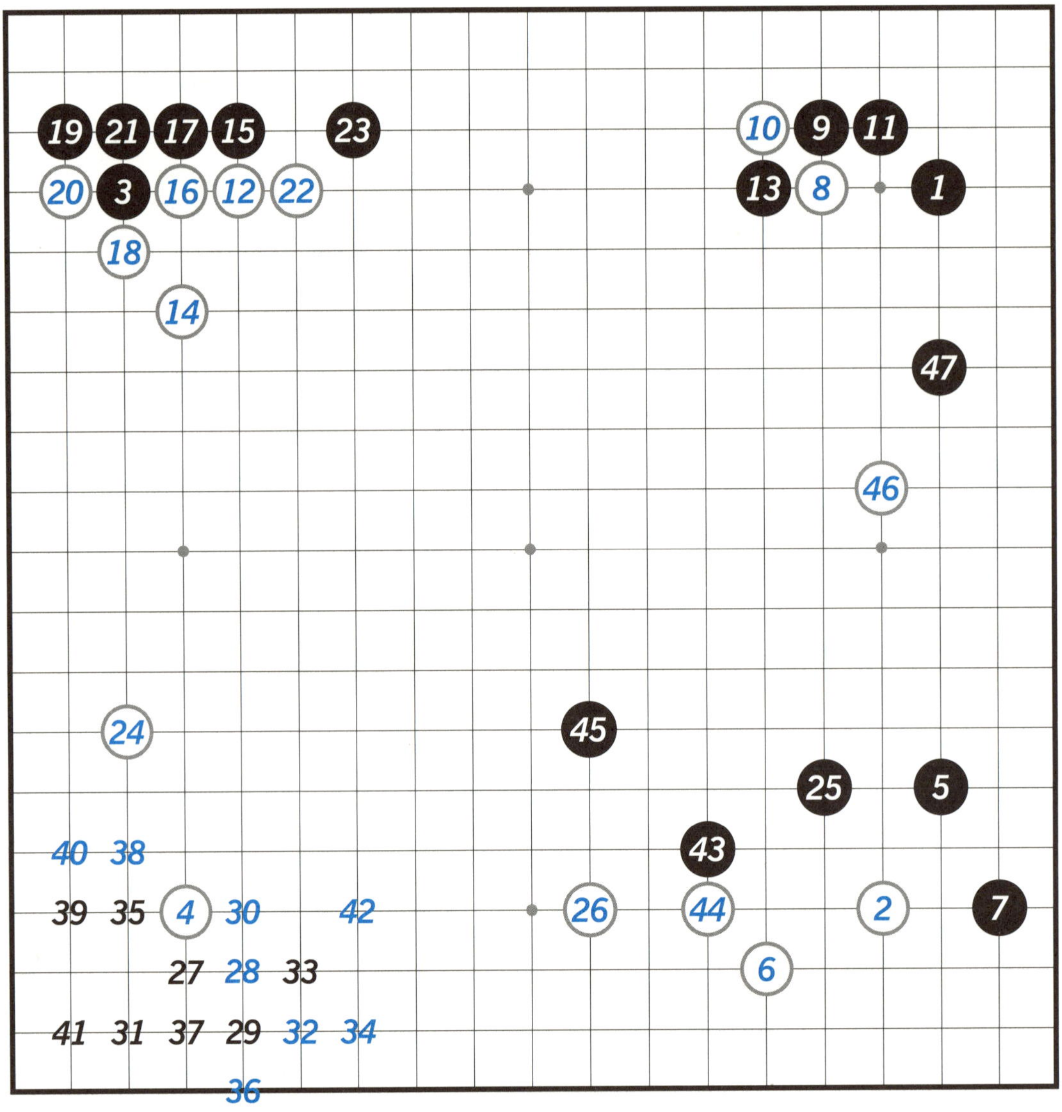

코멘트 p.107 인터뷰 참조.

메모

⚫ 흑 박영훈 vs 안국현 ⚪ 백

한국바둑리그 | 2012년 5월

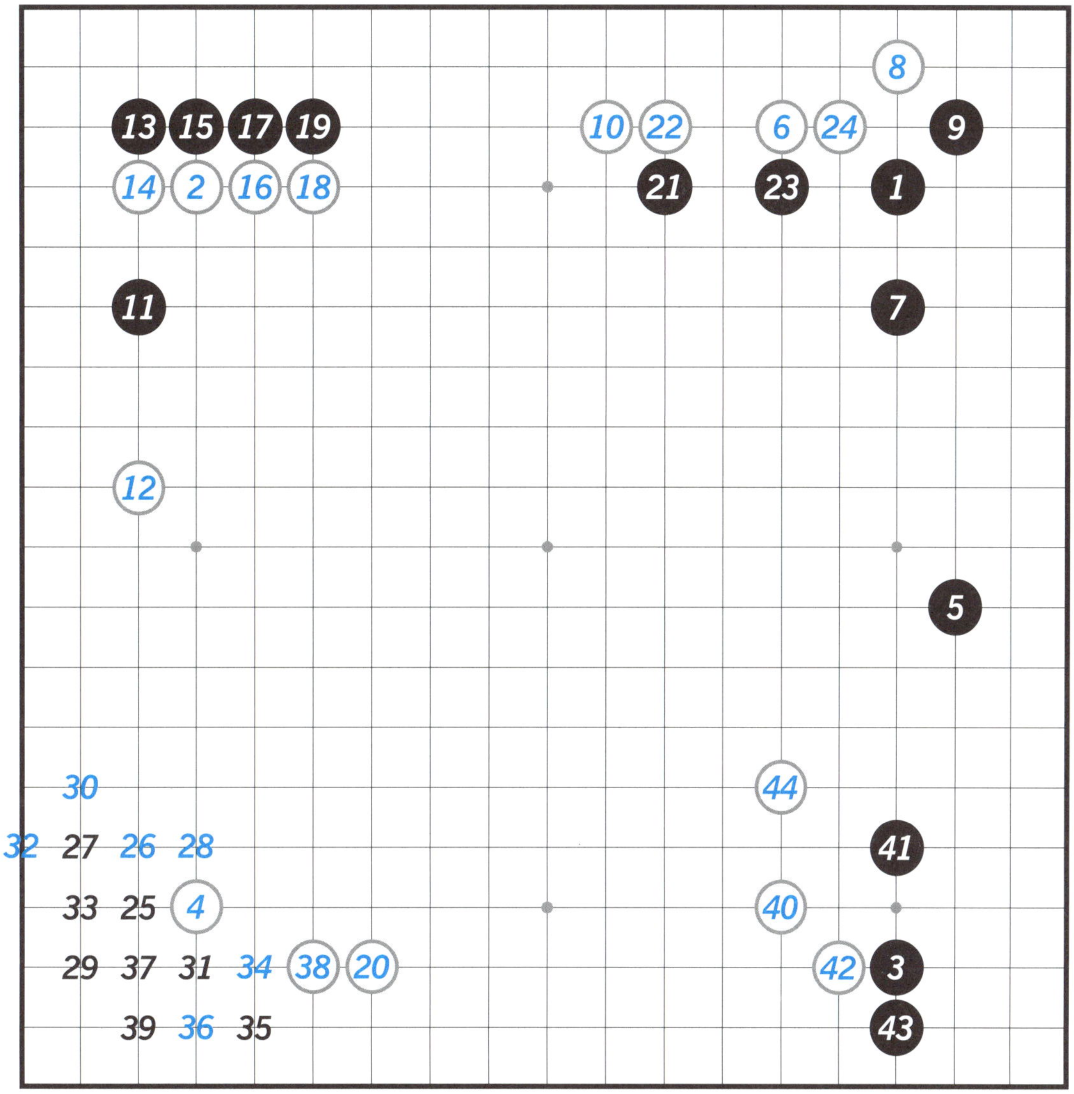

코멘트   백32는 중요한 수순, 빠뜨리면 흑이 선수를 잡게 된다.

메모

흑 박영훈 vs 퍄오원야오 백

LG배 32강 | 2014년 6월

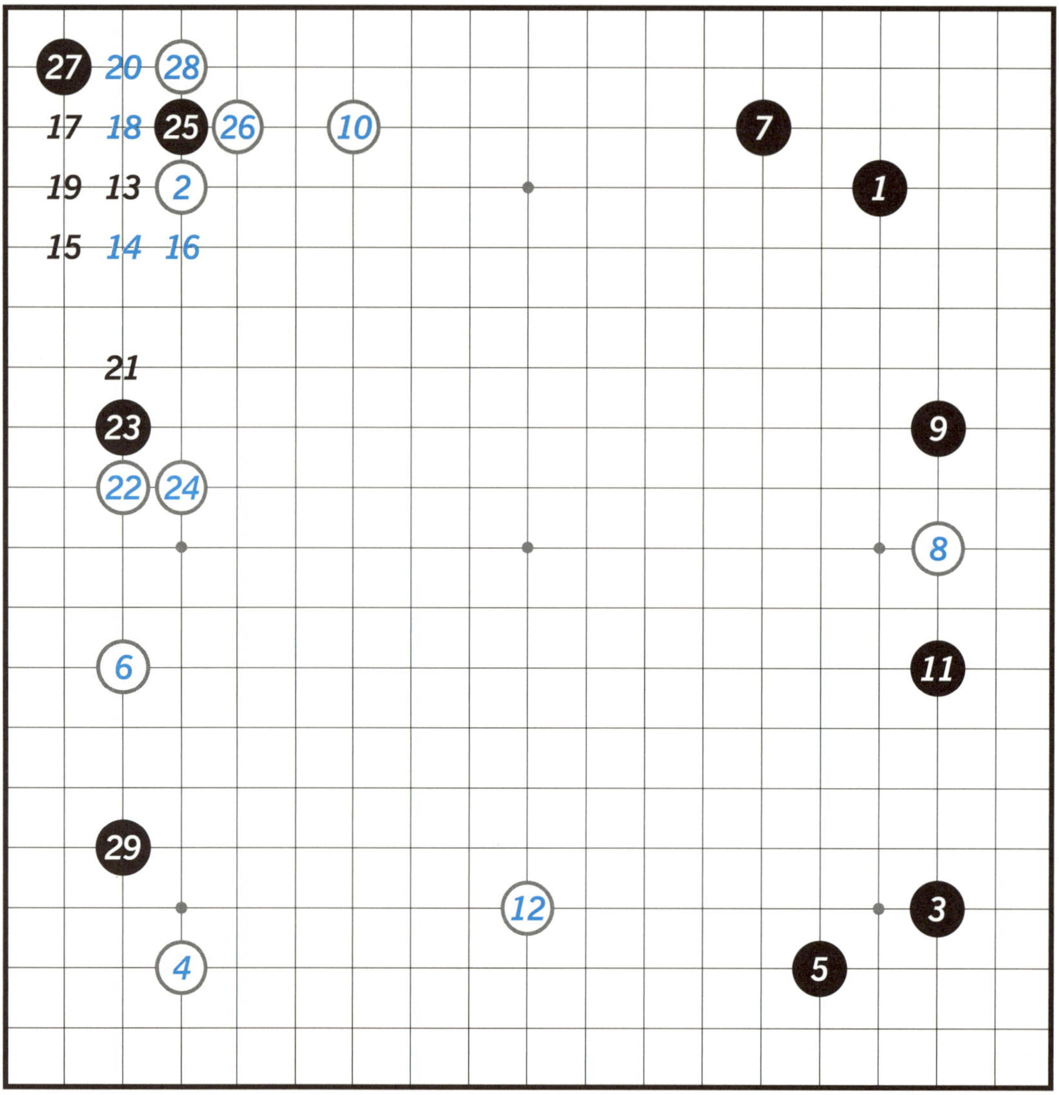

안성준 5단 추천 수법

현대 바둑에서 특히 많이 나오는 모양

안성준 눈목자 굳힘에서 실전처럼 붙여가는 수법은 변을 중시하는 현대 바둑에서 특히 많이 나오는 모양입니다. 예전에는 3·3 침입이 많았습니다. 흑31로 호구 친 수는 축이 유리할 때 상당히 유력한 수법입니다. 하지만 실전에는 흑39로 양보했습니다. 원래는 40 자리에 젖혀가는 것이 정석. 하지만 우상 흑13 자리 바로 밑에 백이 단수를 치는 것이 절호의 축머리입니다. 실전처럼 된다면 흑31로는 그냥 37 자리에 두는 것이 두 집 이득입니다. 속기 대국이라 어쩔 수 없는 면도 있지만 만족스러운 내용의 바둑은 아닙니다. 그래도 바둑을 이겨서 다행이었다고 생각됩니다.

국내대회 우승했지만(2012년 한국물가정보배) 더 좋은 성적으로 랭킹을 올려야 하고요. 세계대회에서는 2013년 삼성화재배 8강이 최고 성적이고, 2014년에는 농심배 본선에서 진 것이 많이 아쉽습니다. 내년에는 세계대회에서 더 좋은 모습 보여드릴 것을 약속드립니다.

안성준 5단은 안형준 4단과 형제 기사입니다. 동생이 늦게 입단했지만 특별 승단(한국물가정보배 우승)으로 단이 더 높네요. 현재 정상권 기사들이 밀려난다면 그다음 세대에서 가장 좋은 모습을 보여줄 기사로 안성준, 신진서, 이동훈, 나현 등을 꼽을 수가 있겠습니다. 안성준 5단은 제가 중국 룰에 대해서 기사들에게 강의하면, 가장 확실히 이해하고 응용했던 기사로 기억이 남습니다. 국내에서뿐 아니라 세계대회, 중국 리그에서도 좋은 성적을 기대하겠습니다.

※ p.104 기보 참조.

이세돌 9단의 19연승 대기록

중국 갑조리그를 평정하다

2007 갑조리그 11회전	이세돌	흑 불계승	저우루이양
2007 갑조리그 12회전	이세돌	백 불계승	후야오위
2007 갑조리그 13회전	이세돌	흑 불계승	구리
2007 갑조리그 14회전	이세돌	백 불계승	콩지에
2007 갑조리그 16회전	이세돌	백 불계승	왕야오
2007 갑조리그 21회전	이세돌	흑 불계승	리우싱
2007 갑조리그 22회전	이세돌	백 불계승	셰허
2008 갑조리그 2회전	이세돌	백 불계승	리저
2008 갑조리그 6회전	이세돌	백 불계승	창하오
2008 갑조리그 9회전	이세돌	백 불계승	콩지에
2008 갑조리그 10회전	이세돌	흑 불계승	리우싱
2008 갑조리그 11회전	이세돌	백 불계승	구리
2008 갑조리그 17회전	이세돌	흑 불계승	창하오
2008 갑조리그 19회전	이세돌	백 반집승	저우루이양
2008 갑조리그 20회전	이세돌	흑 불계승	퉈쟈시
2009 갑조리그 4회전	이세돌	백 불계승	저우루이양
2009 갑조리그 6회전	이세돌	백 불계승	콩지에
2009 갑조리그 8회전	이세돌	백 불계승	구리
2009 갑조리그 9회전	이세돌	흑 불계승	리저

이세돌 9단의 중국리그 19연승 기록 일지입니다. 2007년 8월부터 2009년 7월까지 약 2년간 (23개월) 갑조리그에서 무패 행진을 기록했습니다.

다만 아쉬운 것은 한국 바둑이 키워낸 이 천재 기사의 최절정기에 한국기원과의 마찰로 휴직계를 제출하게 됩니다. 2009년 초에 한국바둑리그 일정 관계로 갈등이 생기기 시작하여 급기야는 기사총회에서 "이세돌 9단을 징계할 수도 있다"는 애매한 문구로 투표를 하여 가결되면서, 이세돌 9단은 휴직을 결정합니다.

기사(선수)와 기원(협회)은 마찰이 생길 수밖에 없지만 기사회는 어떠한 상황에서도 기사를 변호해주어야 하는데요. 안타까운 일이 벌어진 것이죠.

이후 1년 6개월 예정이었던 휴직이 6개월 만에 복직으로 끝나고, 몸과 마음을 추스른 이세돌 9단은 복귀 이후 24연승으로 BC카드배 우승 등 여전한 기량을 뽐내게 됩니다. 그렇지만 이때부터 중국 바둑의 추격이 본격화된 것을 생각하면, 지금도 절정의 이세돌 9단을 지켜주지 못한 것이 동료 기사로서 상당히 아쉽습니다.

2008년도 중국리그 8전 전승의 기록은 후배 기사 김지석 9단에게 깨지고 맙니다. 김지석 9단이 2012년 10전 전승이란 대기록 세웠습니다. 그러나 무려 세 시즌에 걸친 19연승은 좀처럼 깨지지 않을 대기록입니다. 이세돌 9단은 2014년 11월 9일 갑조리그 19라운드에서 스웨 9단에게 승리하면서 중국리그 통산 50승을 달성했습니다.

눈목자 굳힘

3·3 침입

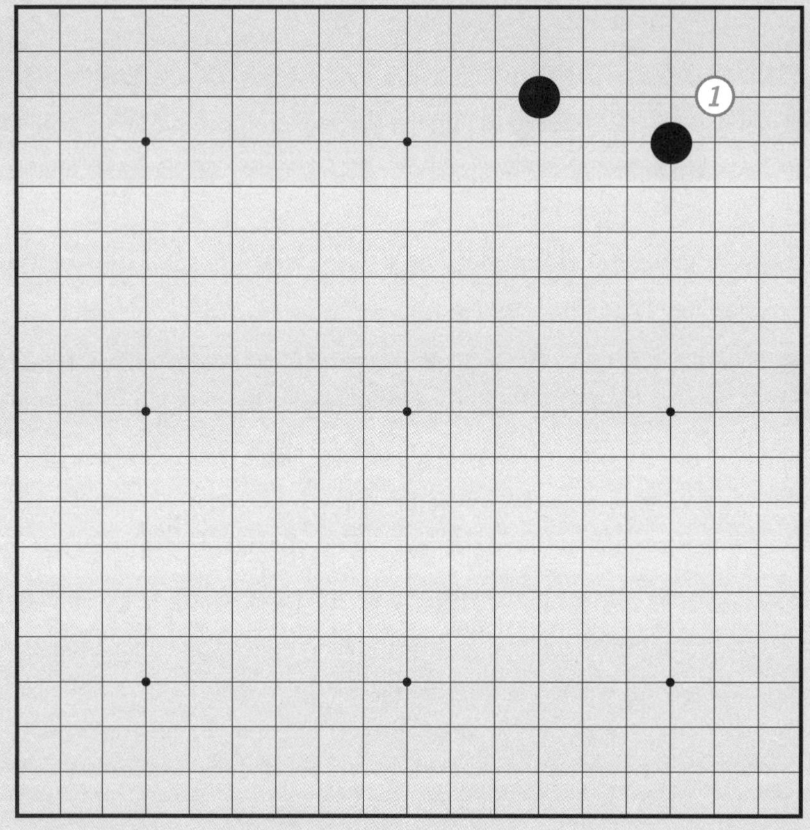

일찍이 1940~50년대 기보 해설을 보면 눈목자는 3·3이 비어서 허하다는 평이 많았습니다.
2000년대 초반 많이 보이다가 요즘에는 날일자에 밀려 약간 주춤한 상태이지요.
세상만사가 그렇듯 바둑의 수법도 돌고 도는가 봅니다.

눈목자 굳힘 – 3·3 침입

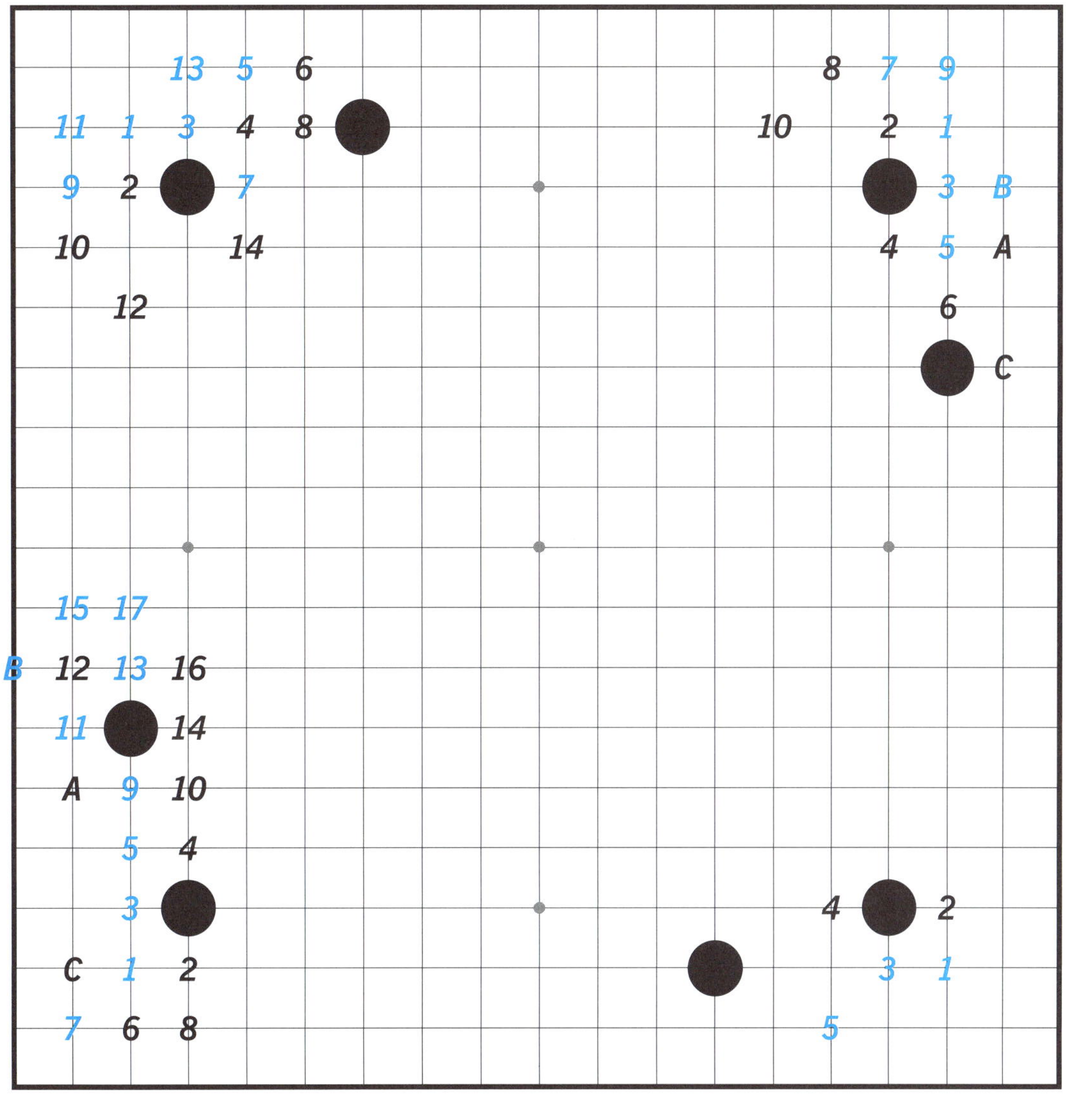

기본 정석. 팻감이 많다면 백11로 패를 유도할 수도 있다.

기본 정석. 흑C 자리가 선수.

배석에 따라 두어지는 수법. 끝내기 맛이 있다.

5도 유력한 수법.

눈목자 굳힘 – 3·3 침입

○○○○○○○○○○   ○ △ ✕

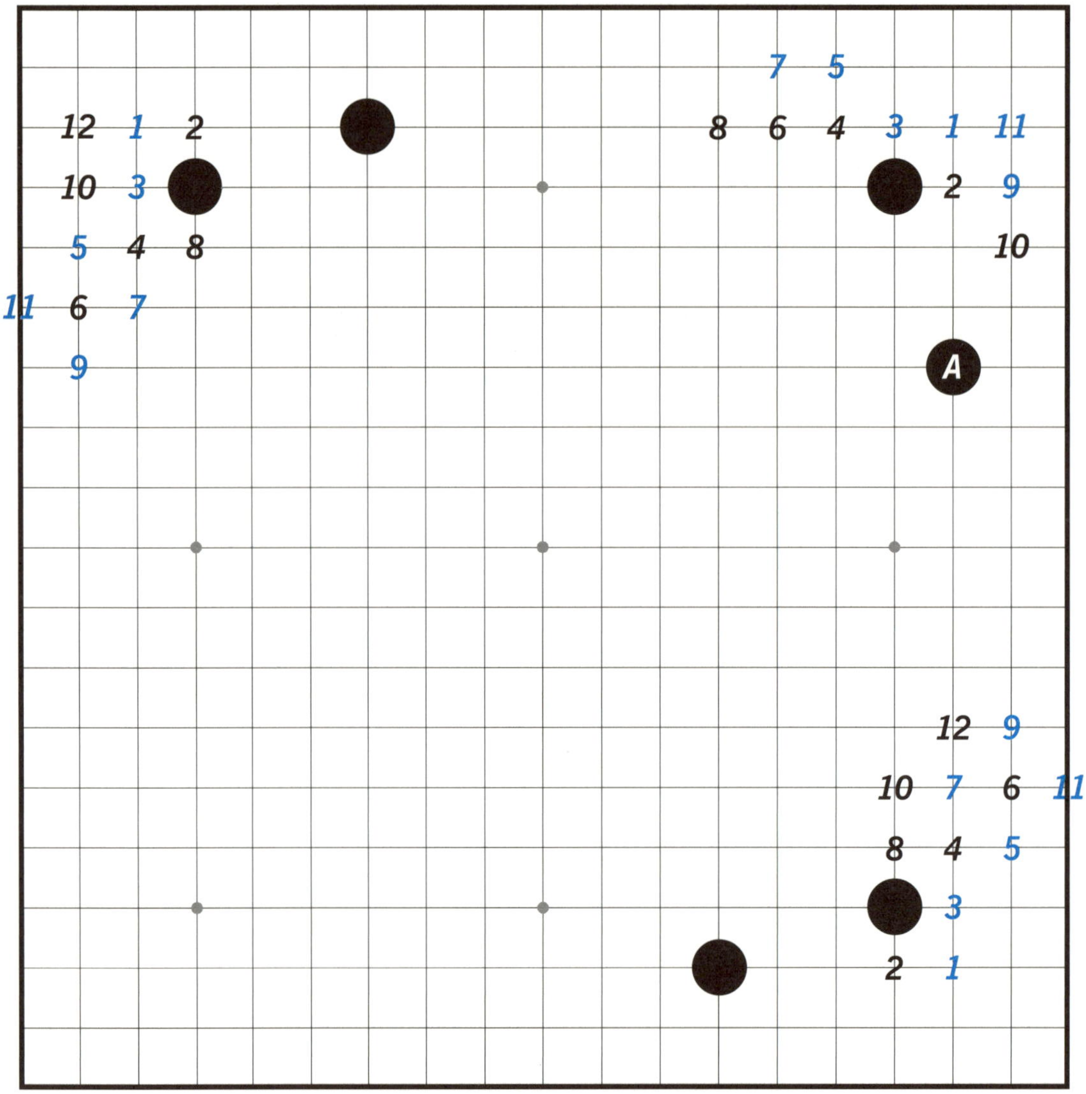

실리를 중시.	흑돌 A의 위치가 어정쩡하다.
	선수를 잡기 위한 수법. 실리로는 손해.

흑 김영삼 vs 박승현 백

한게임 마스터즈 서바이벌 | 2006년 9월

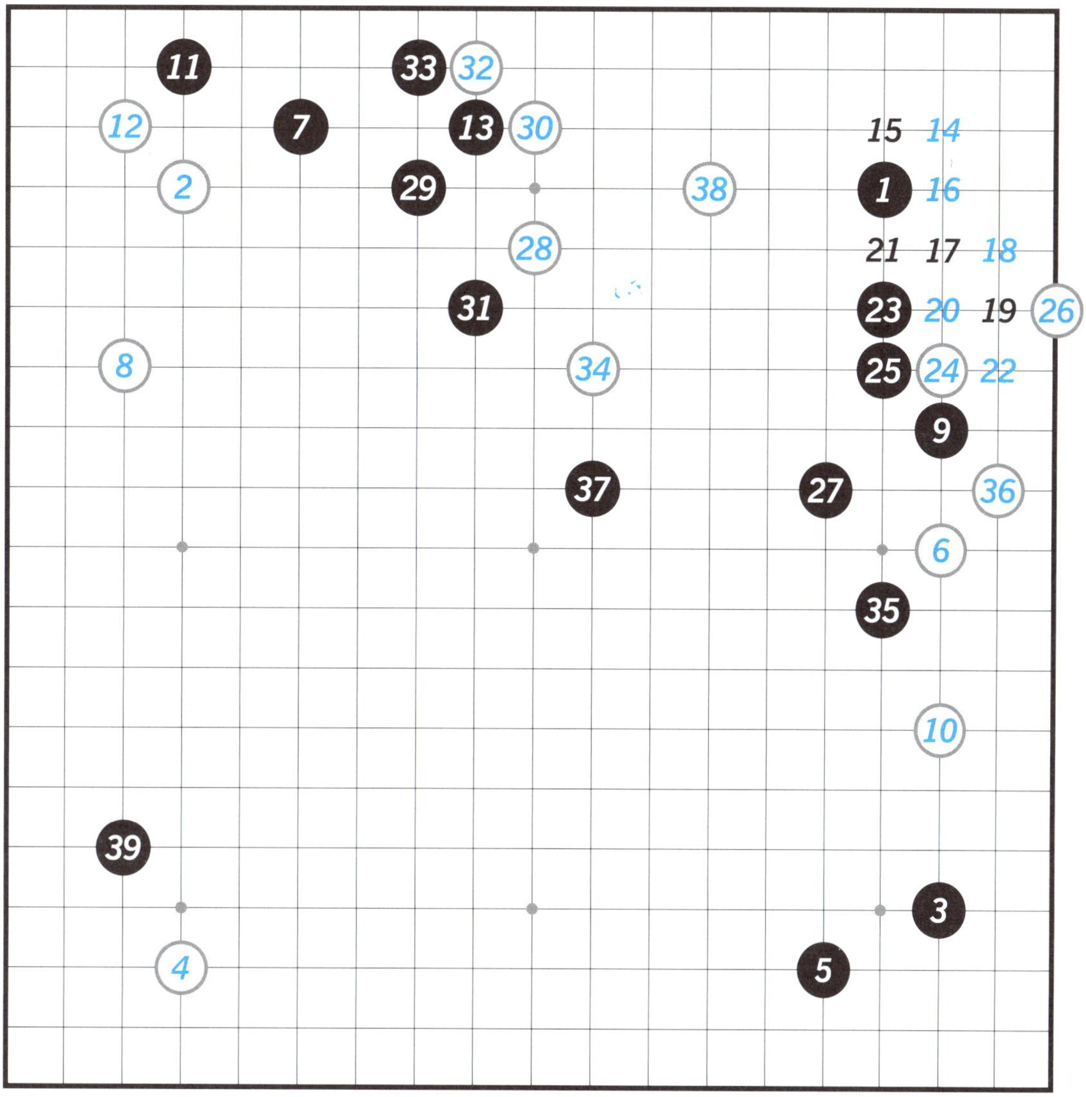

코멘트   필자의 친동생 박승현 7단의 기보.

메모

⚫흑 박승화 vs 이상훈 ⚪백

한국바둑리그 | 2011년 9월

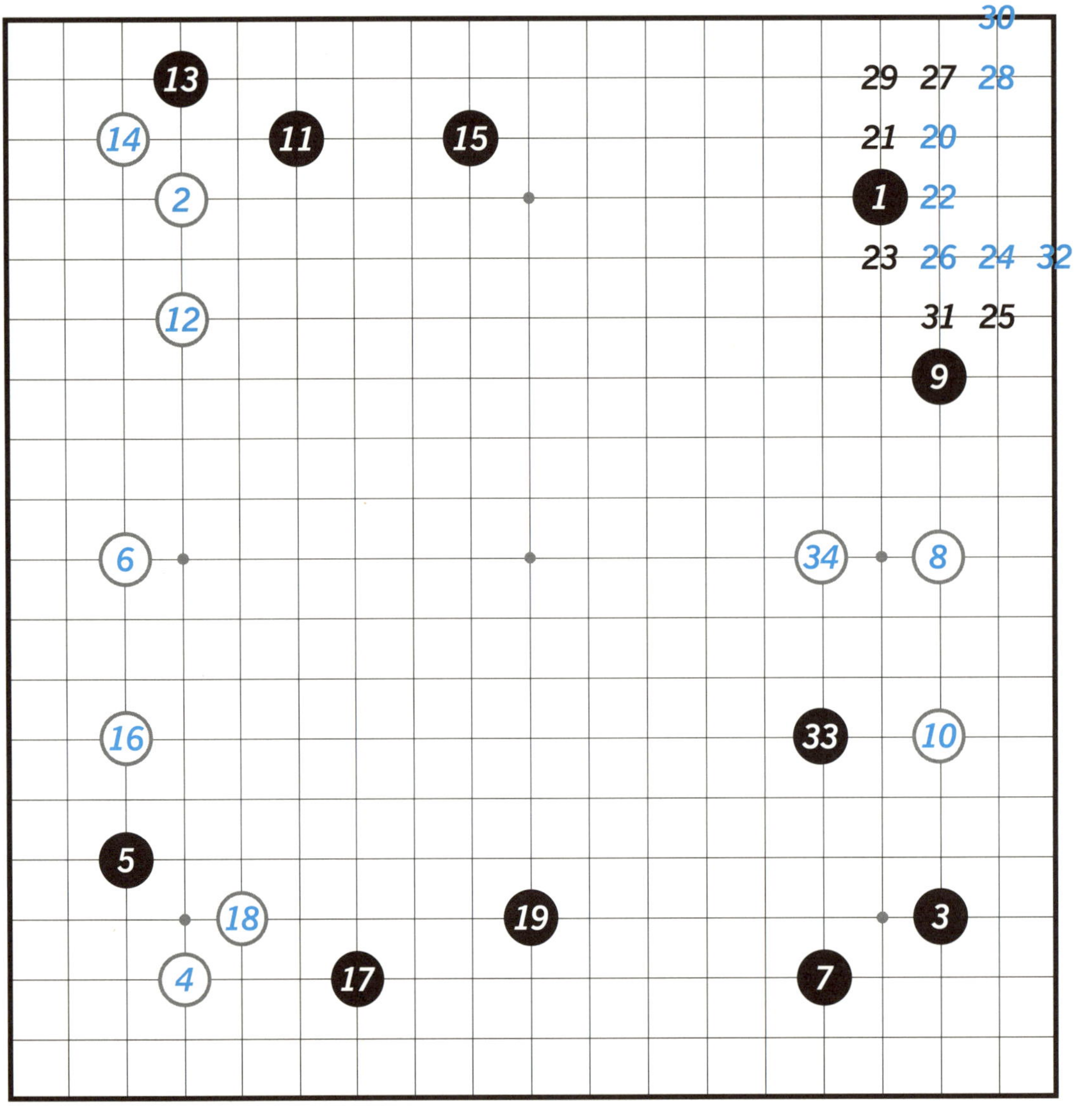

코멘트   백6은 어려운 정석. 인터넷 바둑 5단 이하라면 모르셔도 됩니다!

메모

흑 콩지에 vs 리저 백

중국 명인전 도전자결정전 | 2011년 9월

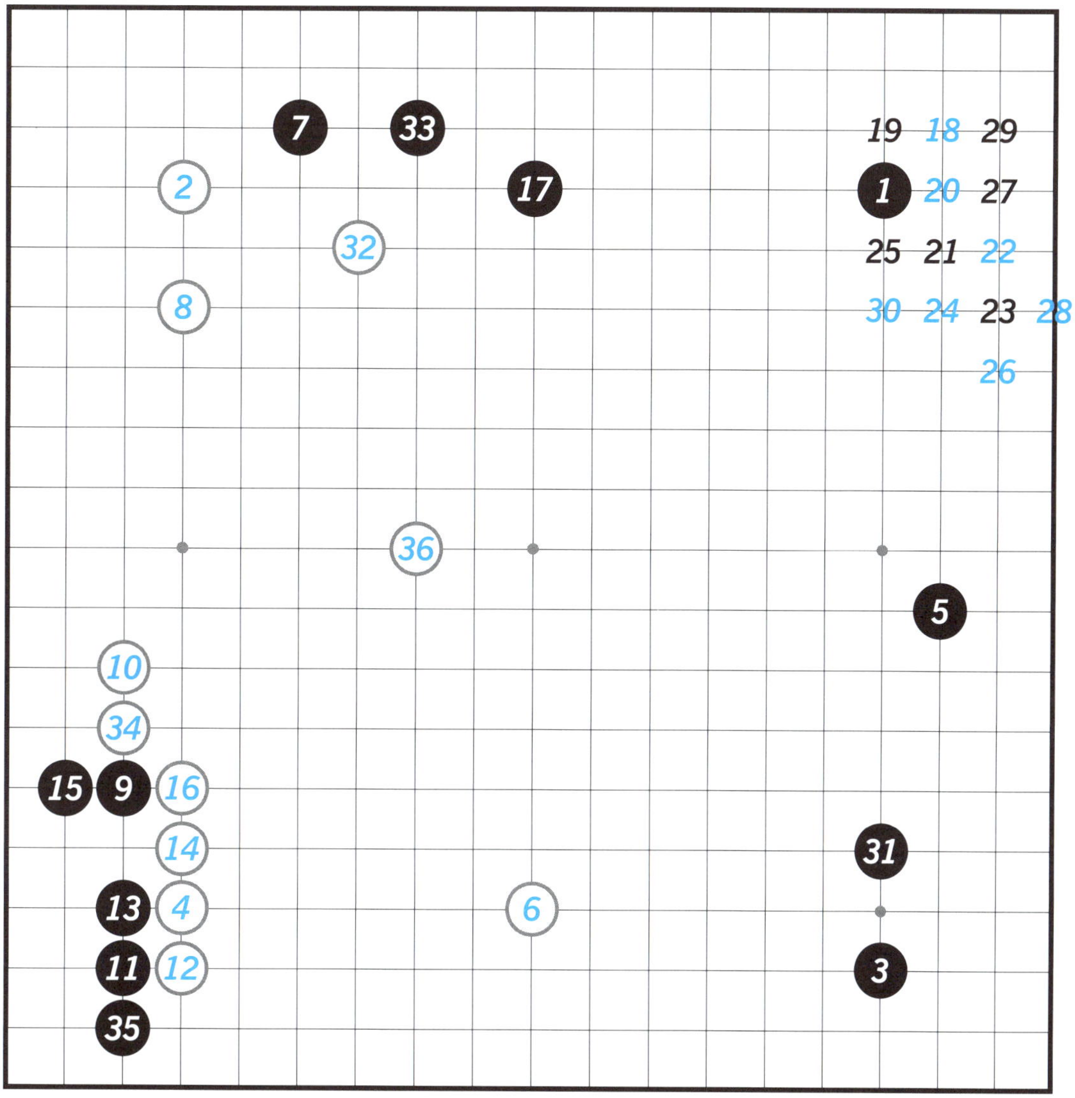

코멘트 한 해에 세계대회 3관왕을 이뤄냈던 전 세계 1인자 콩지에 9단. 요즘에는 중국리그조차도 결장이 잦습니다.

메모

흑 목진석 vs 박승철 백

명인전 본선리그 | 2002년 3월

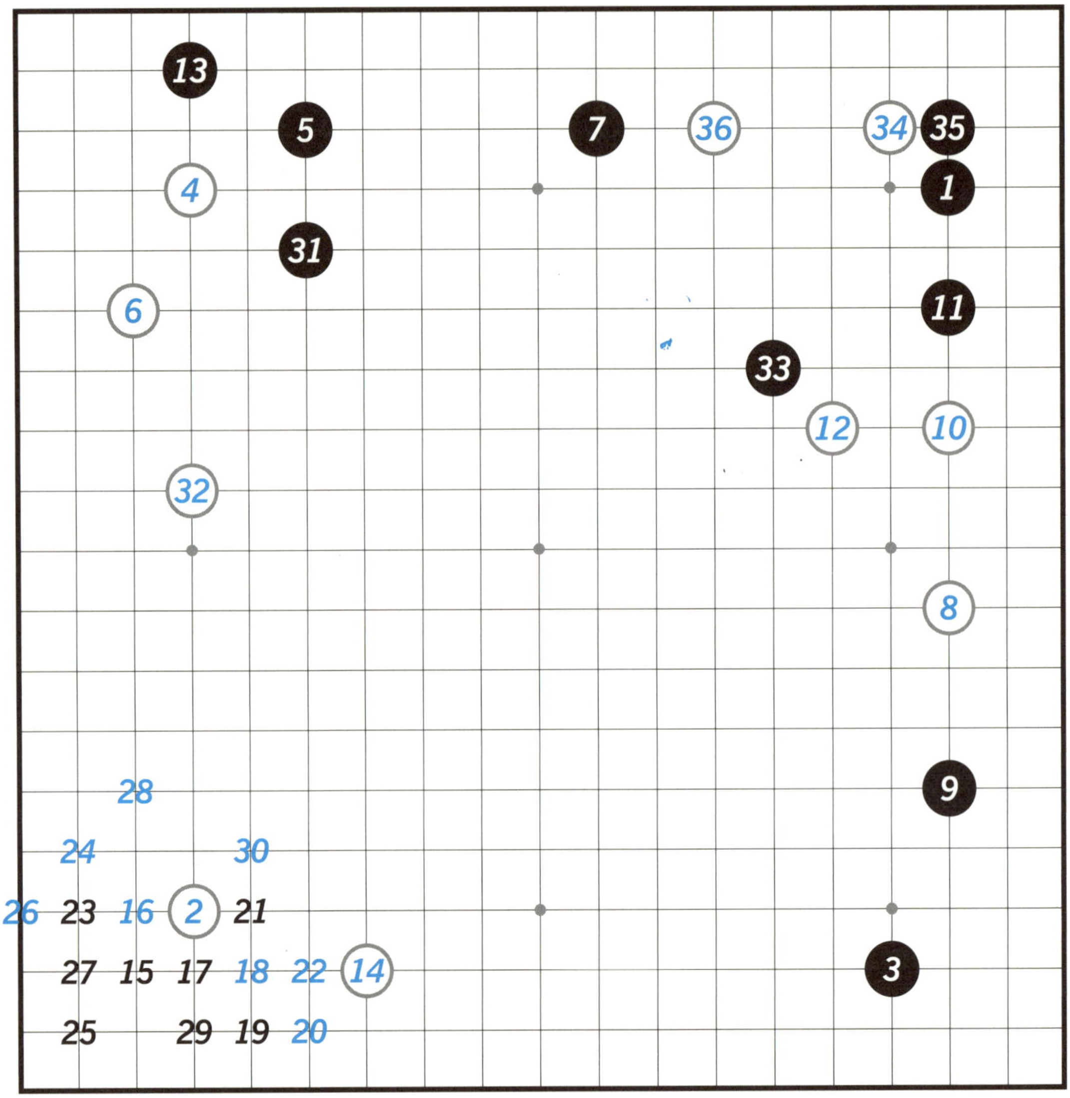

코멘트   p.118 인터뷰 참조.

메모

⚫ 흑 김영삼 vs 류재형 ⚪ 백

현대자동차배 기성전 | 2002년 8월

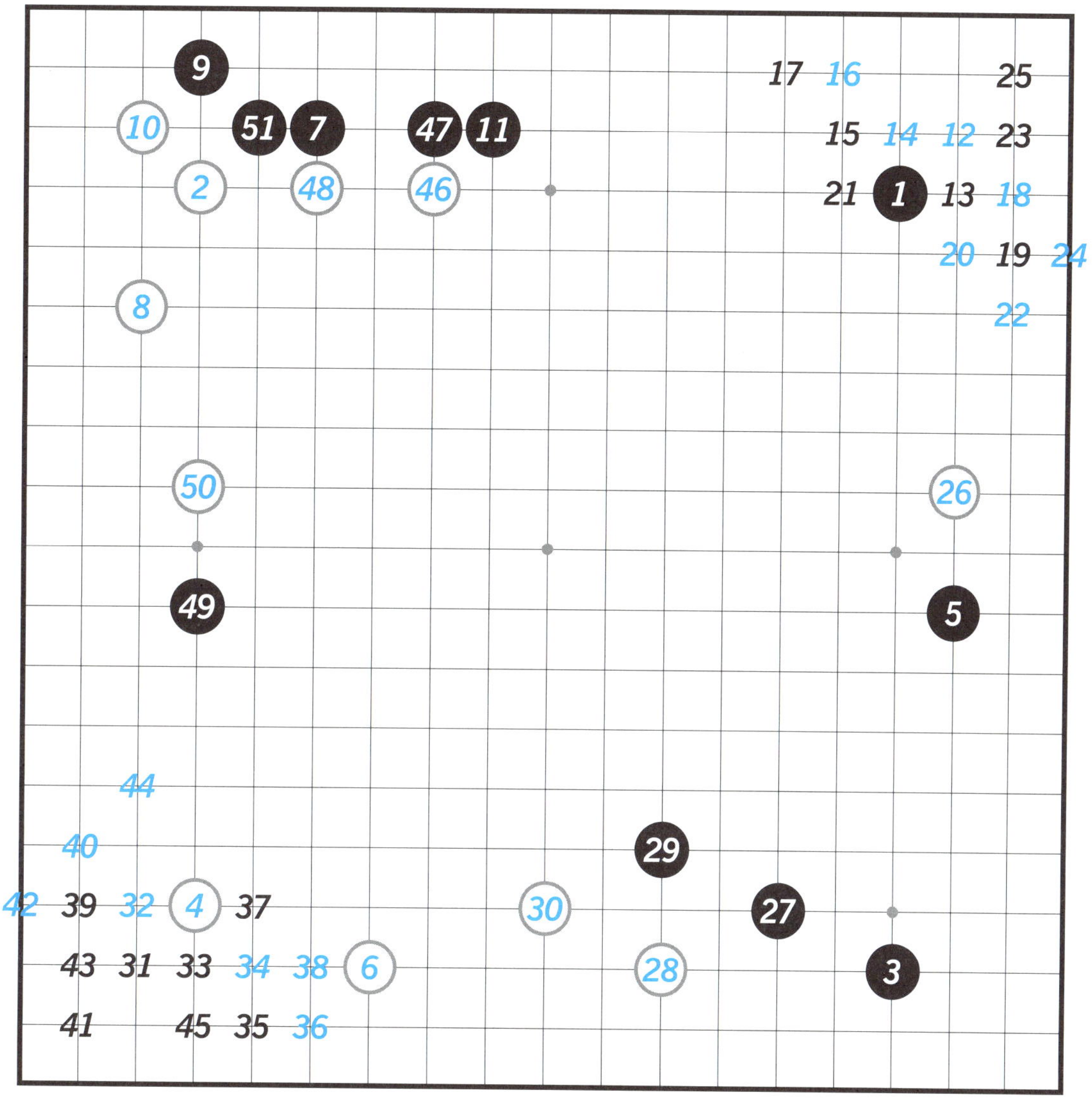

목진석 9단 추천 수법

한 단계 위의 경지는 전체를 파악하는 눈

목진석 9단의 수법을 소개해 드리겠습니다. 제 1권에서도 자기 관리의 모범을 보여준 목진석 9단을 소개해 드린 적이 있는데요. 천재가 노력까지 하면 어떻게 되는지를 몸소 보여주고 있는 목진석 9단입니다.

실전은 부끄럽게도 저와 둔 바둑이군요. 2002년부터 2004년 정도까지가 제가 생각하는 목진석 9단의 절정기가 아닌가 싶습니다. 2002년에는 기성전 5번기에서 이창호 9단에게 최종국까지 가는 접전 끝에 졌지만, 그 내용이 아주 좋았습니다. 2003년에는 국내 성적도 좋았지만 중국리그에서 12승 1패라는 굉장한 승률을 보여준 바 있습니다. 2004년에는 LG배 세계기왕전에서 준우승을 차지하면서 1차 전성기였죠. 물론 이후로도 꾸준하게 정진하는 모습이 더 인상적인 선배입니다.

실전에 흑15의 3·3 침입은 그 당시에는 생소한 수법입니다. 보통은 좌변에 갈라 쳐 가는 것이죠. 하지만 목진석 9단이 3·3 침입을 몇 번 정도 반복하여 사용하면서 보편적인 수법으로 발전하였습니다. 선수로 간명하게 처리하고 흑31 자리를 차지하여 불만 없다는 판단이죠. 부분적인 정석의 선악을 아는 것도 중요하지만, 한 단계 위의 경지는 그 정석이 전체에 미치는 영향을 아는 것입니다.

앞으로의 계획을 묻자 목진석 9단은 "어떤 위치에서건 바둑계에 도움이 되는 사람이 되고 싶다"고 답을 해주는군요. 언제나 타의 모범이 되는 목진석 9단입니다.

※ p.116 기보 참조.

10장

눈목자 굳힘

저공비행

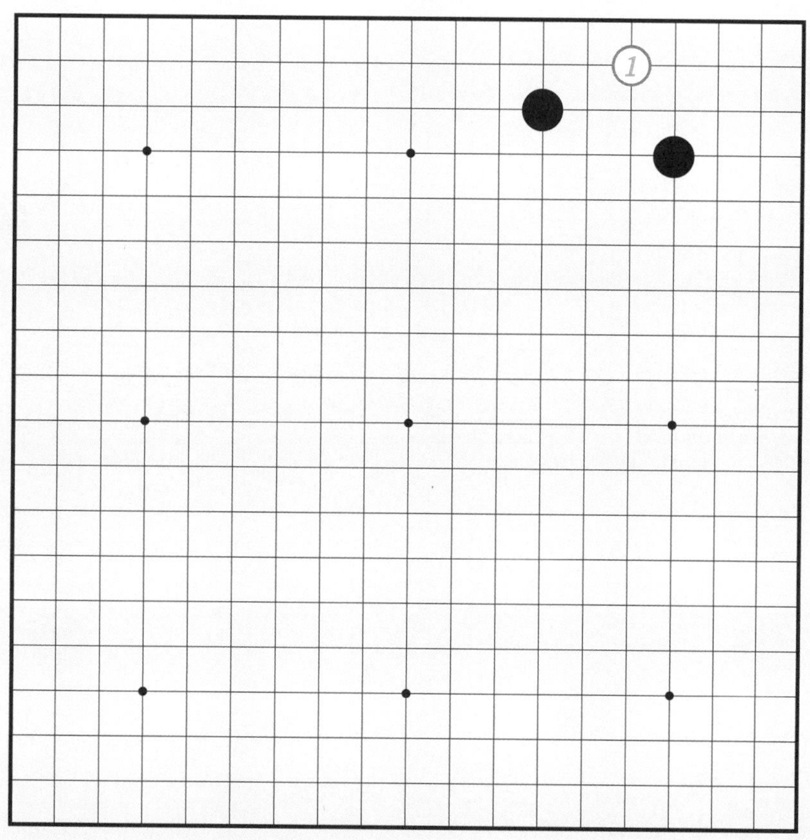

붙임과 3·3이 적당하지 않을 때 가끔 나오는 수입니다.
실전에 자주 나오지는 않지만 익혀두면 좋은 공부 재료입니다.

눈목자 굳힘 – 저공비행

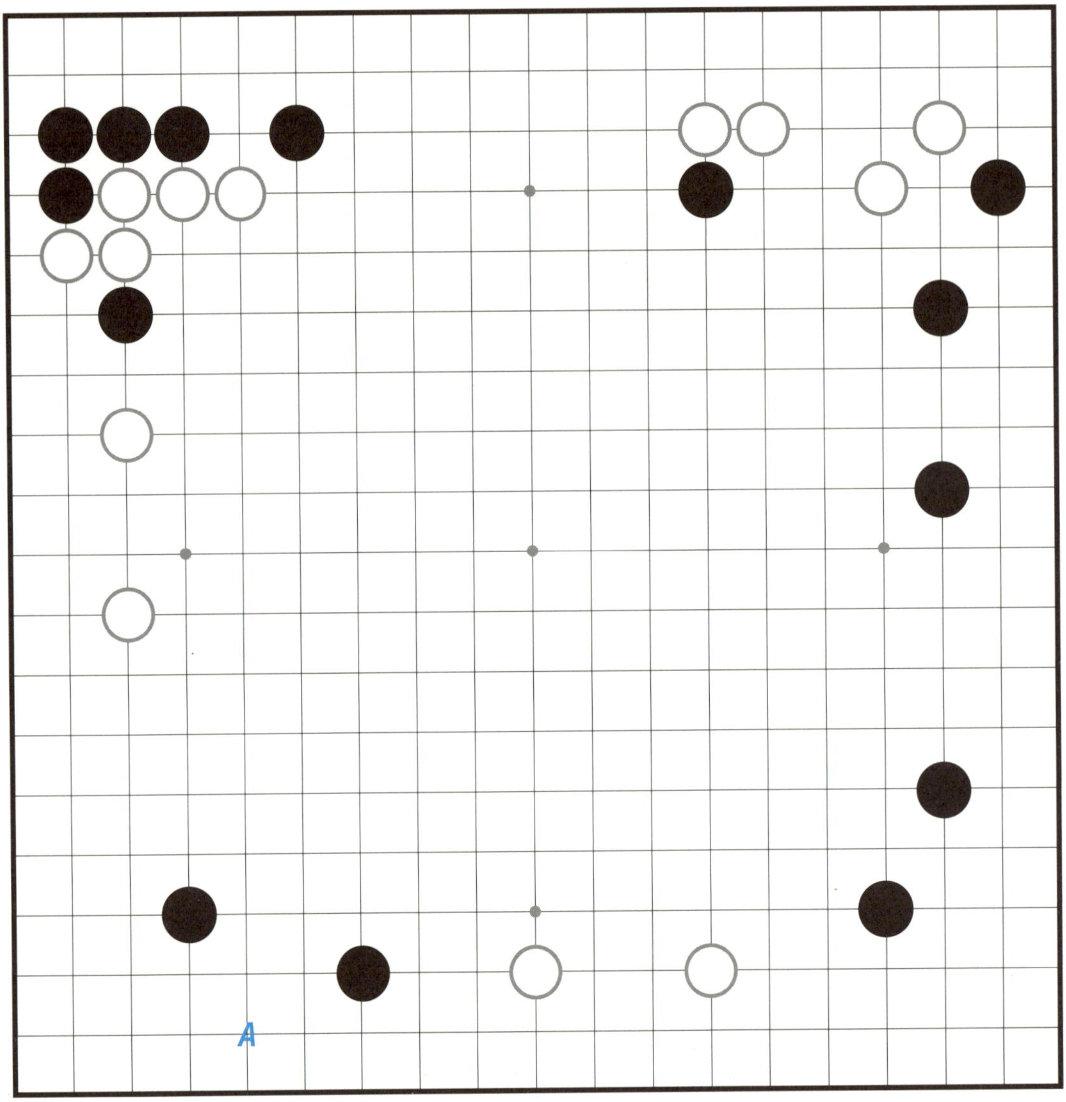

무난한 포석 진행에서 백이 둘 차례. A 자리의 저공비행이 재밌는 수법.

눈목자 굳힘 – 저공비행

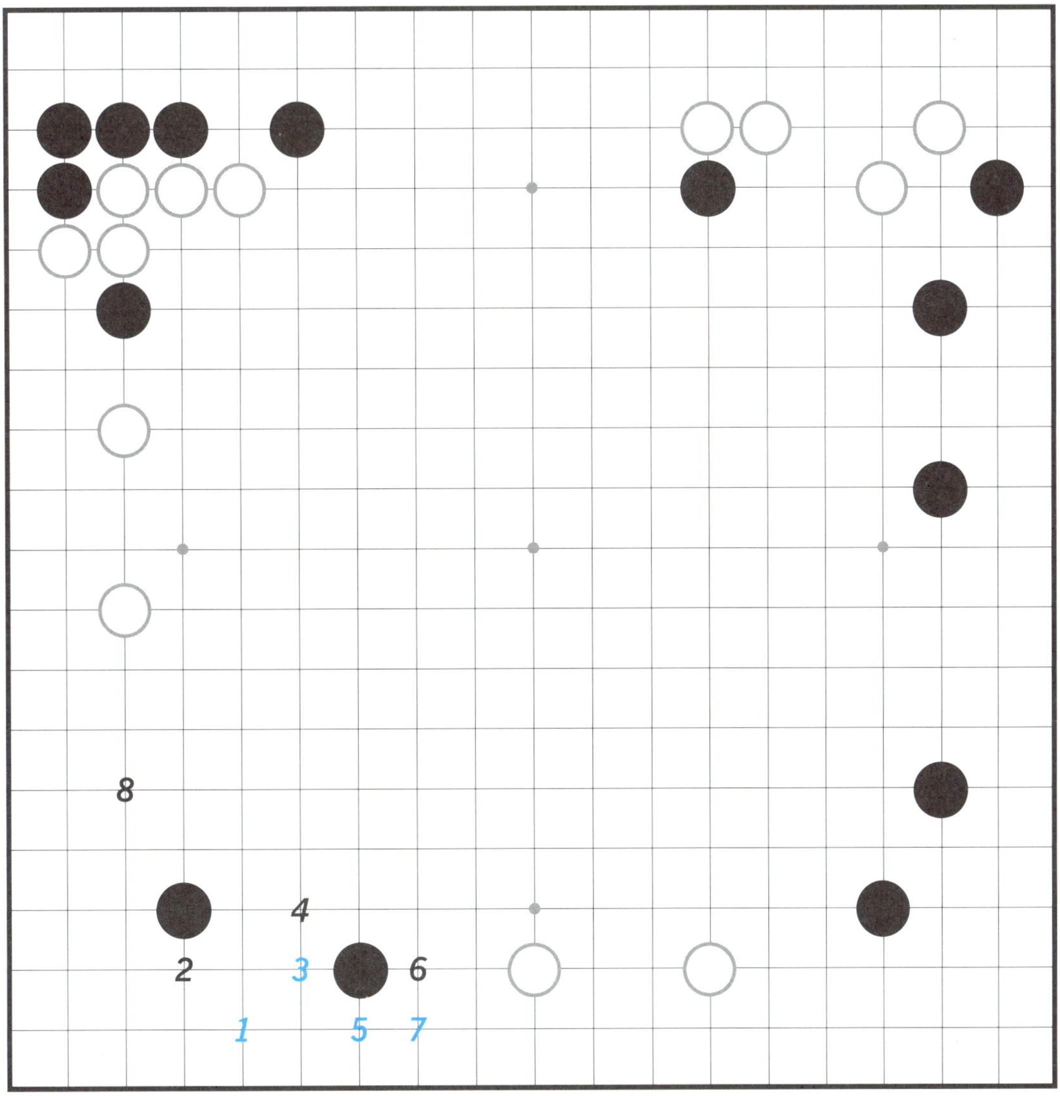

흑2로 받으면 하변을 넘어가면서 외로웠던 하변 백 두 점을 보강.

눈목자 굳힘 – 저공비행

○○○○○○○○○○○○　　　○ △ ✕

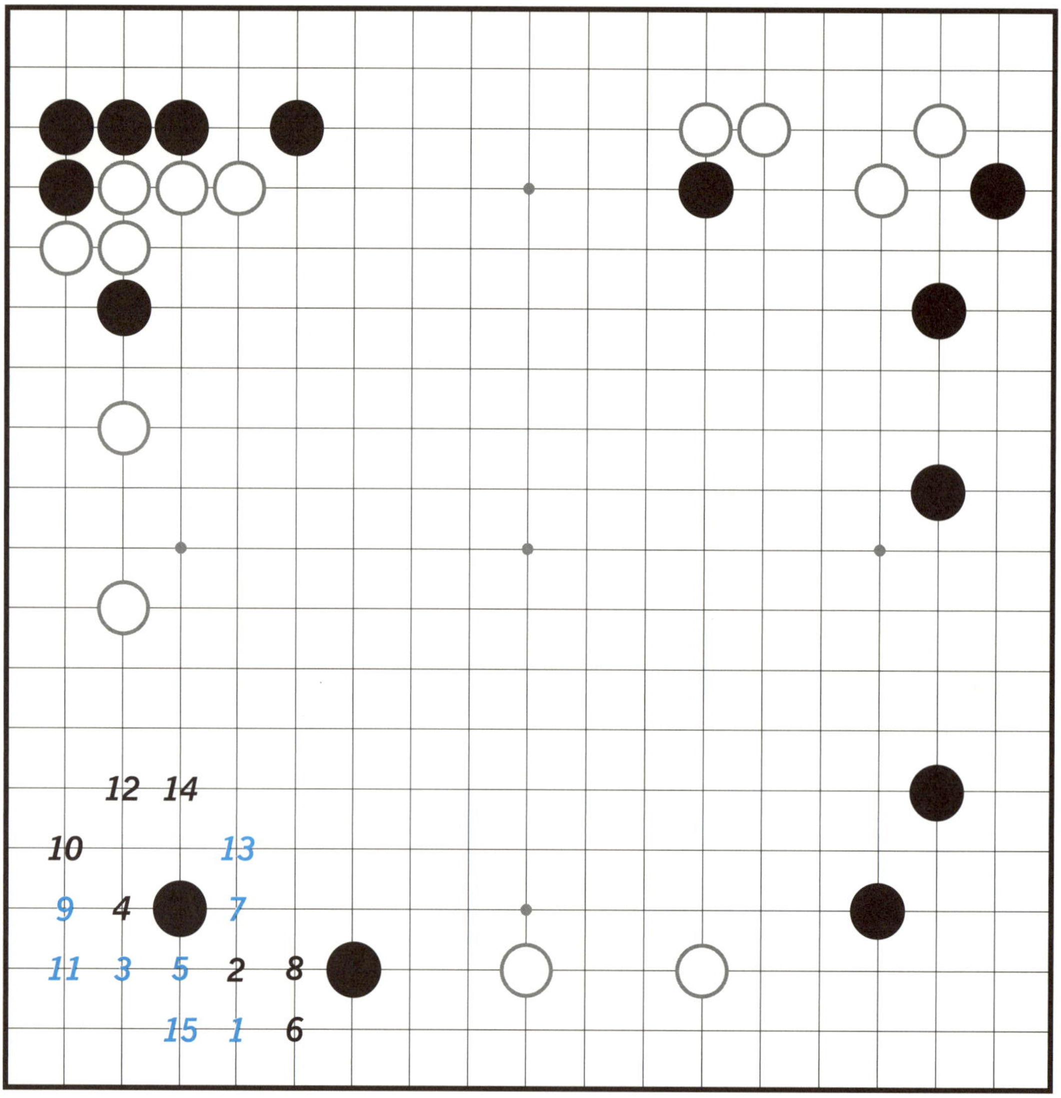

흑2에는 백3의 3·3 침입이 괜찮은 수법. 백 만족의 진행.

정석

눈목자 굳힘 – 저공비행

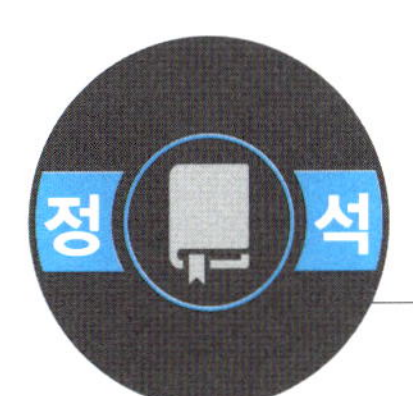

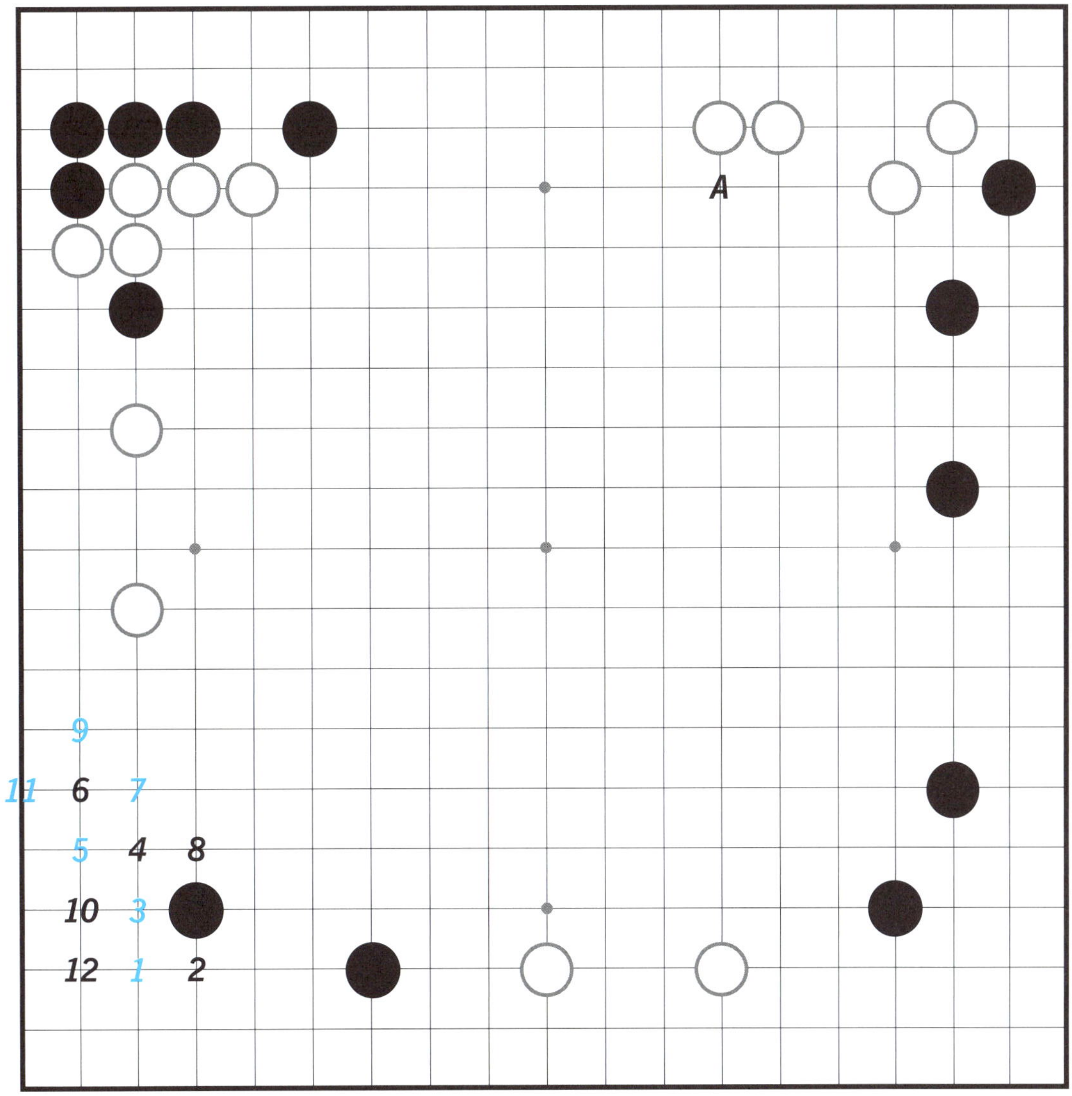

○○○○○○○○○○ ○△✕

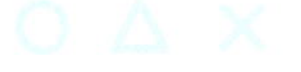

그냥 3·3 침입은 좋지 않다. 흑 실리가 커 보인다. 우상 흑A 자리가 절묘하게 축머리로 작용하는 것도 불만.

실 전

흑 박영훈 vs 김승준 백

기성전 본선 | 2005년 1월

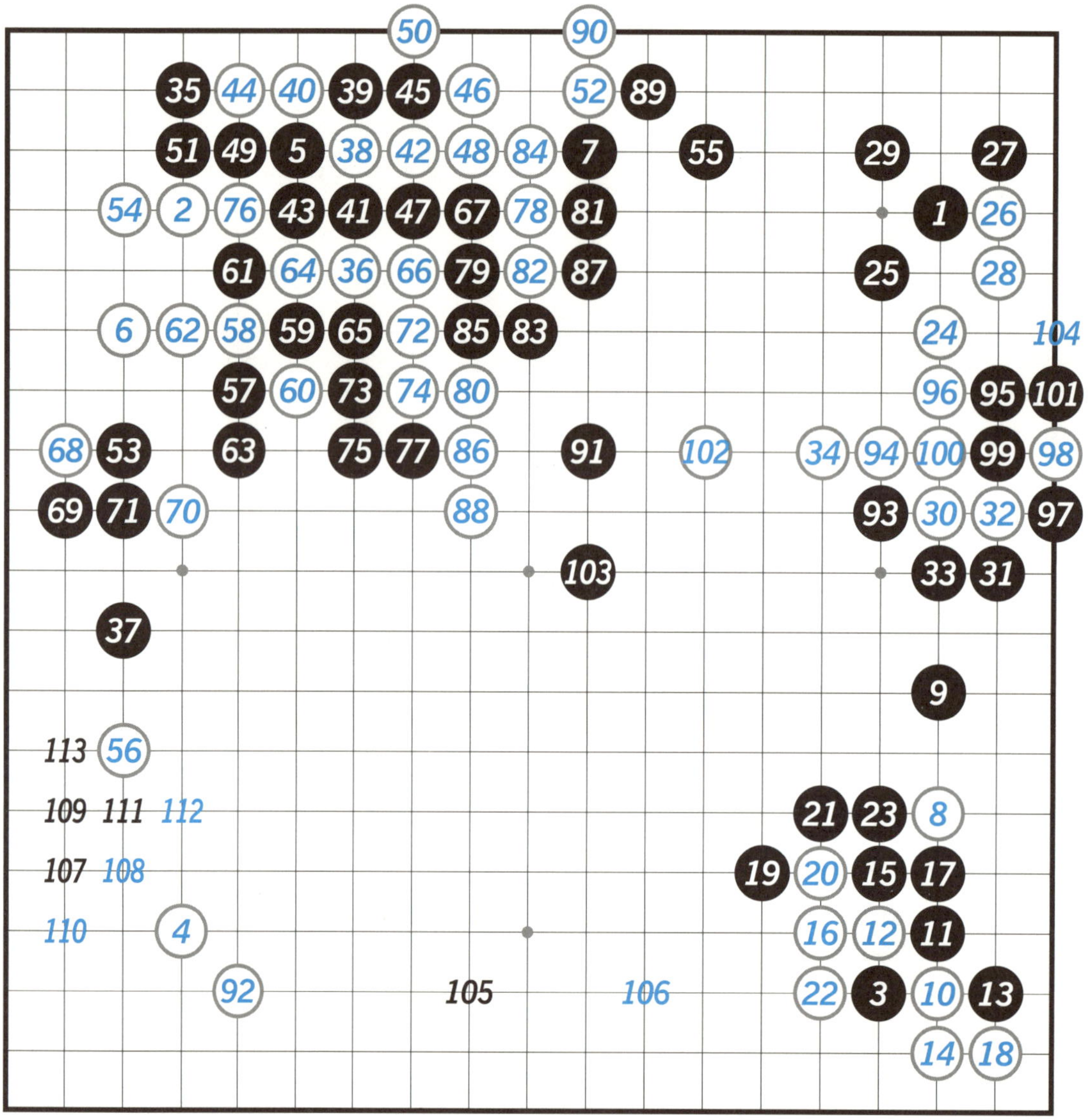

코멘트 p.125 인터뷰 참조.

메모

박영훈 9단 추천 수법

주변 상황에 맞춘 호수

박영훈 9단과 김승준 9단의 기성전 도전자 결정전 3번기 제2국입니다. 박영훈 9단이 이 대국도 승리하면서 2대 0으로 도전자가 되었습니다. 이어진 결승 5번기에서 전기 기성 최철한 9단에게 최종국까지 가는 혈전 끝에 막판 역전 반 집 승! 타이틀 획득에 성공했습니다.

박영훈 9단에게 당시 감상을 물어보니 첫 타이틀(천원전)이나 세계대회 우승(후지쯔배) 등도 기억에 남지만, 도전기가 있는 타이틀전(선수권전이 아닌 도전기)에서 우승은 처음이었고 또 계속 방어하며 기록을 이어나갔기에 인상 깊은 승부였다고 말합니다. 아쉽게도 기성전은 박영훈 9단이 방어를 거듭했으나 후원사 사정으로 중단 상태입니다.

실전을 보면 좌하귀 흑107은 독특한 수법입니다. 여간해서는 잘 나오지 않는 모양인데요. 좌변 백70 자리 위에 끊기는 약점이 있기 때문에 흑을 확실히 연결하는 모양을 만들려는 수법입니다. 실전처럼, 주변 상황의 영향으로 이런 호수가 탄생하였습니다. 이후 좌하귀에는 흑이 백92 밑으로 붙여가는 수도 좋은 끝내기입니다.

박영훈 9단이 2014년 말에 명인전에서 우승한 뒤 인터뷰한 내용이 인상 깊었습니다.
"아직은 바둑이 늘고 있는 때다. 더욱 정진하여 포기하지 않는 모습을 보이겠다"
최근 어린 기사들이 좋은 성적을 내면서 한국 나이 서른이면 힘들다고 포기하는 동료 기사가 많은 요즘 같은 시기에 이렇게 스스로를 다잡는 박영훈 9단이 멋있습니다. 예전에 서봉수 9단도 비슷한 말씀을 하셨었죠.
"바둑은 평생 느는 것이다. 다만 젊은이들보다 속도가 느려져서 약해진 것처럼 보이는 것뿐이다."
꾸준히 노력하는 박영훈 9단을 응원하겠습니다.

※ p.124 기보 참조.

2부

변으로의 침투

“바둑의 정도(正道)는 실리와 두터움과 균형에 있다.”

_ 이창호 9단, 〈위기천지(圍棋天地)〉 인터뷰(2004년 7월) 중에서

3연성, 접바둑

침투

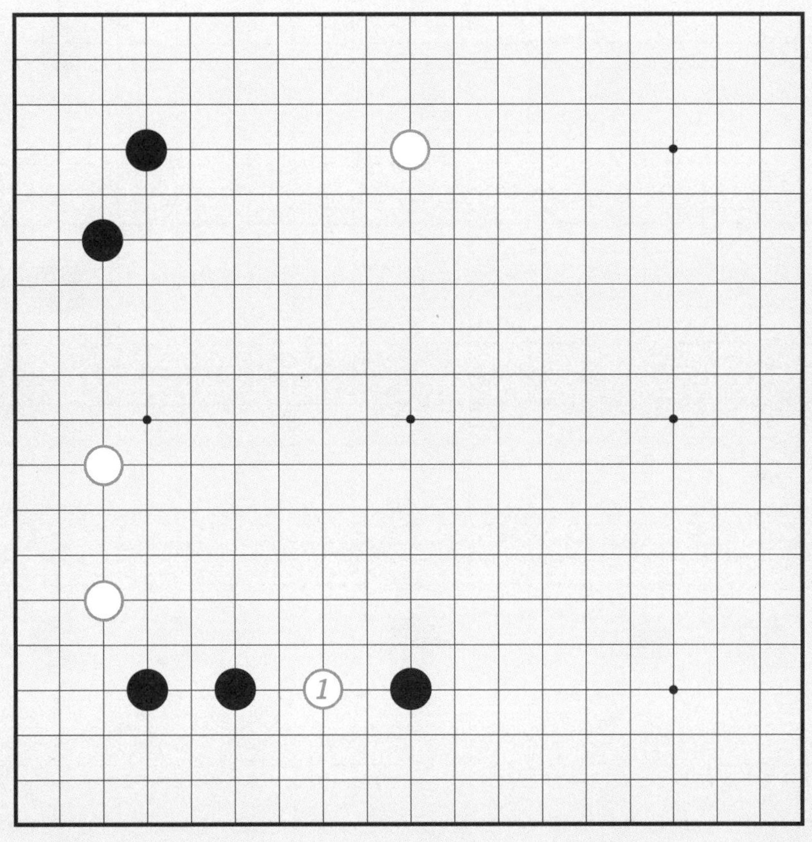

우주류가 유행하던 시절에는 자주 볼 수 있었던 모양이죠.
요즘에는 접바둑에서나 가끔 보이는 변화랍니다.

정석 3연성, 접바둑 – 침투

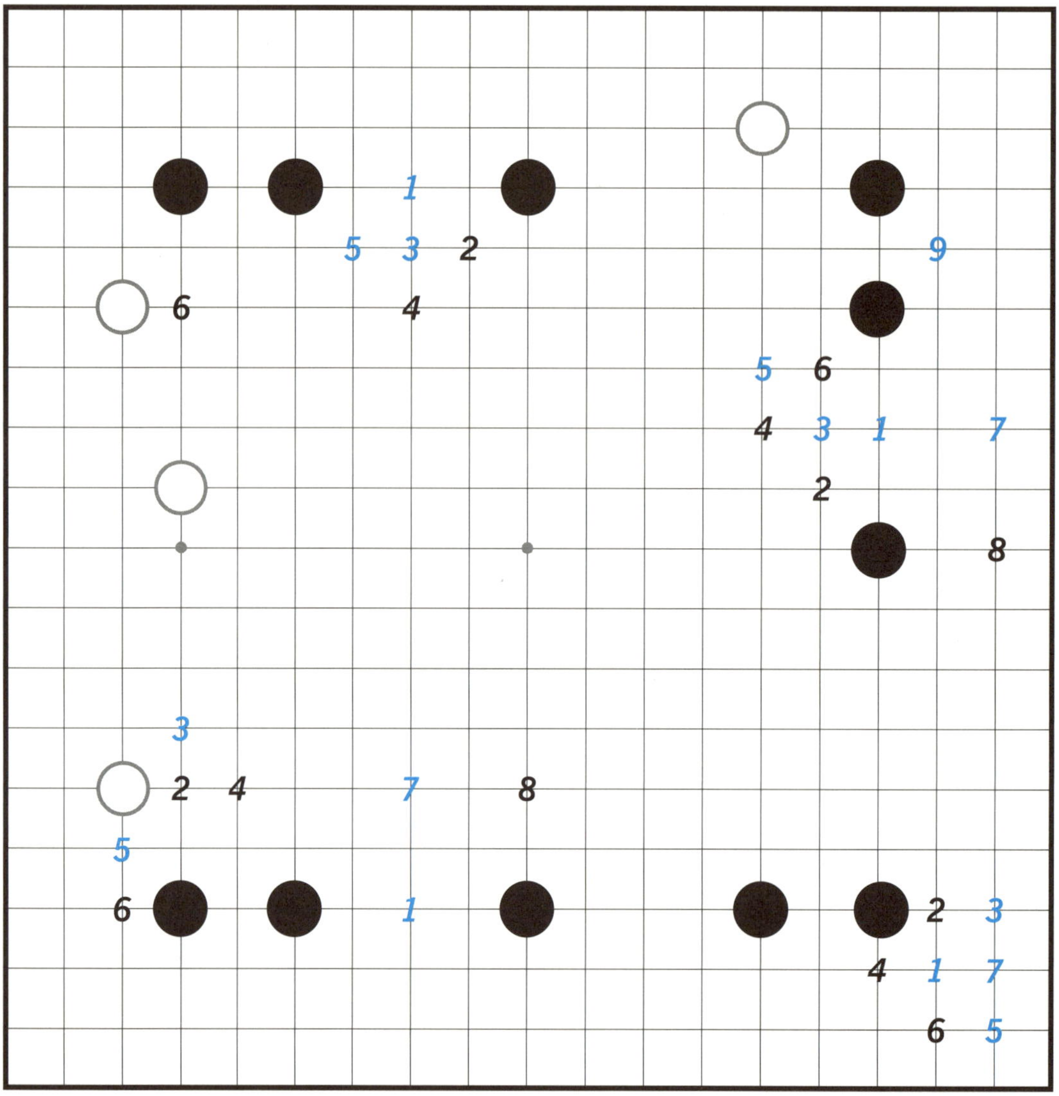

○○○○○○○○○○ ○ △ ×

접바둑이나 3연성 포석에서 자주 볼 수 있는 모양. 백1의 침입에 흑2, 흑4로 모양을 안 좋게 만들고 흑6으로 기대라는 것은 예전 책에 많이 나왔던 내용. 그래서 백도 우상 모양처럼 변화를 함. 백1 침입에는 좌하 흑2처럼 귀를 지키면 효과적. 같은 의미로 고수들의 바둑에서는 4선 침입보다는 우하 백1처럼 귀를 침입하는 것이 더 빈번함.

3연성, 접바둑 – 침투

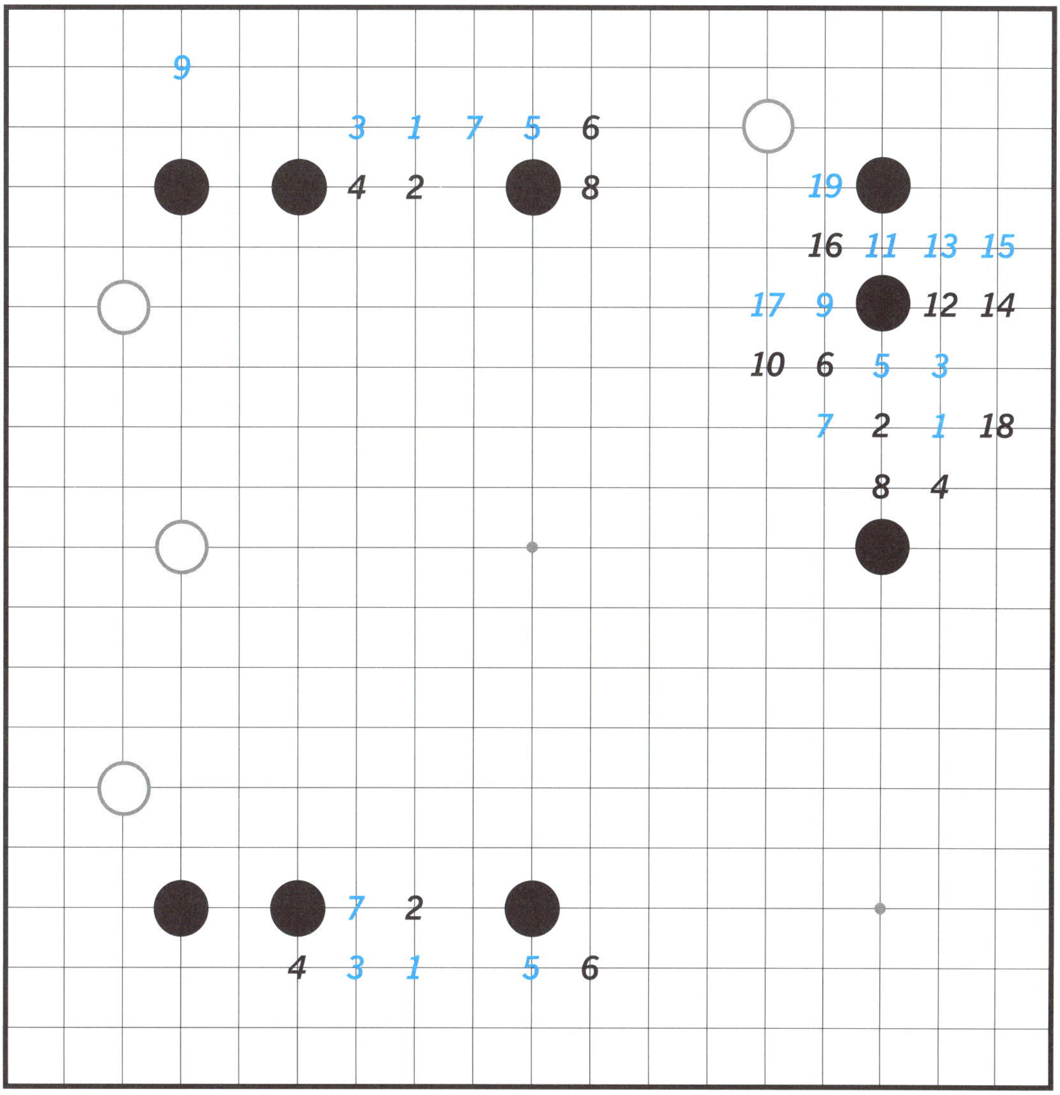

프로바둑에서는 4선으로 침입보다는 3선으로 침입이 훨씬 많음. 좌상 변화는 3연성을 즐겨 쓰던 다케미야 9단의 바둑에서 자주 볼 수 있는 모양. 우상 변화는 아무래도 귀의 실리가 커서 흑이 겁나는 진행. 좌하처럼 흑4로 막는 것은 백5의 교환이 좋은 수로, 이제는 흑이 막는 수가 통하지 않음.

3연성, 접바둑 – 침투

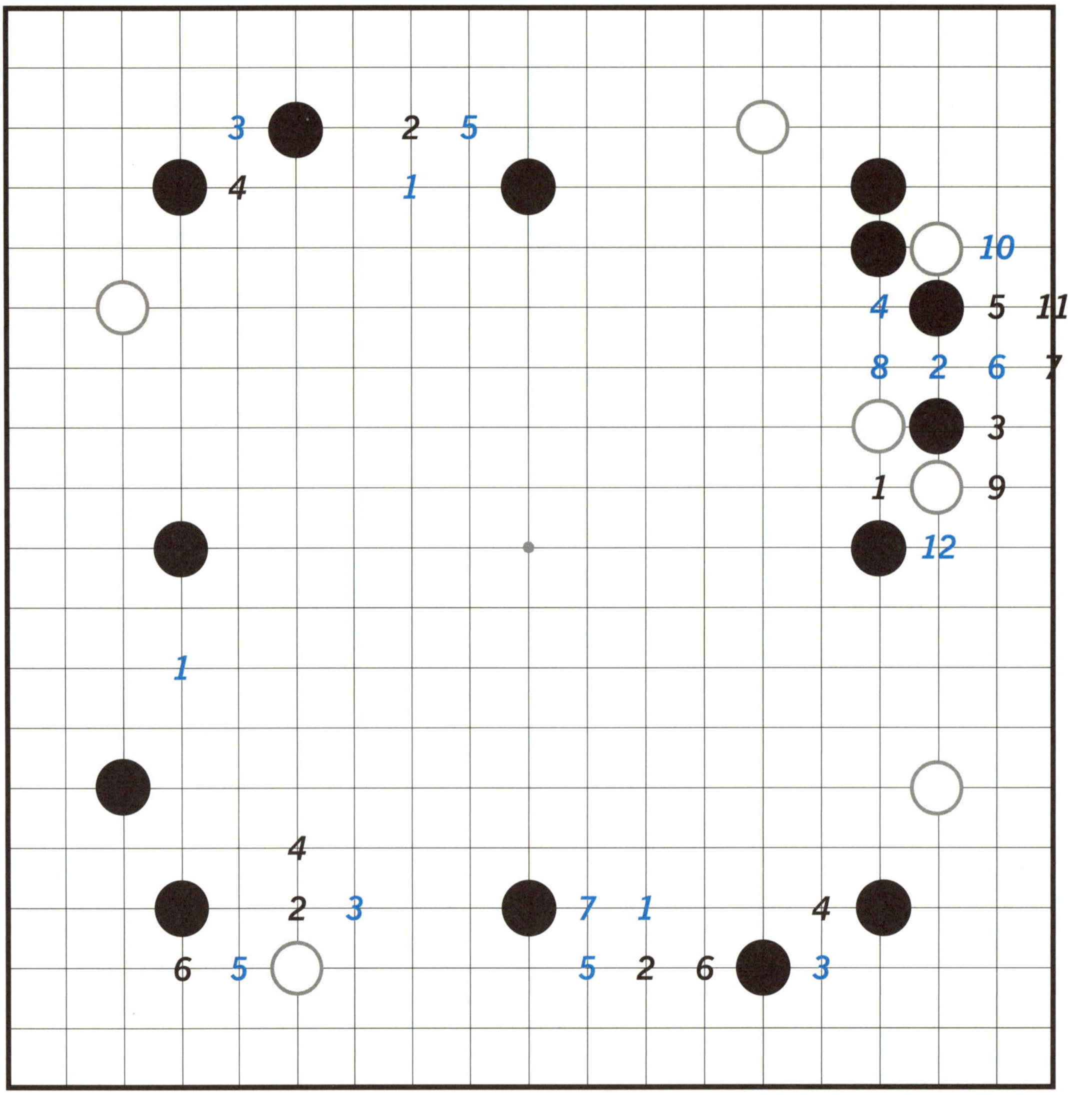

접바둑에서 많이 볼 수 있는 수법. 6점 이상 접바둑에서 상대가 걸치면 안전하게 받는다는 생각에 날일자로 응수했지만, 백1 수법에 당황하는 경우가 잦음. 좌상 변화에 이어서 우상 변화까지 흑이 아주 망하는 그림. 백1에는 좌하 변화처럼 흑2로 귀를 지키는 것이 좋음. 우하처럼 뒤늦게 흑6으로 양보하는 것도 불만족.

흑 다케미야·만나미 vs 조훈현·오정아 백

국수산맥배 페어 | 2014년 8월

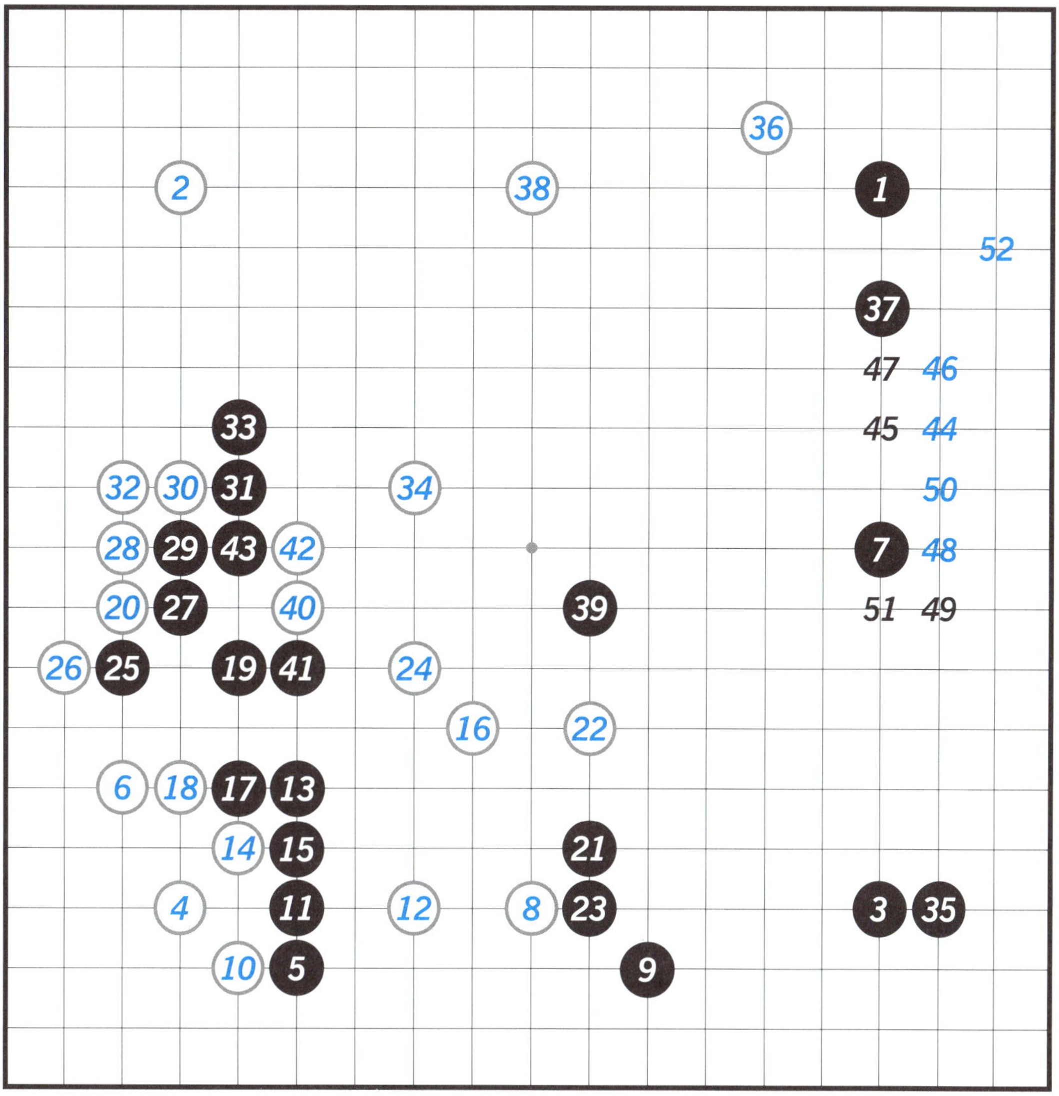

코멘트　p.134 인터뷰 참조.

메모

오정아 2단 추천 수법

침입과 타개

박승철 이 바둑 기억나지? 저번에 국수산맥배 페어 바둑 둔 거야.

오정아 네. 이때 긴장을 많이 했었어요. 조 국수님이랑 같은 편으로 혼성 페어전이었는데요. 조 국수님이 워낙 평소에도 잘해주시고 바둑도 잘 두셔서 좋았는데…….

박승철 좋았는데?

오정아 바둑 둘 때 제가 실수를 하면 표정 관리가 좀 안 되세요. 정말 긴장하면서 뒀어요. 좌변은 요즘에는 잘 안 나오는 모양이죠. 확실한 집 모양이 아니거든요. 실전처럼 백이 침입하면 타개가 쉽게 돼서요. 요즘은 실리적으로 많이 두잖아요.

박승철 나도 요즘은 접바둑에서나 본 것 같고 프로 대국에서는 못 본 거 같다. 이 당시 상대였던 다케미야–만나미 팀은 어땠어? 3연성으로 유명하신 분이잖아.

오정아 일단 3연성 세력 바둑이 좀 부담스러웠어요. 페어 바둑은 변수가 많은데, 요즘 많이 두지 않는 포석이라 생소한 면도 있고, 위압감 같은 것도 좀 느껴지고요. 조 국수님도 그렇고 다케미야 사범님도 그렇고 전부 세계대회 우승도 하셨던 고수여서 시작 전에도 긴장이 많이 됐는데, 이런 분들의 호흡을 느끼면서 크게 한 수 배운 것 같아요. 아무튼 결과가 나쁘지 않아서 다행이었고요.

오정아 2단은 삼성화재배 32강(여자조 예선 통과), 여류국수전 본선, 실내무도 아시아게임 페어 동메달 등의 성적을 냈었죠. 앞으로가 더 기대되는 친구입니다. 저와는 실내무도 아시아게임 때 코치와 선수로 만나서 친해졌고요. 앞으로의 목표를 묻자 "일단 국내 여자대회 타이틀을 빨리 따고 싶어요. 그리고 여자 세계대회 우승이 다음 목표이고요. 그다음은 전체 기사 참가 기전에서 본선에 오르는 것이 목표"랍니다. 제주도에서 태어난 연고로 2015년부터 시작되는 여자바둑리그에서 '서귀포 칠십리' 팀에 우선 지명을 받고 출전합니다.

※ p.133 기보 참조.

12장

3연성, 4연성

침투

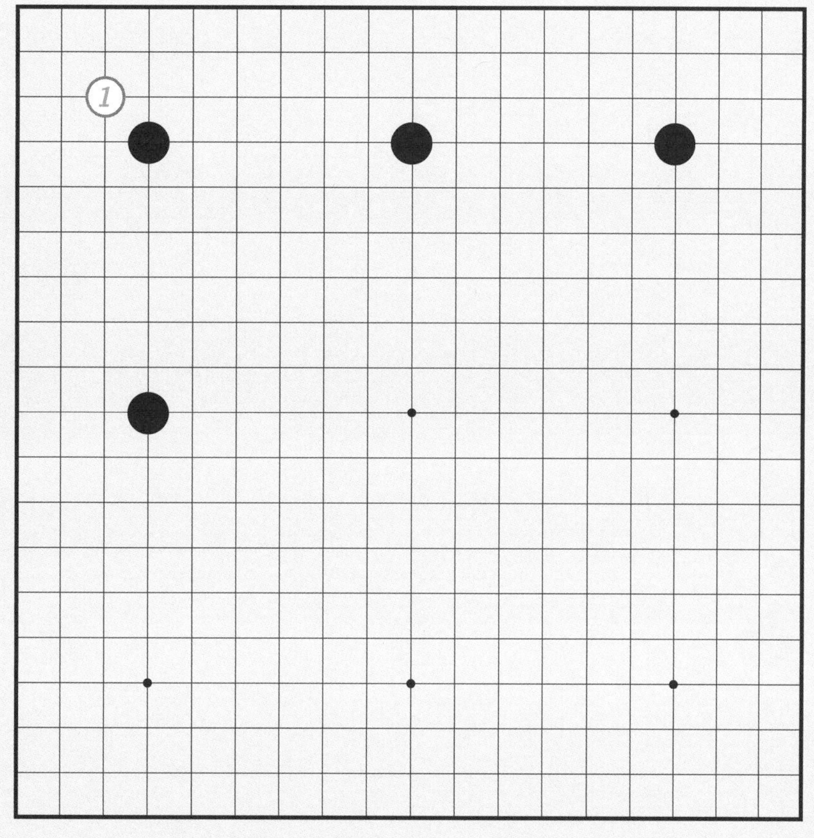

상대의 큰 모양을 두려워 말라! 줄 건 주고 내 것을 더 키워라!

3연성, 4연성 – 침투

○ △ ✕

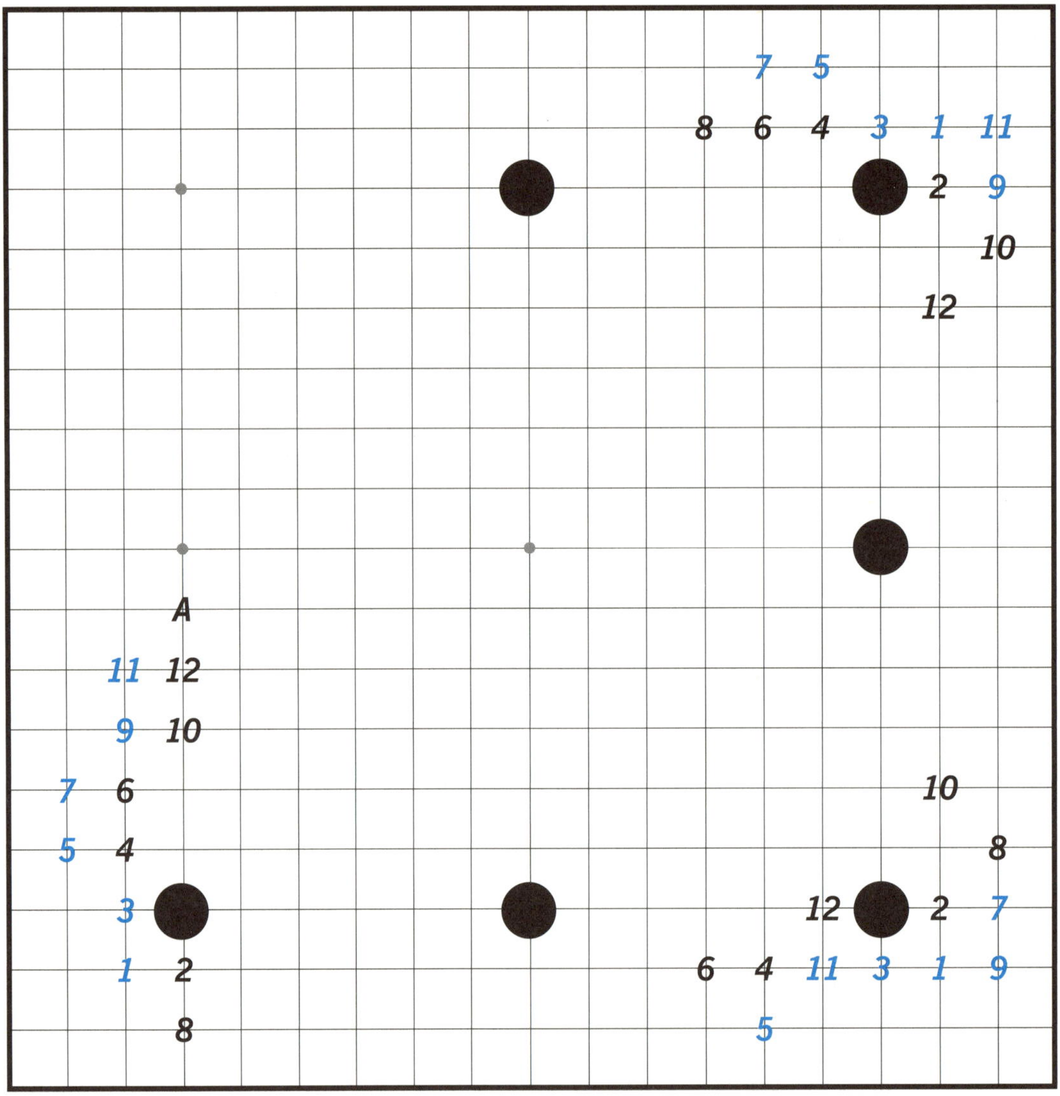

가장 간명한 수법.

A의 돌이 한 칸 좁게 있을 때 둘 수 있는 수법, 장주 주 9단의 애용 수법.

4의 날일자도 가능, 흑6은 손 빼는 것도 가능.

3연성, 4연성 – 침투

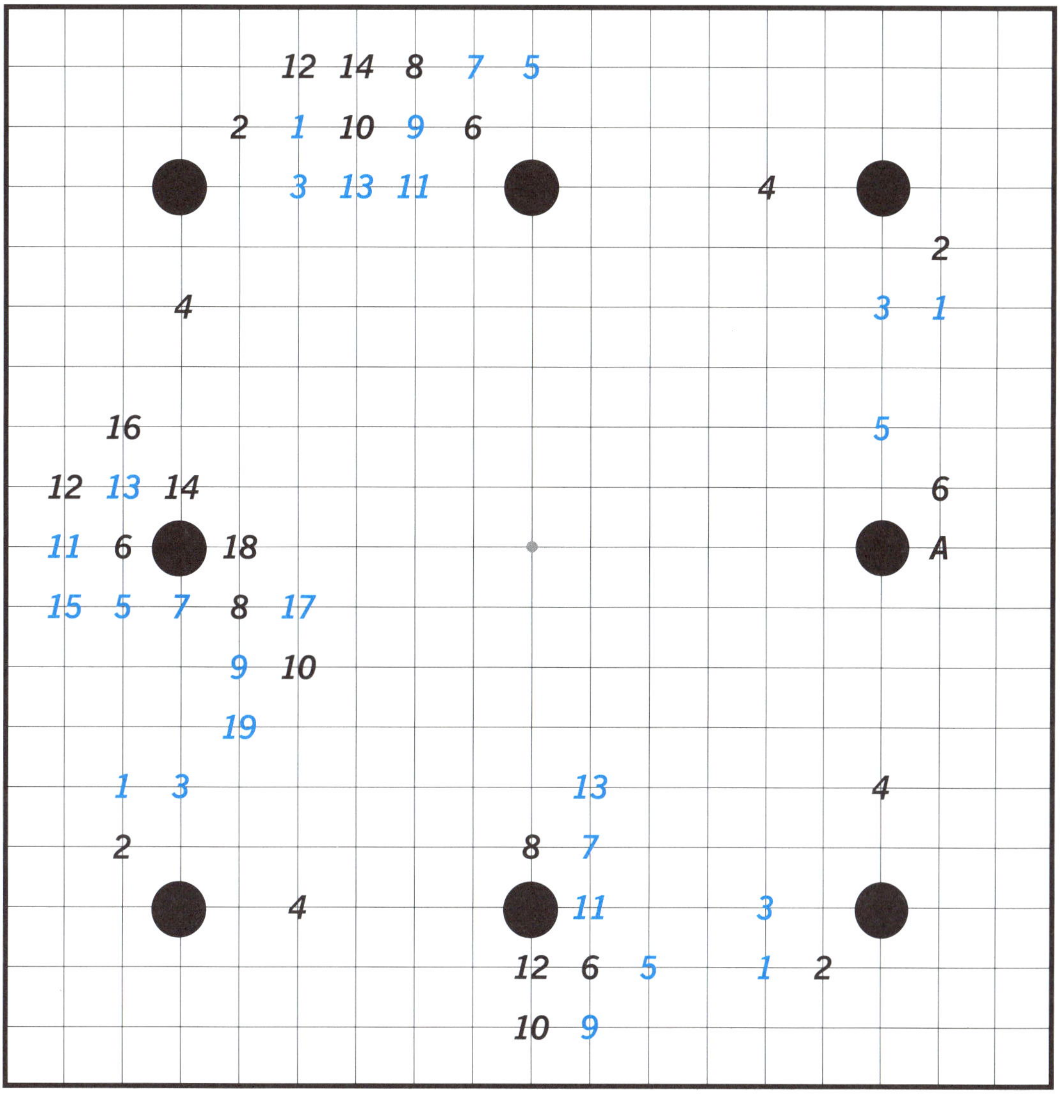

백1, 백3의 걸침은 폭이 좁은 느낌. 백5의 저공비행은 흑6, 흑8이 통렬함.

백5도 두어지던 수법, 아무래도 흑이 두터워 보인다.

백5에는 흑6으로 근거가 박약. 흑6은 A도 가능.

무난한 진행.

흑 목진석 vs 리친청 백

LG배 16강 | 2013년 6월

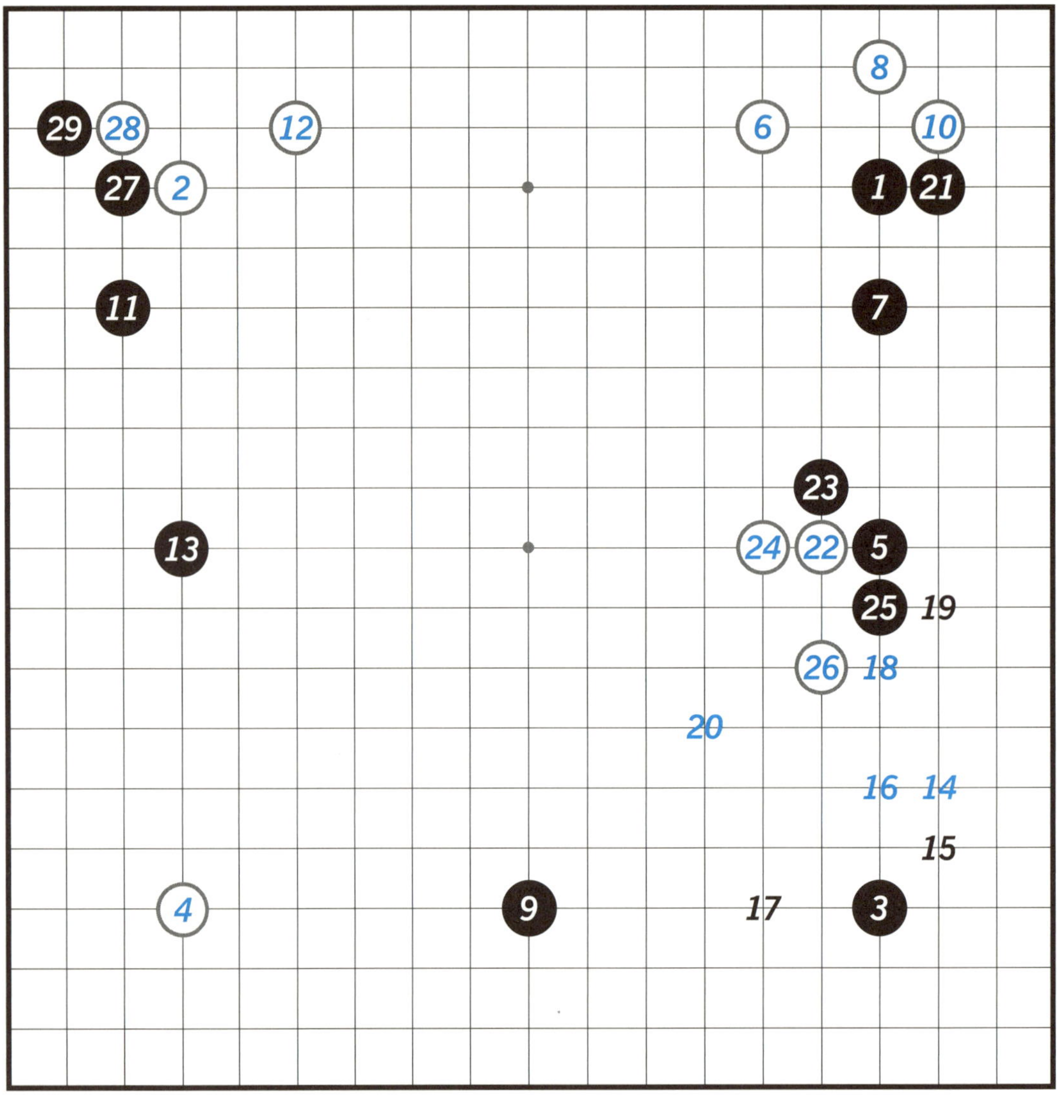

⚫ 흑 나현 vs 이창호 ⚪ 백

한국물가정보배 본선4강 | 2014년 9월

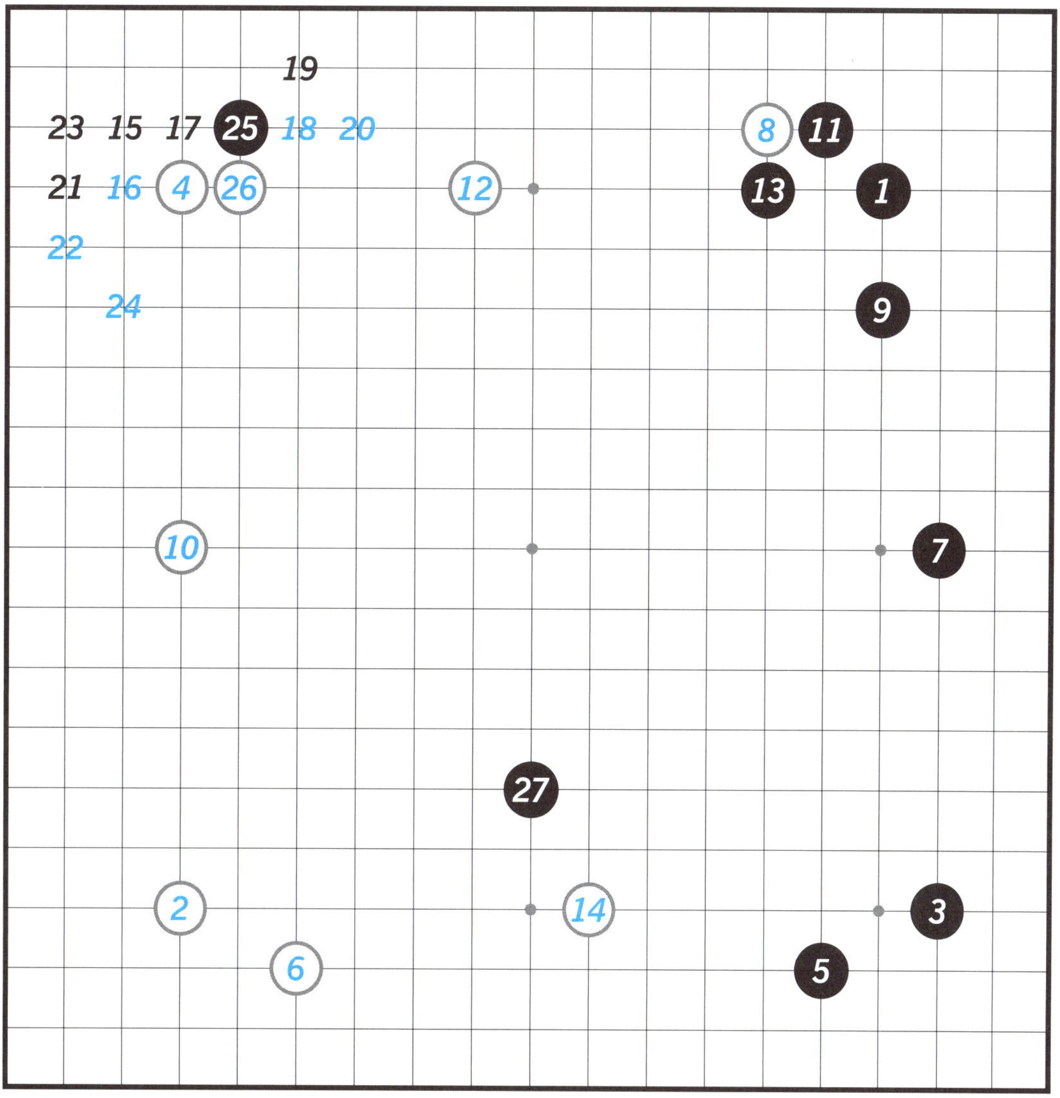

코멘트　　p.141 인터뷰 참조.

메모

흑 김만수 vs 장주주 백

KBS 바둑왕전 | 2003년 4월

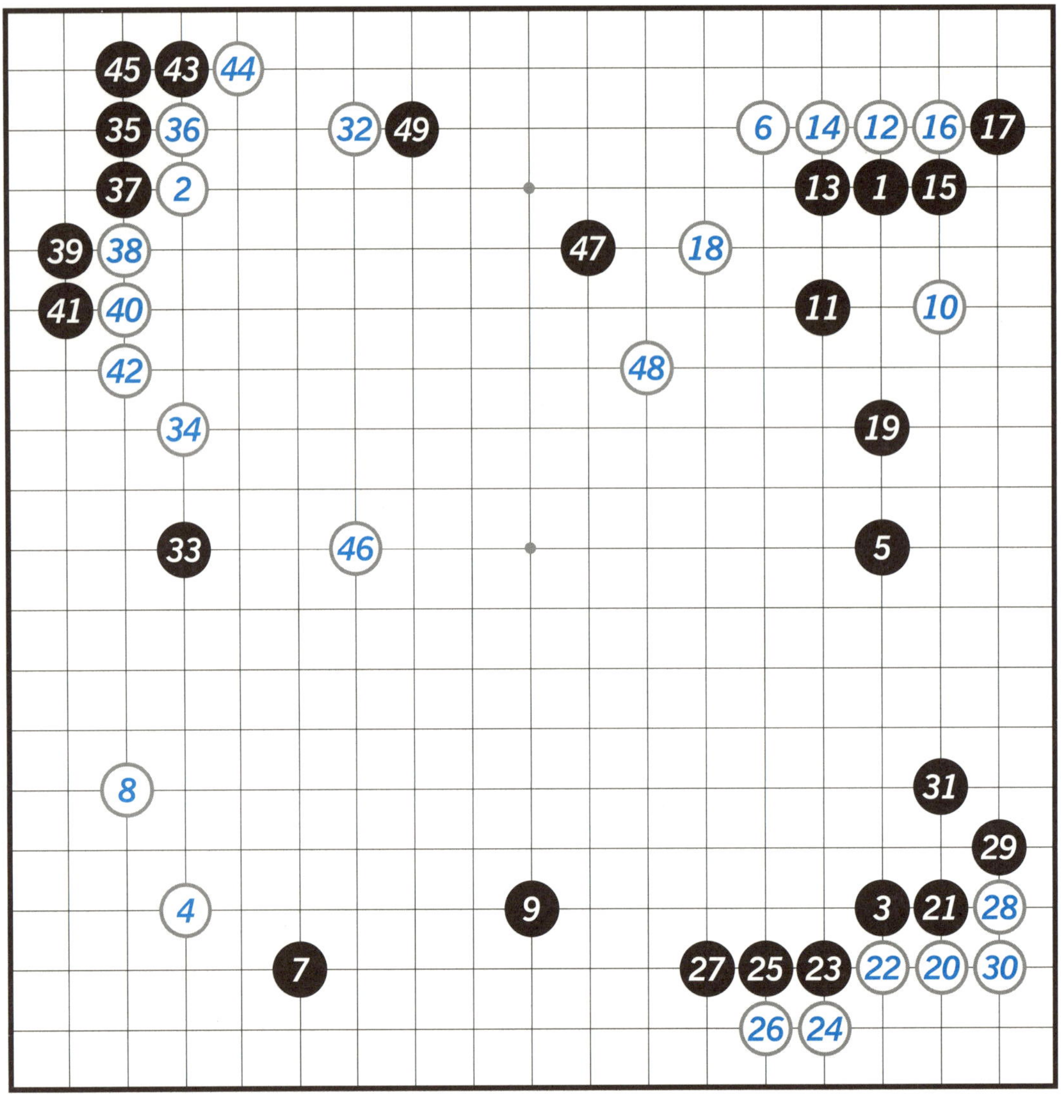

코멘트   3연성으로 시작한 포석. 3·3 침입 정석이 많이 나온 기보.

메모

나현 5단 추천 수법

부분적인 모양보다는 전체의 급소를 중시하라!

나현　보통 4연성 모양에서는 걸치는 것보다는 3·3 침입이 많습니다. 하지만 실전에서는 백18 자리로 걸쳐가는 것도 생각할 수 있었어요. 우상 흑이 두터우니까 공격하는 느낌으로 가는 것도 괜찮았습니다. 실전은 선수를 잡고 흑27 자리에 먼저 갈 수 있어서 만족스러운 포석이라고 생각했습니다. 백12 자리가 보통에 4연성보다는 좁기 때문에 편했습니다.

결승은 3번기이고 또 상대인 창명이 형(박창명 2단)은 연구생 때 많이 상대해봤기 때문에 편안하게 두었습니다. 우승 후에 생활 패턴은 달라진 게 없지만 자신감이 가장 큰 소득이었습니다. 앞으로 국내대회와 세계대회에서 우승하는 모습을 많이 보여드리고 싶습니다.

역시 프로들과 인터뷰를 해보면 부분적인 모양보다는 전체적인 급소를 더 중시하는 모습을 보게 됩니다. 나현 5단은 박영훈 9단과 비슷한 점이 많은 것 같습니다. 일단 끝내기가 특기라는 점이 비슷하고요. 두 살 위 비범한 선배(이세돌 83년 생 – 박영훈 85년 생, 박정환 93년 생 – 나현 95년 생)가 있다는 점도 비슷합니다. 하지만 아쉬운 점 하나는, 나현에게는 박영훈처럼 동갑내기 라이벌(최철한, 원성진)이 없다는 것입니다. 동갑내기 라이벌의 존재는 종종 상상 이상의 시너지 효과를 일으키기도 합니다. 중국세가 점점 거세지고 있는 현 바둑계 상황에서 나현 5단이 세계대회 우승하는 날을 기대해 보겠습니다.

※ p.139 기보 참조.

13장

세 칸 벌림

침투

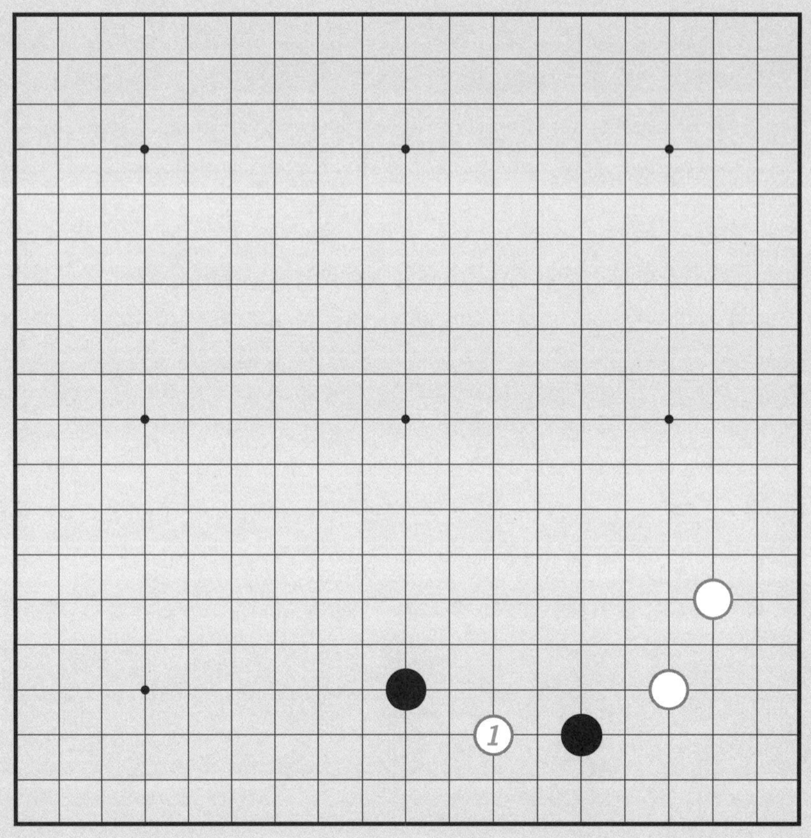

양화점 시대에는 정말 자주 나왔던 모양입니다. 최근에는 드문 수법입니다.

세 칸 벌림 – 침투

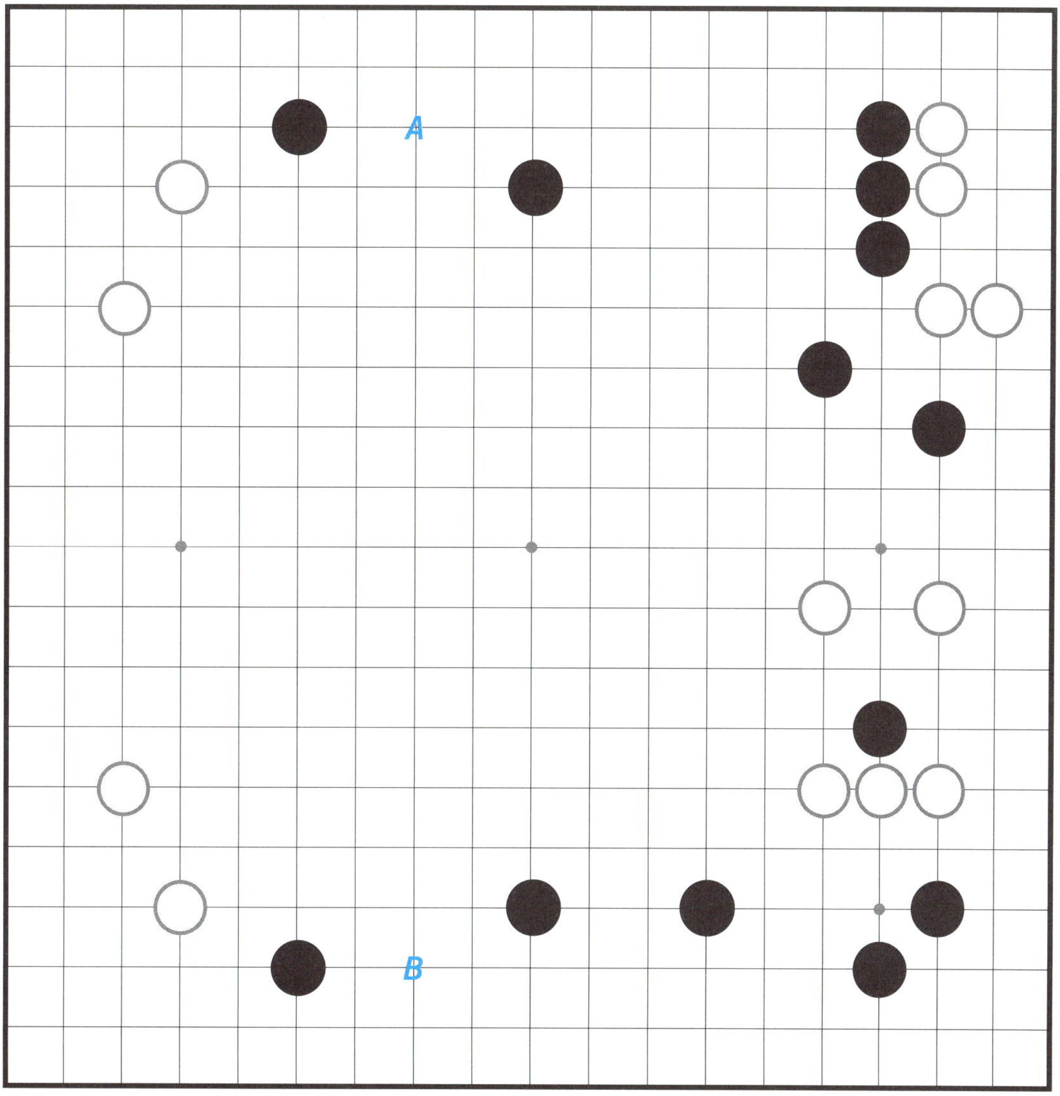

세 칸 벌림 – 침투

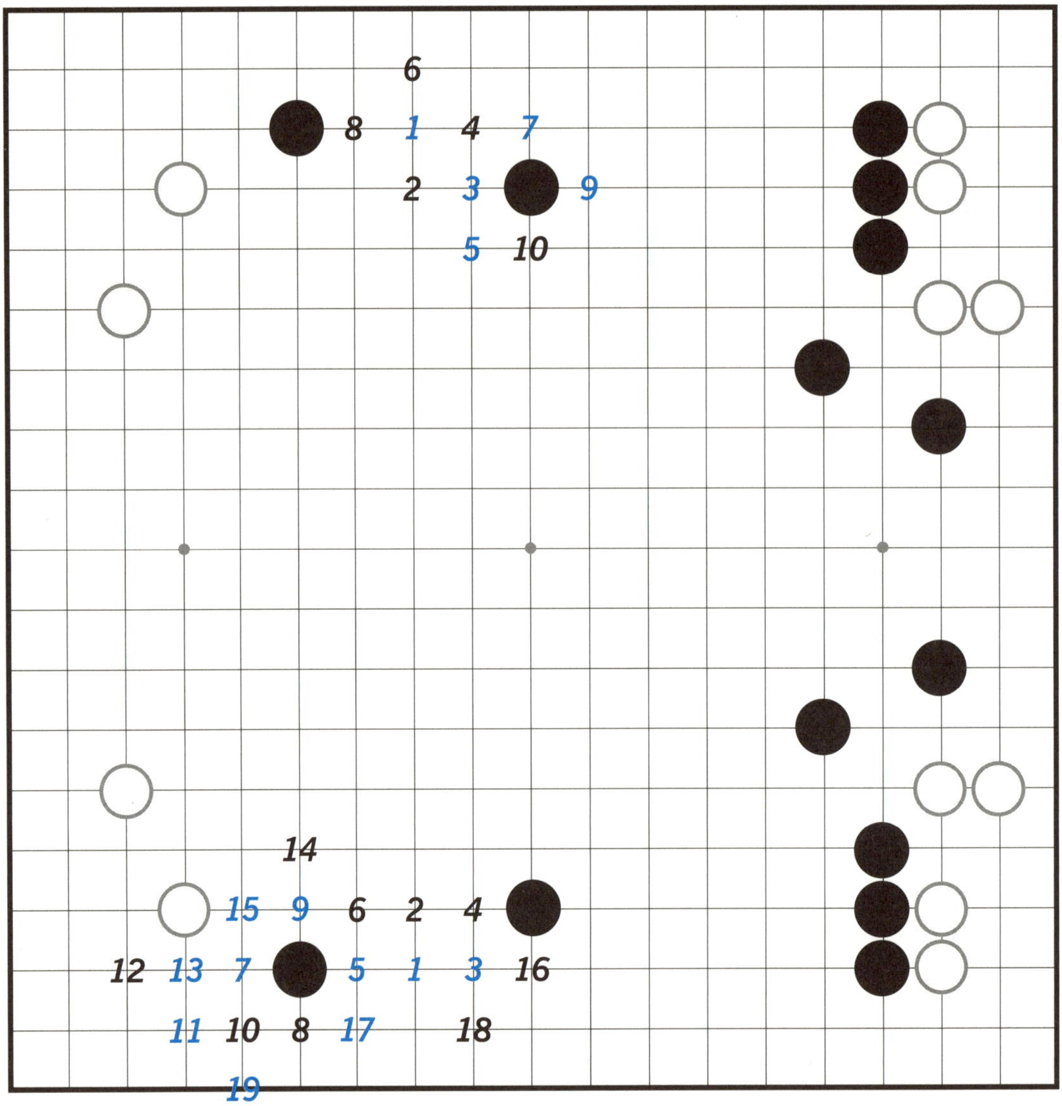

백3의 끼움은 축이 유리할 때 가능한 수법.

벡5, 백7은 실리에 민감한 수법. 초반에는 후수라 좋지 않다.

세 칸 벌림 – 침투

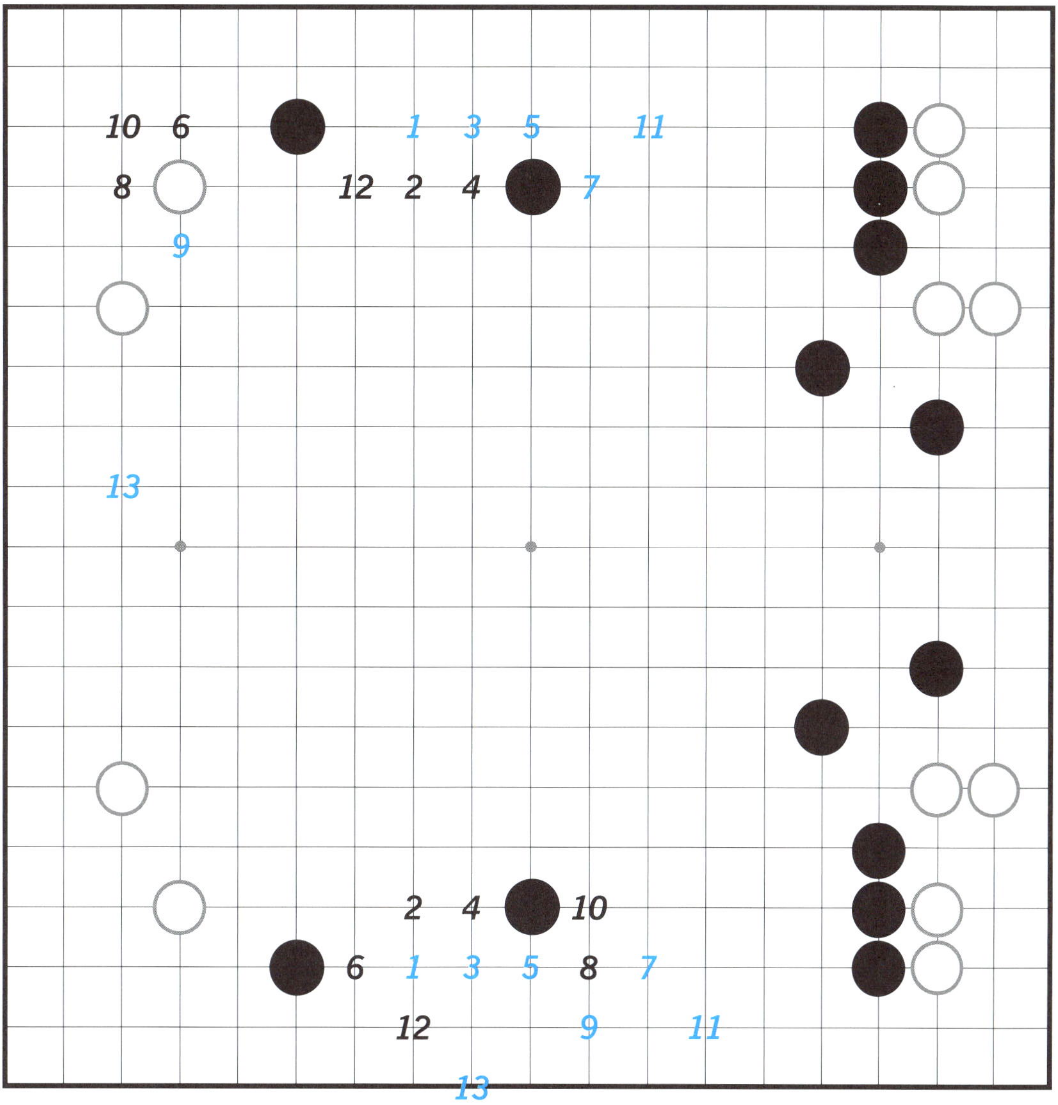

흑6이 재밌는 수. 백13까지 호각.

일단락. 서로 불만 없음.

세 칸 벌림 – 침투

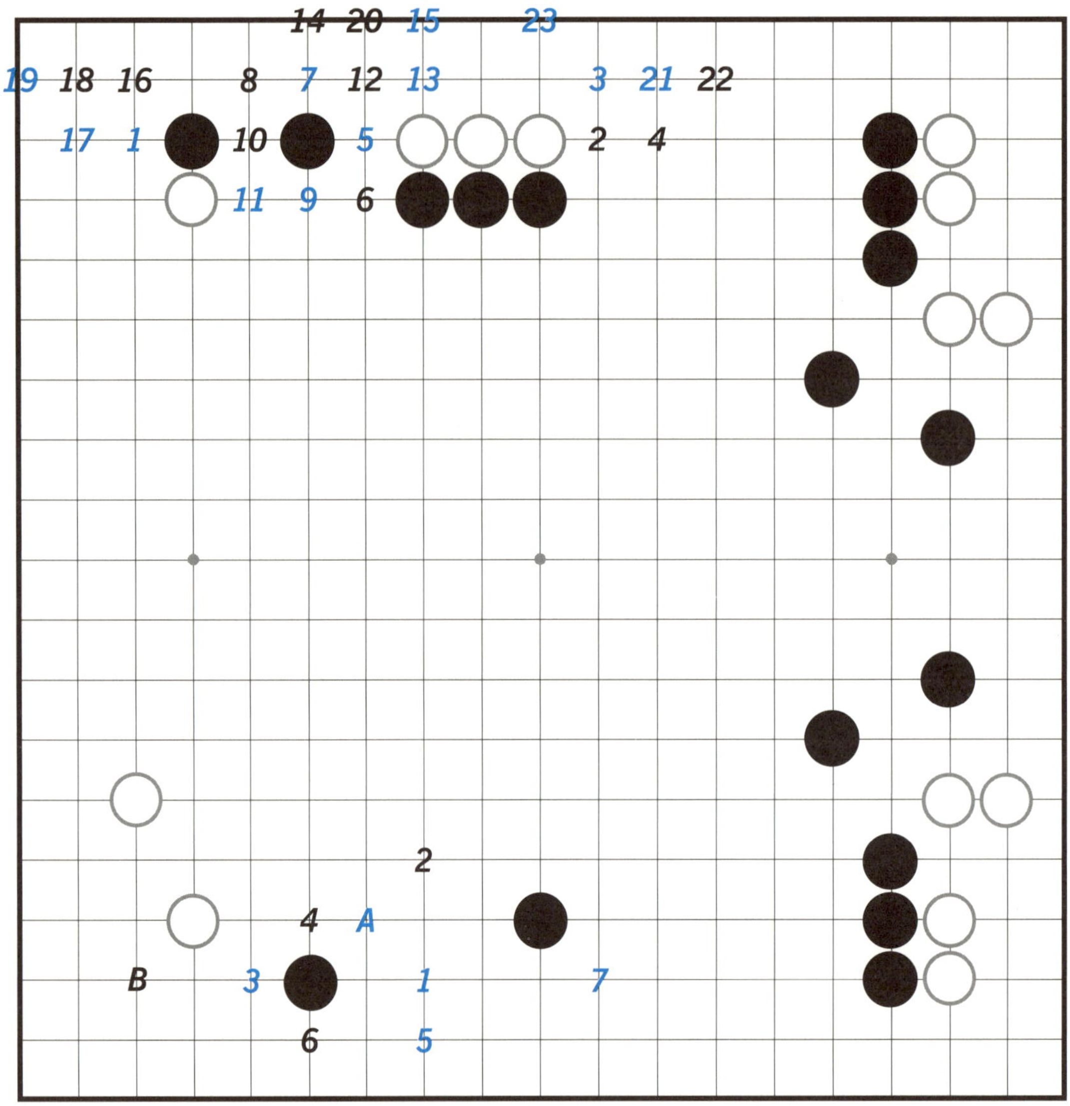

(이전 기보 상변에 이어서) 서로 각생하는 모습. 호각.

흑2가 멋진 감각. 백3, 백5는 이창호 9단의 신수. 흑2에 백A면 흑B로 가볍게 행마.

세 칸 벌림 – 침투

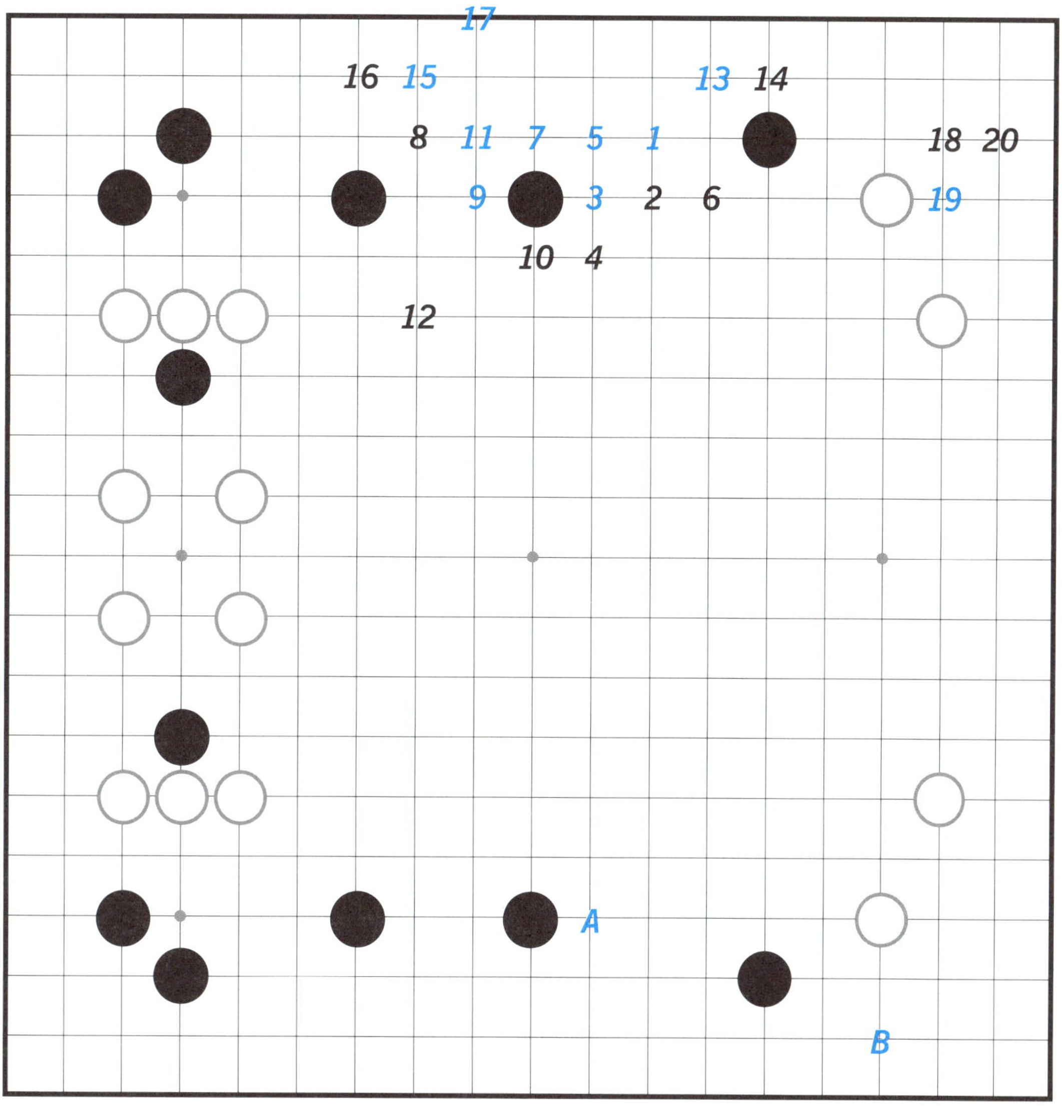

흑8이 좋은 수로 백이 불만.

직접 들어가는 것은 별로 좋지 않음. A, B가 보통.

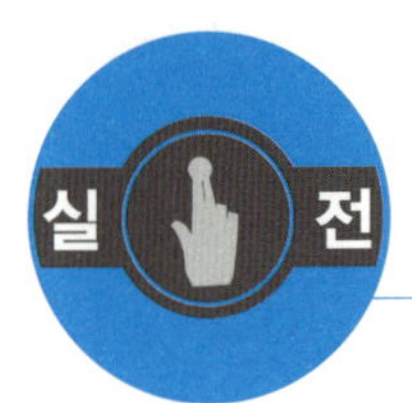

⚫ 흑 위빈 vs 이세돌 ⚪ 백

춘란배 본선 1회전 | 2013년 12월

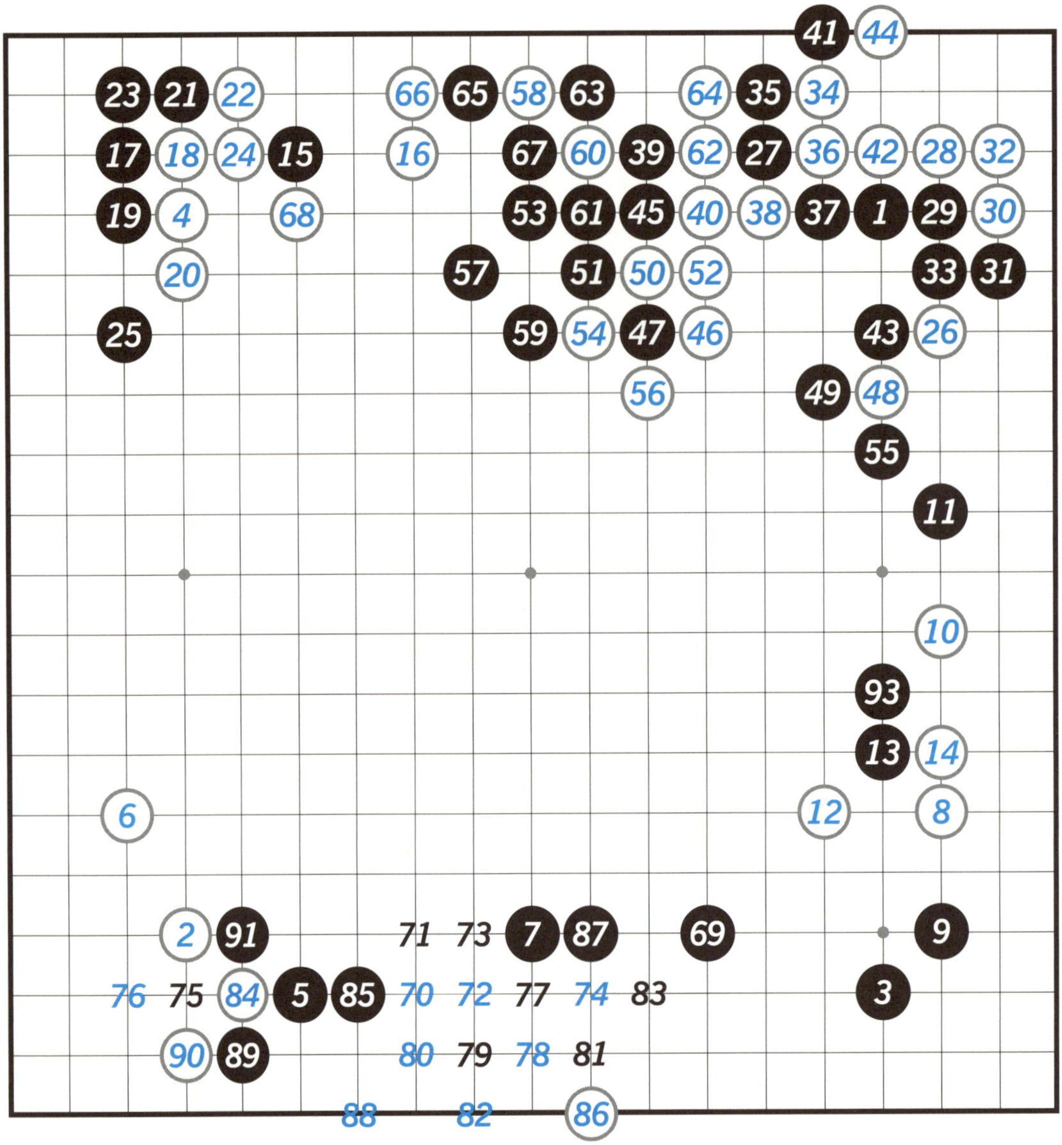

코멘트   소림류에서도 이런 침투 변화가 자주 나온다.

메모

⚫ 박영훈 vs 이창호 ⚪ 백

LG정유배 결승2국 | 2004년 11월

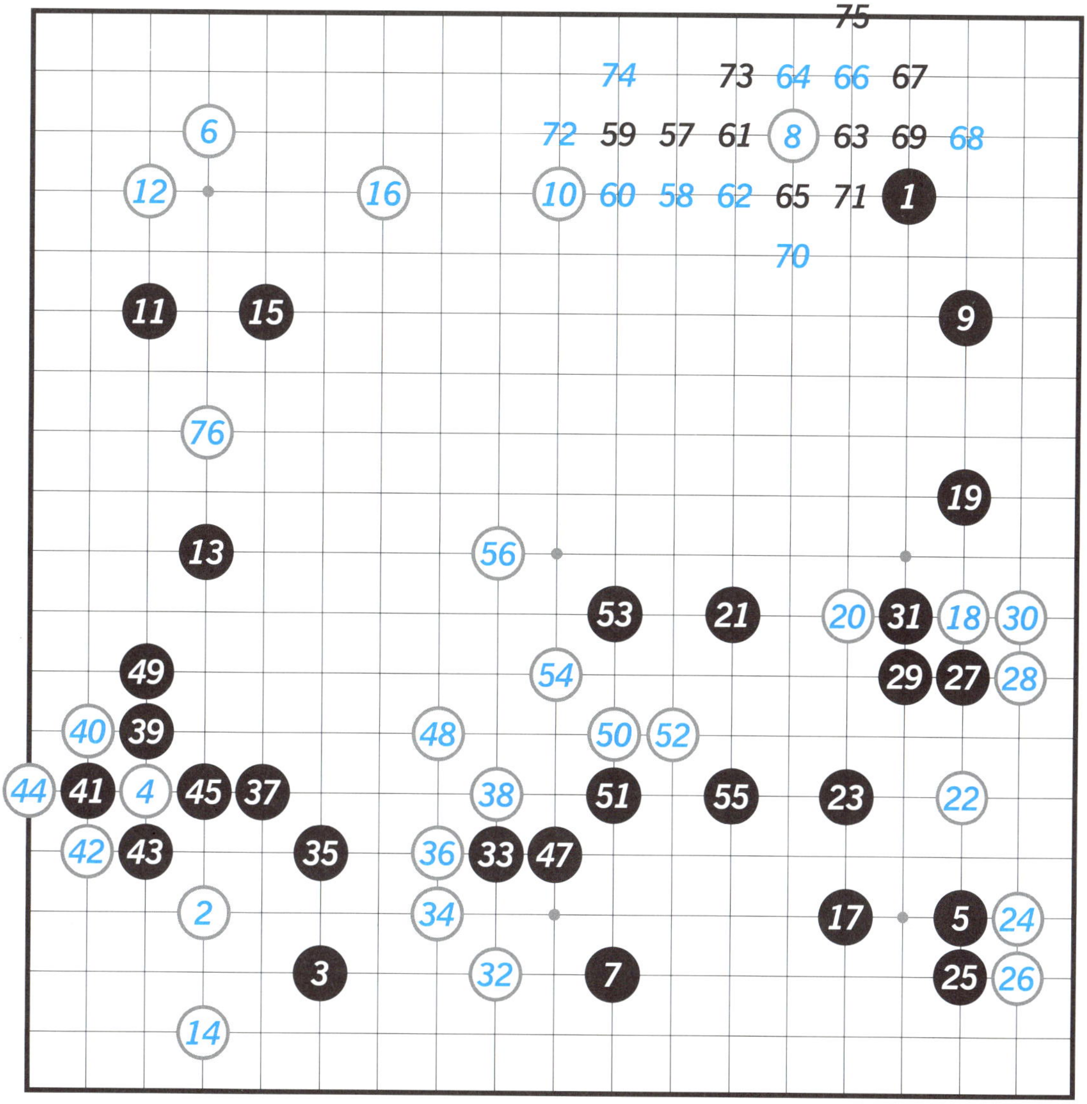

코멘트   p.150 인터뷰 참조.

메모

이창호 9단 추천 수법

반상의 큰 자리, 절대점

2004년에 이창호 9단은 당시 자타공인의 1인자였습니다. 물론 그전에는 범접할 수 없는 높은 존재였지만, 2003년 LG배 세계기왕전에서 이세돌 9단에게 패하며 준우승, 2004년 초에는 최철한 9단에게 국수와 기성의 타이틀을 연거푸 내주며 철옹성에 균열이 생기기 시작한 시기였습니다. 마지막 세계대회 우승은 2005년 춘란배입니다. 이후 세계대회 준우승만 수 차례, 국내대회 마지막 우승은 2010년 국수전입니다.

박영훈 9단은 이 당시 최절정기의 시작이었죠. 2004년 여름 후지쯔배에서 세계대회 첫 우승을 차지하며 최단기간 9단 승단, 군 면제라는 두 마리 토끼를 한번에 잡았습니다.

현재 최단기간 9단 승단은 박정환 9단에게 물려주었지만 이 당시 어린 박영훈 9단의 기세는 정말 대단했습니다.

2004년 겨울에 진행된 이 결승전은 신구신산(新久神算)의 대결로 팬들의 관심이 집중되었는데요. 결과는 이창호 9단의 3대 0으로 완승. 특히 결승 2국에서는 반 집 승을 거두며, 한 수 위의 기량을 보여주셨습니다.

실전에 흑57은 반상에서 마지막 큰 자리, 절대점입니다. 흑59는 전략적인 선택. 축이 유리하지만 〈참고도 1〉의 진행은 좋지 않습니다. 백도 선수를 잡아 백76으로 침투, 전투 시작입니다.

※ p.149 기보 참조.

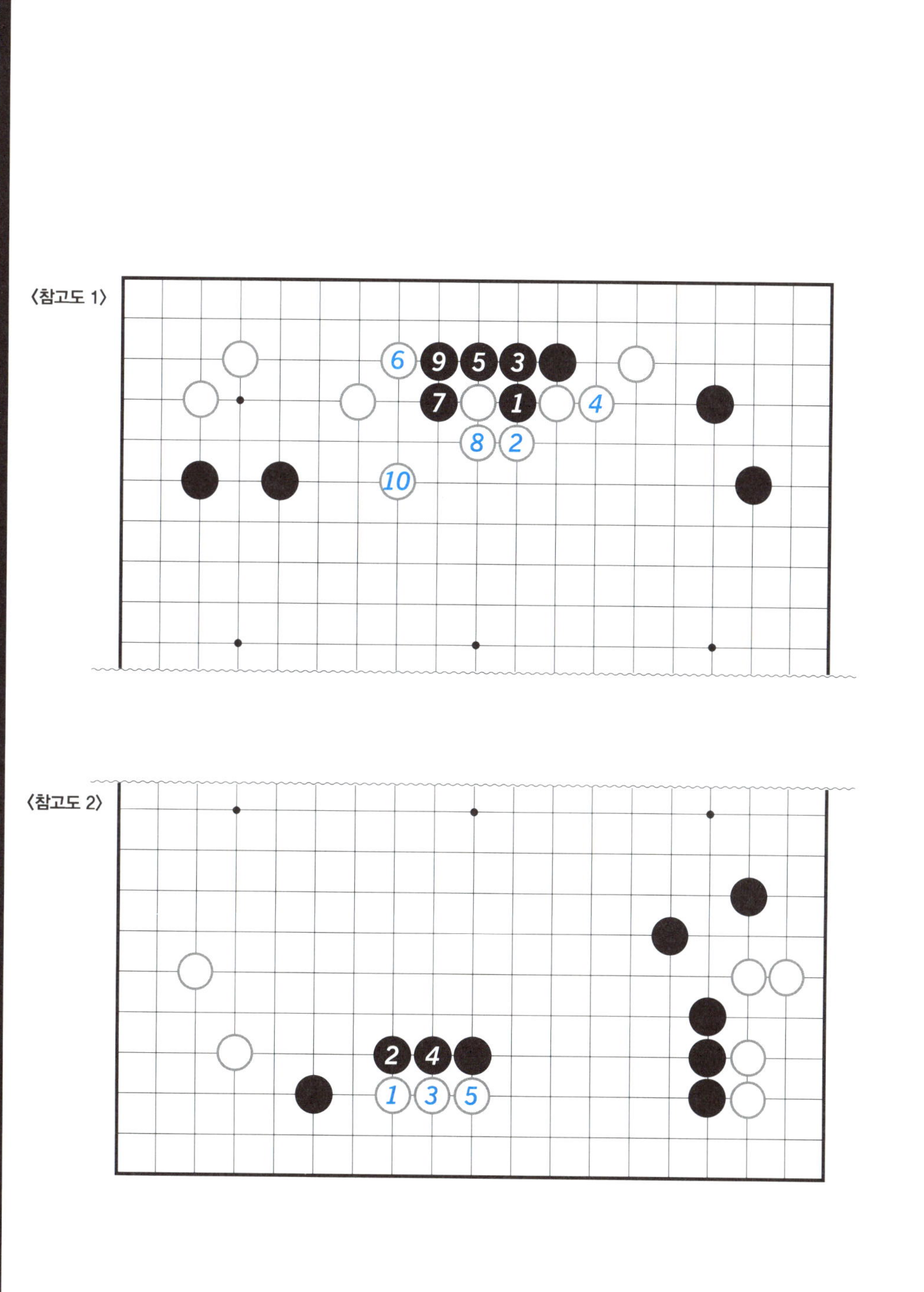

〈참고도 1〉
〈참고도 2〉

이창호 비슷한 모양으로 〈참고도 2〉가 있는데, 내 기억으로는 선생님(조훈현 9단)이 가장 먼저 두신 걸로 기억한다. 보통은 상변을 두는 것이지만 하변 침투도 유력해서 나도 몇 번 둔 적이 있다. 〈참고도 3〉에 흑2는 백이 나오면 3·3 침입하려는 수법인데, 그것에 맞서 백3, 백5가 내가 즐겨 쓰던 수법이다. 나의 신수인지 아닌지는 정확하게 기억나지 않는다.

14장

상용 정석

침투

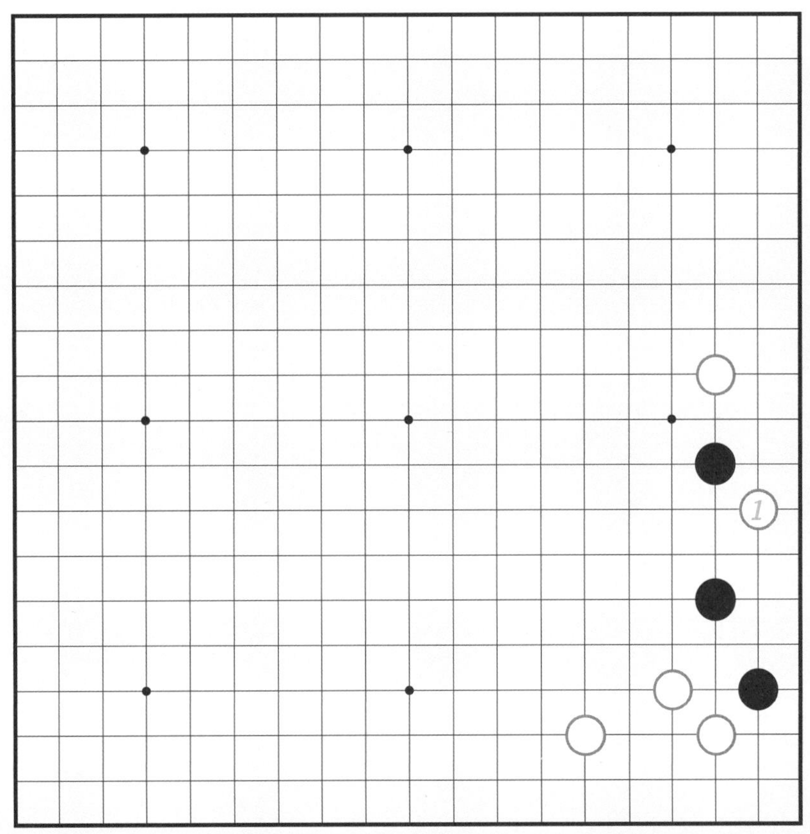

실리를 차지할 때 유력한 수법을 소개합니다.

상용 정석 – 침투

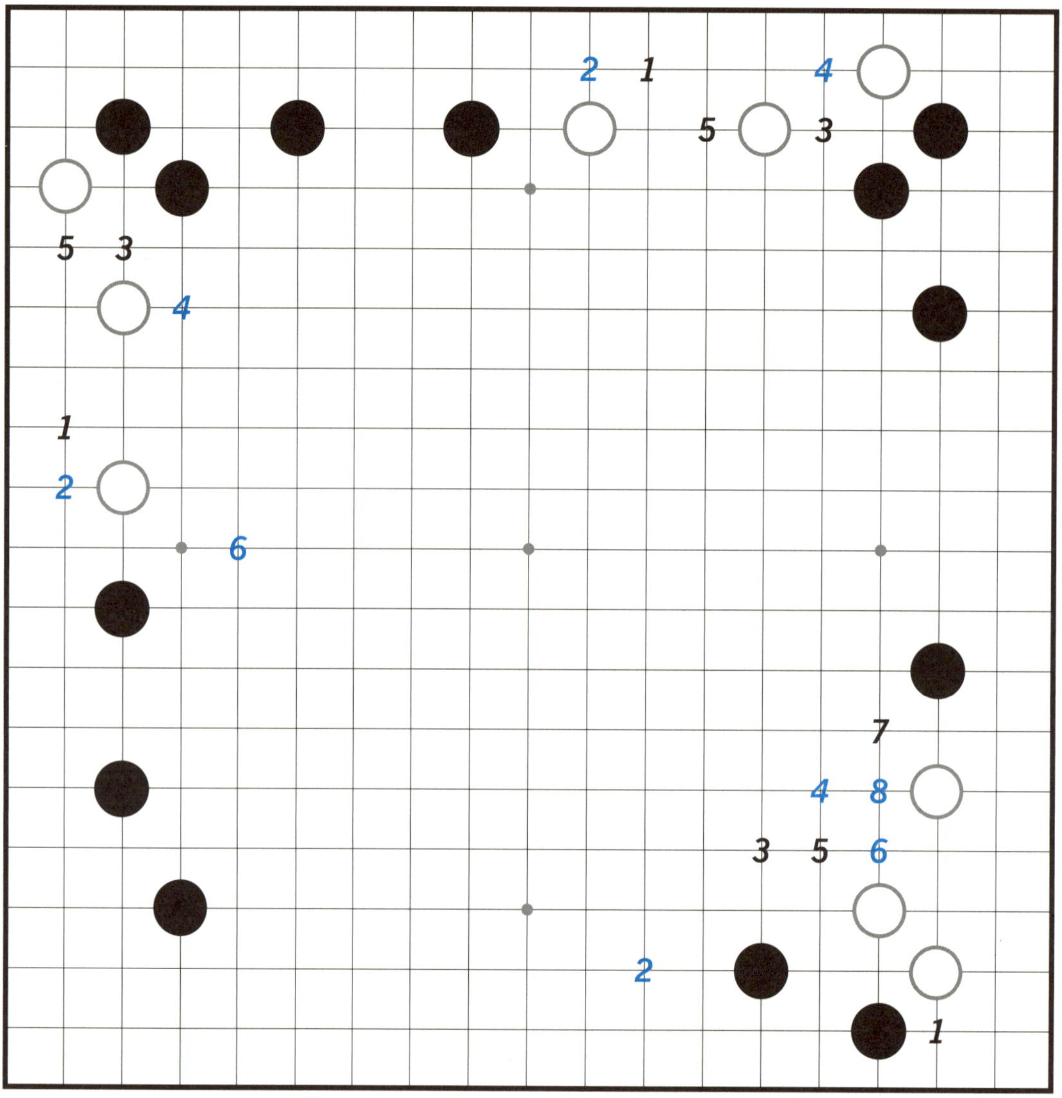

상용 정석 – 침투

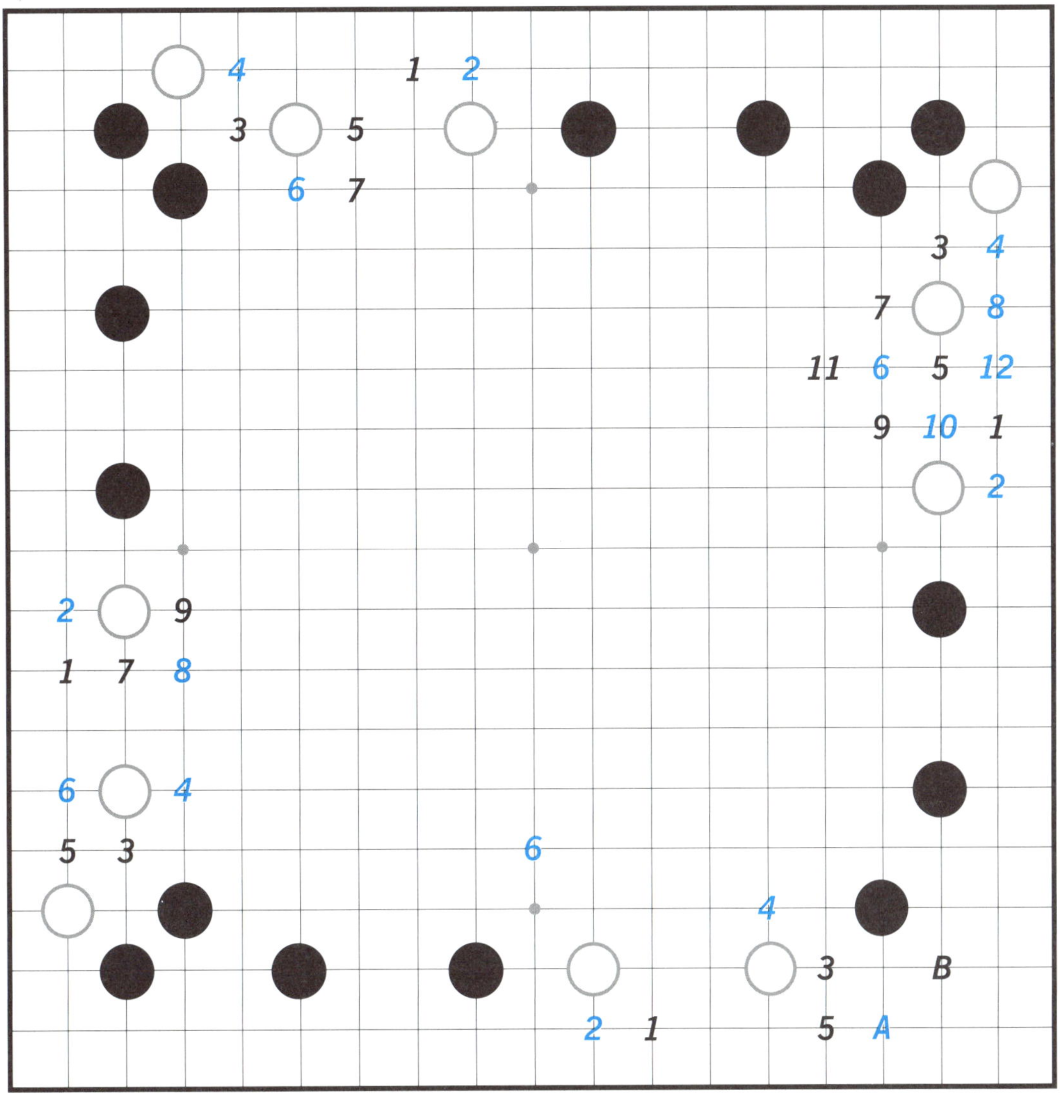

흑1, 흑3이 실리를 차지하는 유력한 수법. 이창호 9단의 신수. 백4, 백6은 망하는 길.

백4가 정수. 백6으로 버티면 복잡한 전투 시작.

백6으로 변신하면 빵 따냄을 당해 흑 우세.

백6으로 간명한 처리가 보통. 이 모양은 수 나누기가 가능하다. 흑1, 백2의 교환과 백A, 흑B의 교환을 빼놓으면 자주 보는 모양.

상용 정석 – 침투

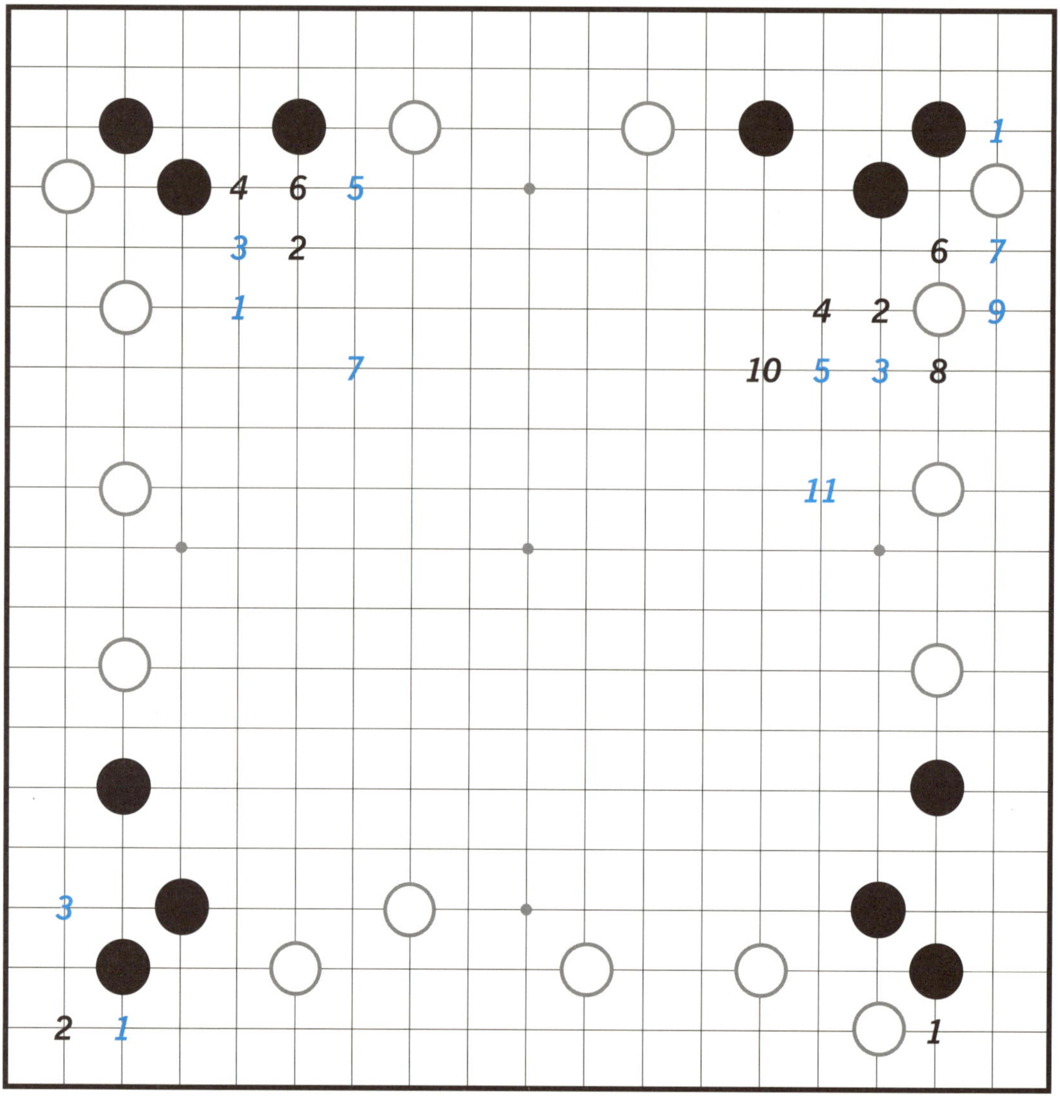

⚫ 흑 이창호 vs 이상훈 ⚪ 백

KBS 바둑왕전 | 2001년 10월

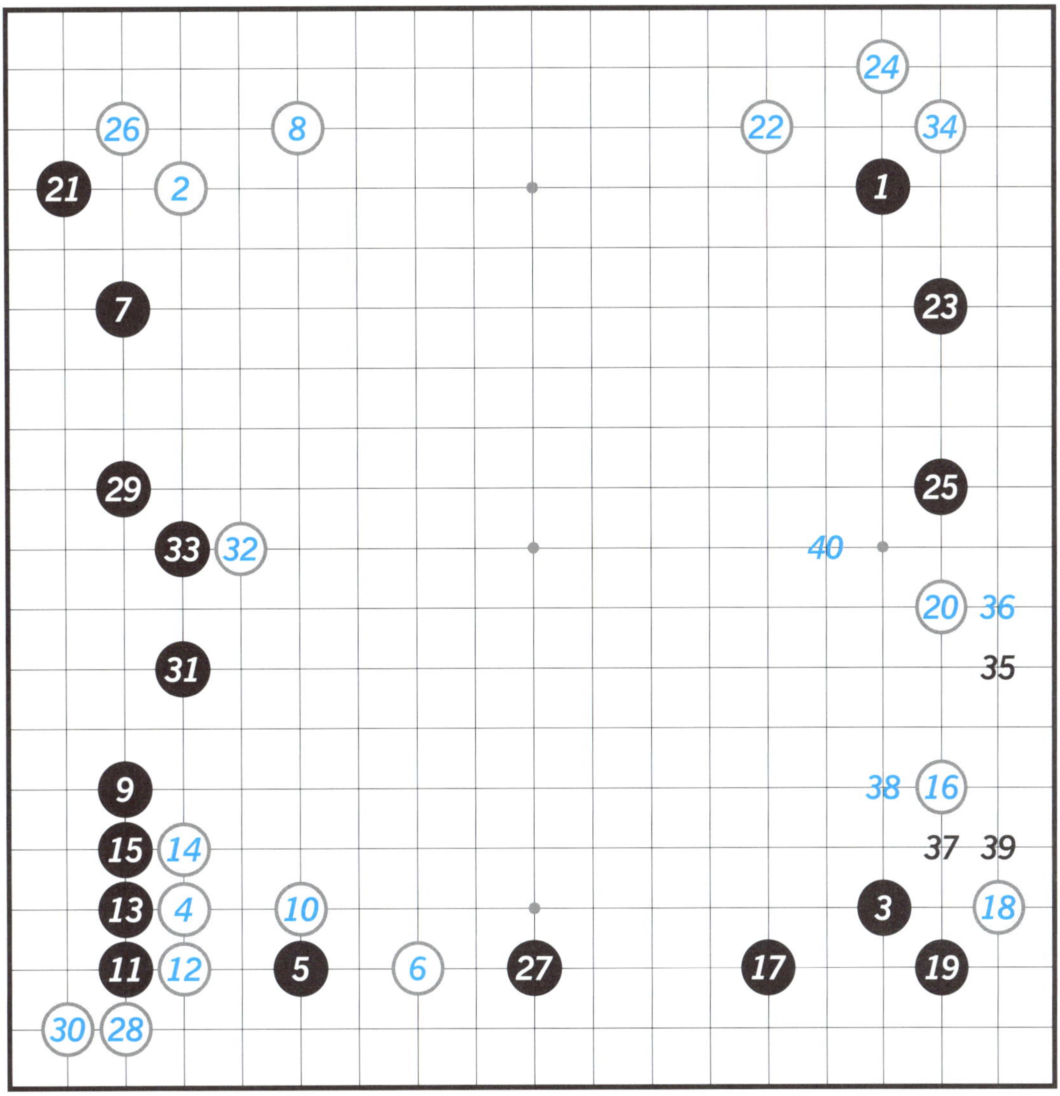

코멘트　　p.159 인터뷰 참조.

메모

● 흑 이성재 vs 고근태 ⑭ 백

한국바둑리그 | 2008년 5월

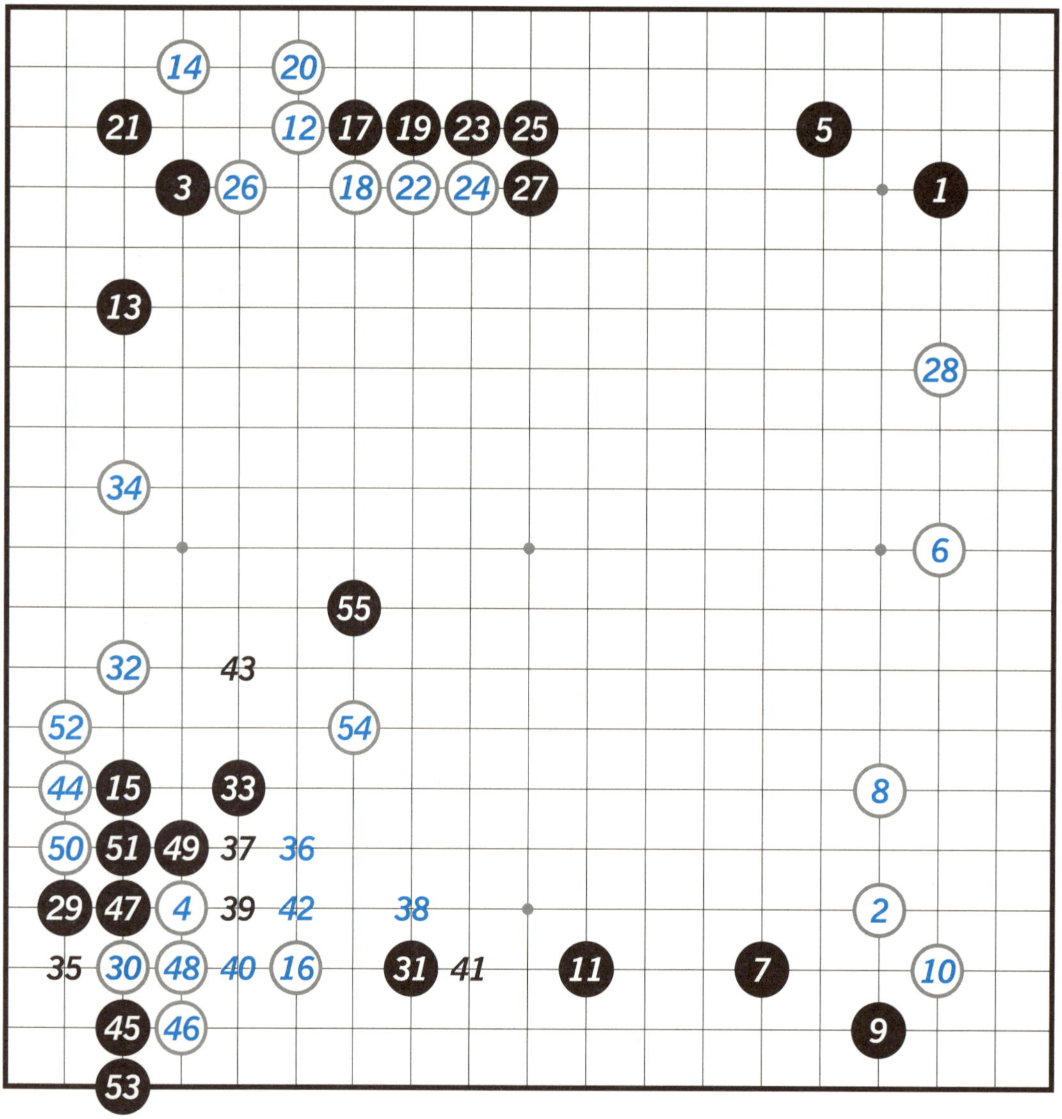

코멘트 초반이지만 흑35의 자리는 서로 안형 관계가 있기 때문에 놓칠 수 없는 급소.

메모

이상훈 9단 추천 수법

실리와 두터움, 서로 불만이 없는 수

이상훈 9단을 소개합니다. 이창호 9단의 절친으로도 유명하고요. 하호정 4단과 부부 기사로도 유명하시죠. 항상 후배들에게 편하게 다가가는 모습의 형님 리더십으로 양재호 바둑 도장, 충암 바둑 도장에서 연구생들을 지도했습니다. 현재는 바둑리그 티브로드 팀 감독으로 2014년 통합 우승을 차지, 명장의 반열에 올랐습니다. 현재 명지대학교 바둑학과에서도 강의를 맡고 계십니다.

이상훈   당시 결승 3번기에서 1국을 이겼지만, 배운다는 자세로 두었다. 준우승도 만족한다.

2002년 KBS 바둑왕전 결승 3번기 1국에서 이상훈 9단이 이창호 9단에게 승리했습니다. 당시 이창호 9단은 거의 지지 않았죠. 가끔 있는 패는 당시 같은 4인방(조훈현, 서봉수, 유창혁)에게 당한 일격 정도였습니다. 하지만 이창호 9단이 2국과 3국에서 연승, 우승을 차지합니다. 2002년 10월 4일에 결승 1국을 두고, 10월 21일에 2국 3국을 연달아 두었네요. KBS 스튜디오 사정상 일정이 이렇게 진행되었습니다. 제1국을 이긴 이상훈 9단에겐 아쉬움이 크겠죠.

이상훈   우변 변화는 유행했던 상용수법, 흑도 실리를 벌었지만, 백도 두터워서 불만이 없다.

백40 자리에 오면서, 우상 흑 세 점을 자연스레 압박하는 모습입니다. 현재까지의 포석 진행은 호각 혹은 백이 약간 기분 좋은 형세로 생각됩니다.

이상훈   선수보다 감독이 재밌다. 2013년에는 준우승이었지만, 2014년에는 첫 우승을 차지했다. 앞으로도 좋은 성적을 내고 싶다.

※ p.157 기보 참조.

3부

소목

: 굳힘에 대한 침투와 삭감 :

"저는 아생연후살타(我生然後殺他)란 말을 항상 되새깁니다. 자신의 돌부터 강하게 해놓고 상대방을 잡으란 뜻인데 참 좋은 말인 것 같아요. 삶에서나 대국에서나 실상 그렇지 못하는 경우도 많지만 말이죠."

_ 이세돌 9단, 〈매일경제〉 인터뷰(2013년 4월) 중에서

날일자 굳힘

2선 붙임 침투

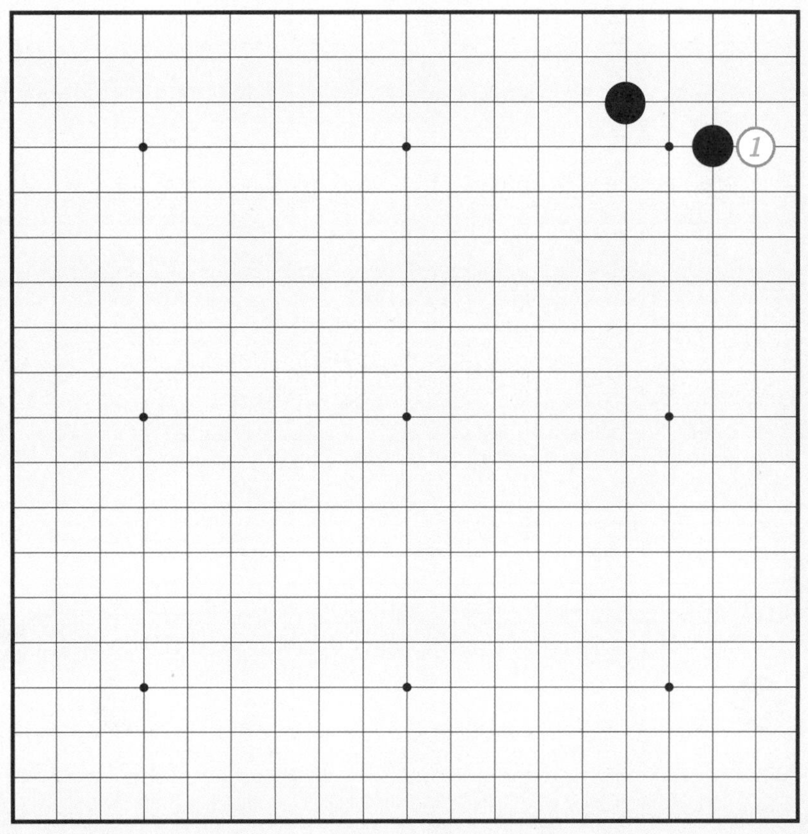

고급 수법입니다. 이 붙임만 완전히 이해해도 유단자급이라 할 수 있죠.
최근에는 극초반에 응수 타진으로 많이 등장하고 있습니다.
상대에 응수에 따라 정석 선택을 달리하는 의미입니다.

날일자 굳힘 – 2선 붙임 침투

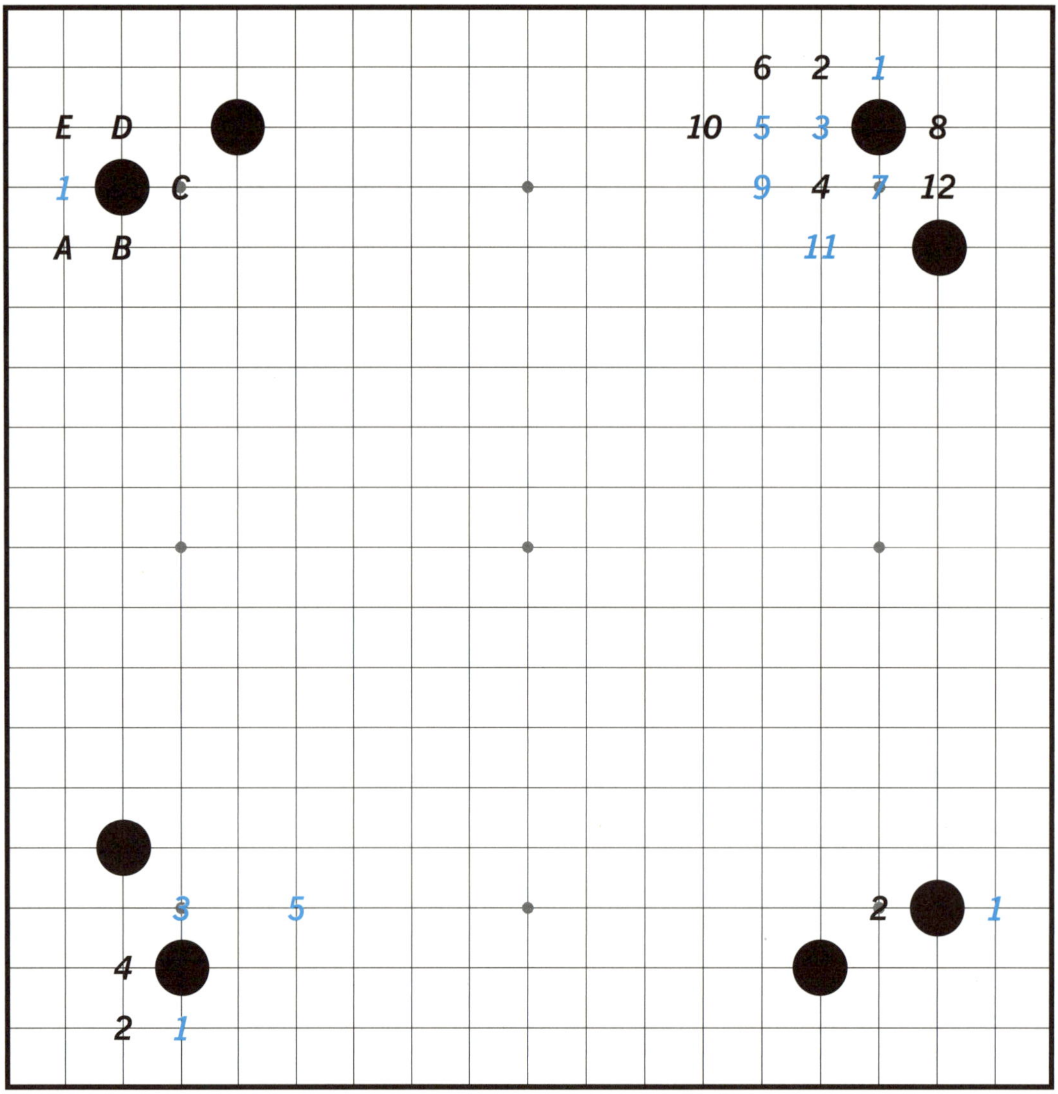

○ ○ ○ ○ ○ ○ ○ ○ ○ ○ ○　　　○ △ ✕

백1은 상용 수법. 흑의 응수도 A에서 E까지 상당히 다양하다.

흑2는 실리적인 수법. 많이 나오는 모양이다.

흑2는 백3, 백5가 경쾌하다.

흑2는 주위가 아주 튼튼할 때 백을 공격하는 수법.

날일자 굳힘 – 2선 붙임 침투

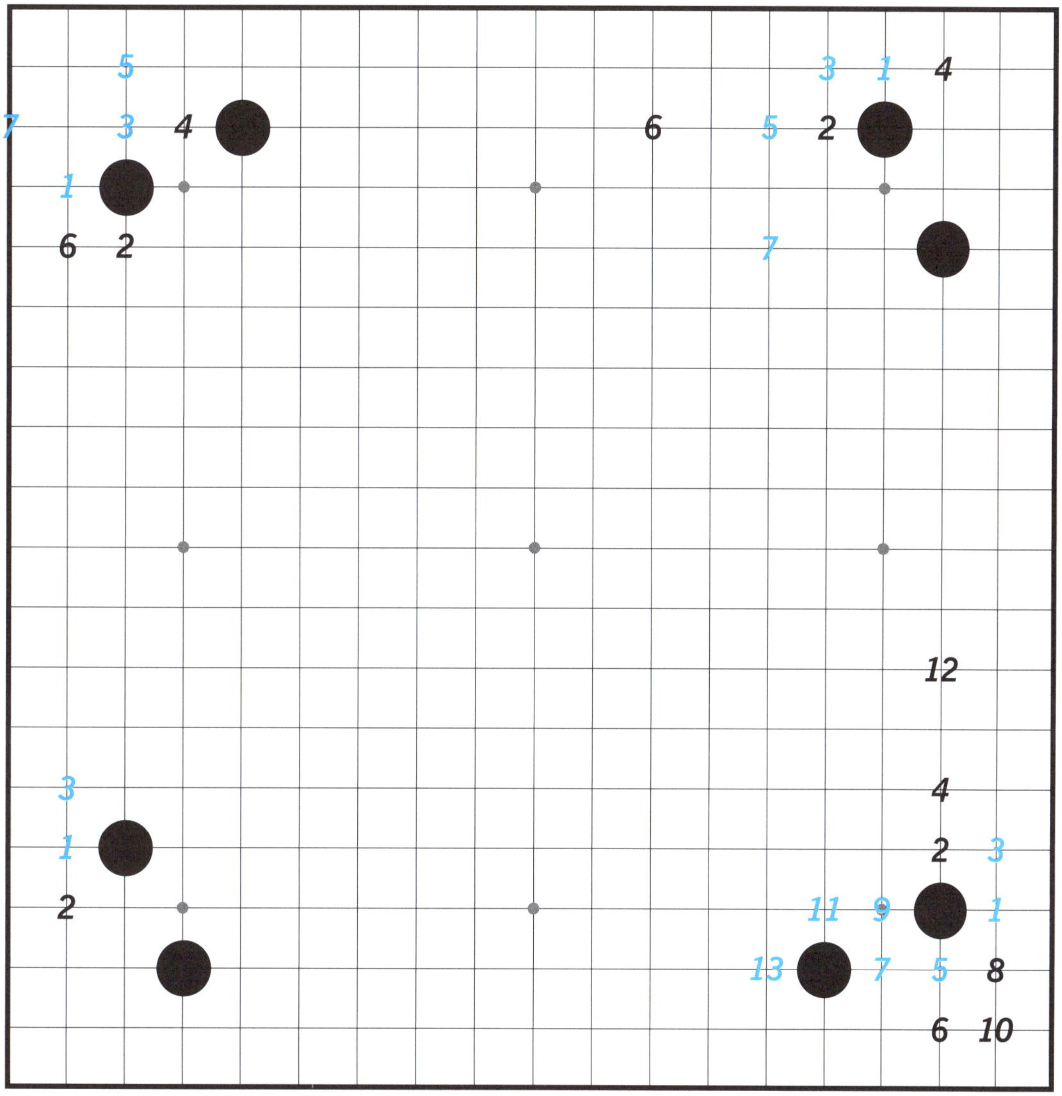

흑2가 가장 보편적인 수법이다. 백3, 백5로 귀 차지.

좌변을 중시할 때는 이쪽으로 붙이는 것도 가능. 백 홍석 9단이 즐겨 쓰는 수.

귀보다 변이 클 때 자주 나오는 모양.

최근 유행하는 포석 이후의 정석.

정 석

날일자 굳힘 – 2선 붙임 침투

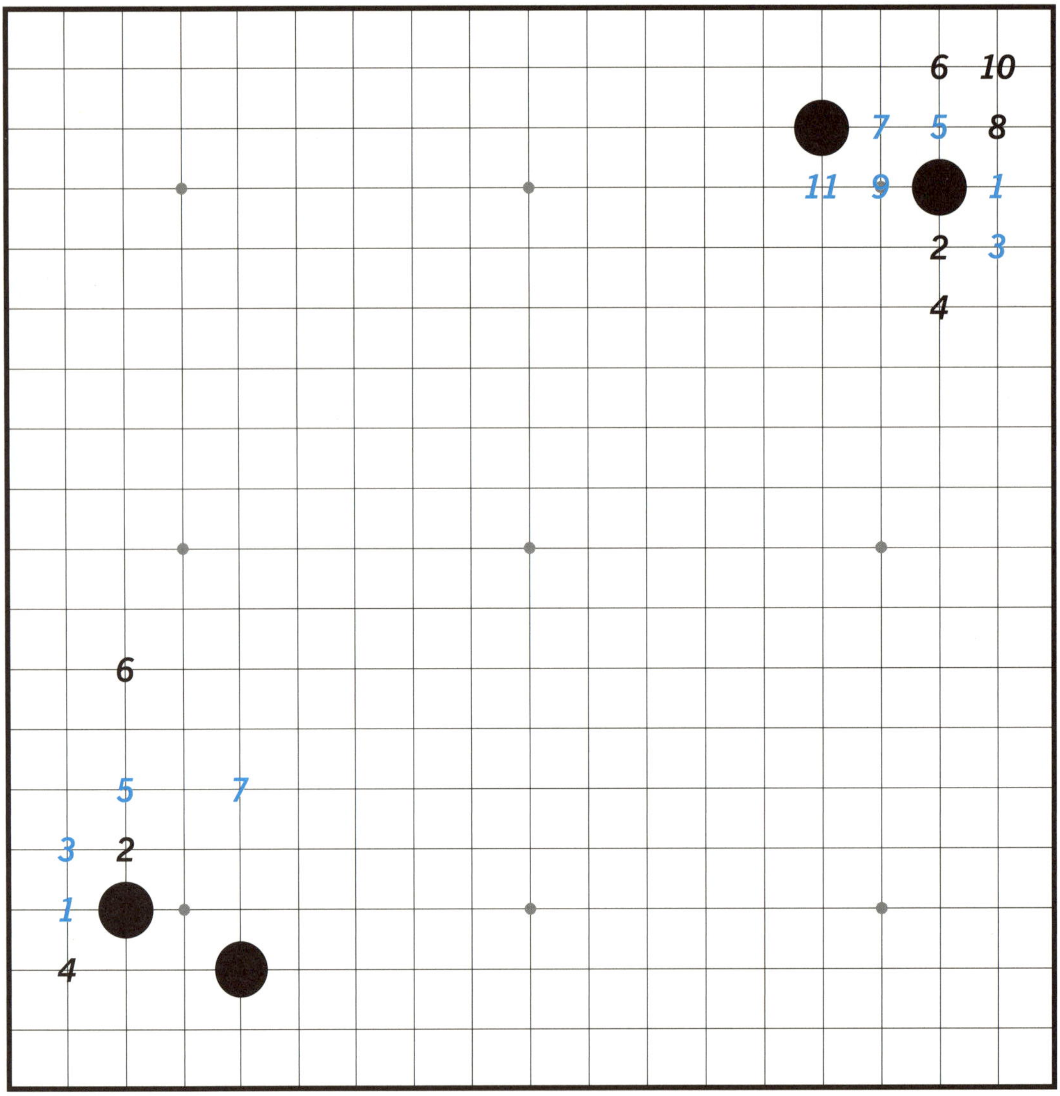

○○○○○○○○○○ ○ △ ✕

최근엔 흑4로 받는 것이 많이 보인다.

백7이 배울 만한 수법.

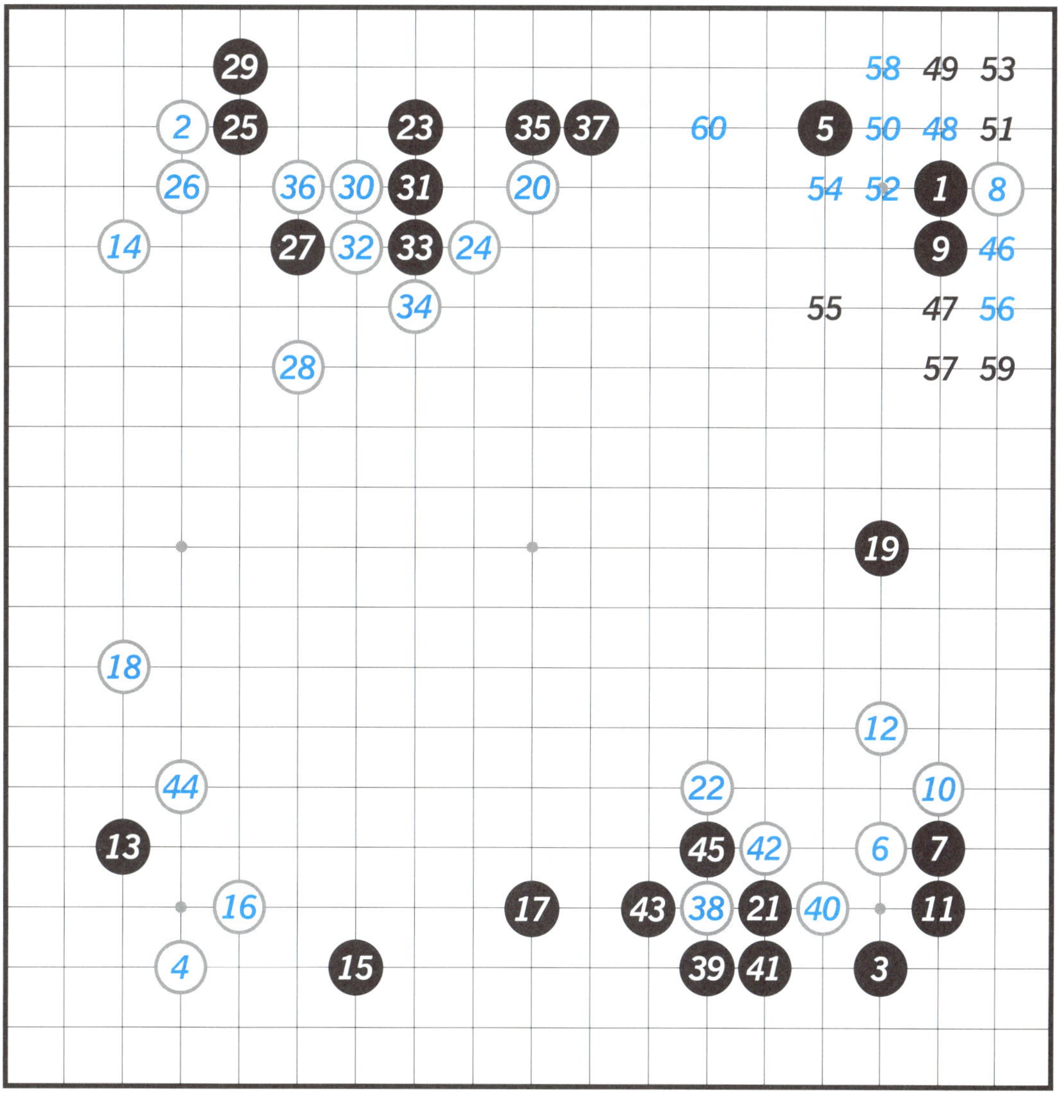

코멘트 백8의 붙임과 흑25의 붙임은 같은 날일자 굳힘에 붙임이지만 배석과 시기가 다르므로 그 의미가 완전히 다르다.

메모

흑 이세돌 vs 나현 백

영재정상대결 2국 | 2014년 1월

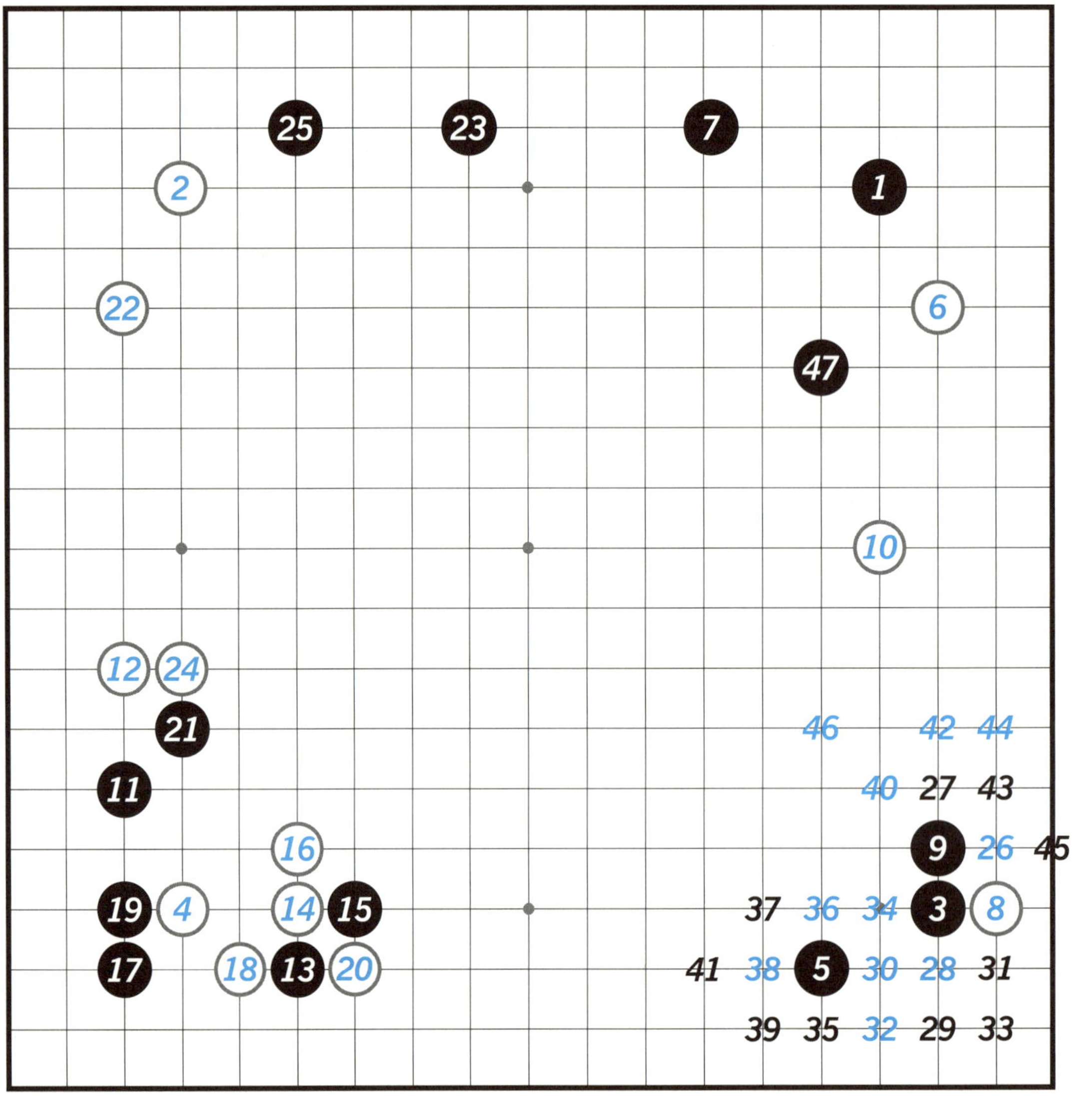

코멘트	백40이 좋은 행마로 백이 재미있는 국면.
메모	

실 전

❶흑 박정환 vs 이창호 백

응씨배 준결승 | 2012년 9월

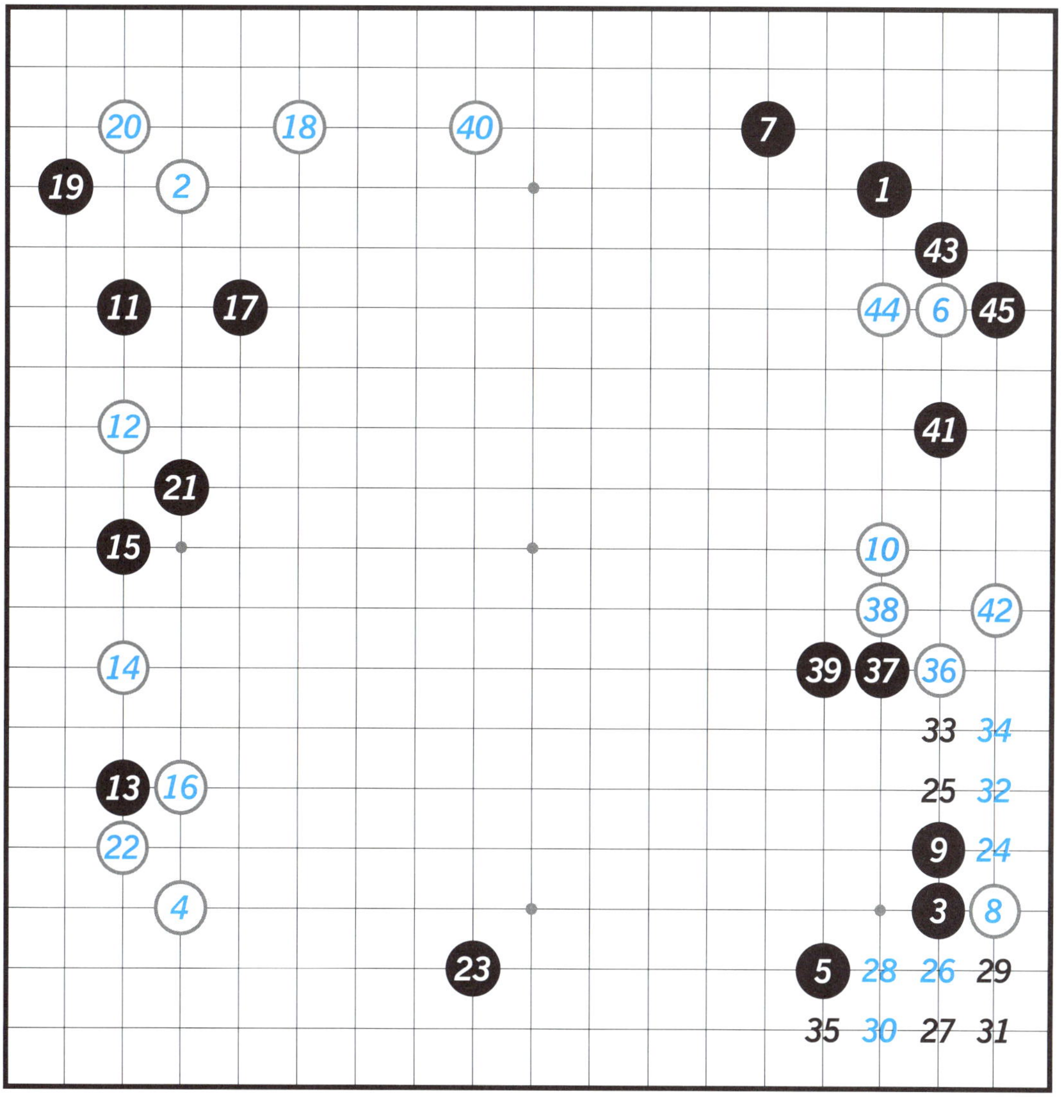

코멘트 백8, 10이 흑의 압박을 견제하는 멋진 수법.

메모

박카스배 천원전 | 2014년 10월

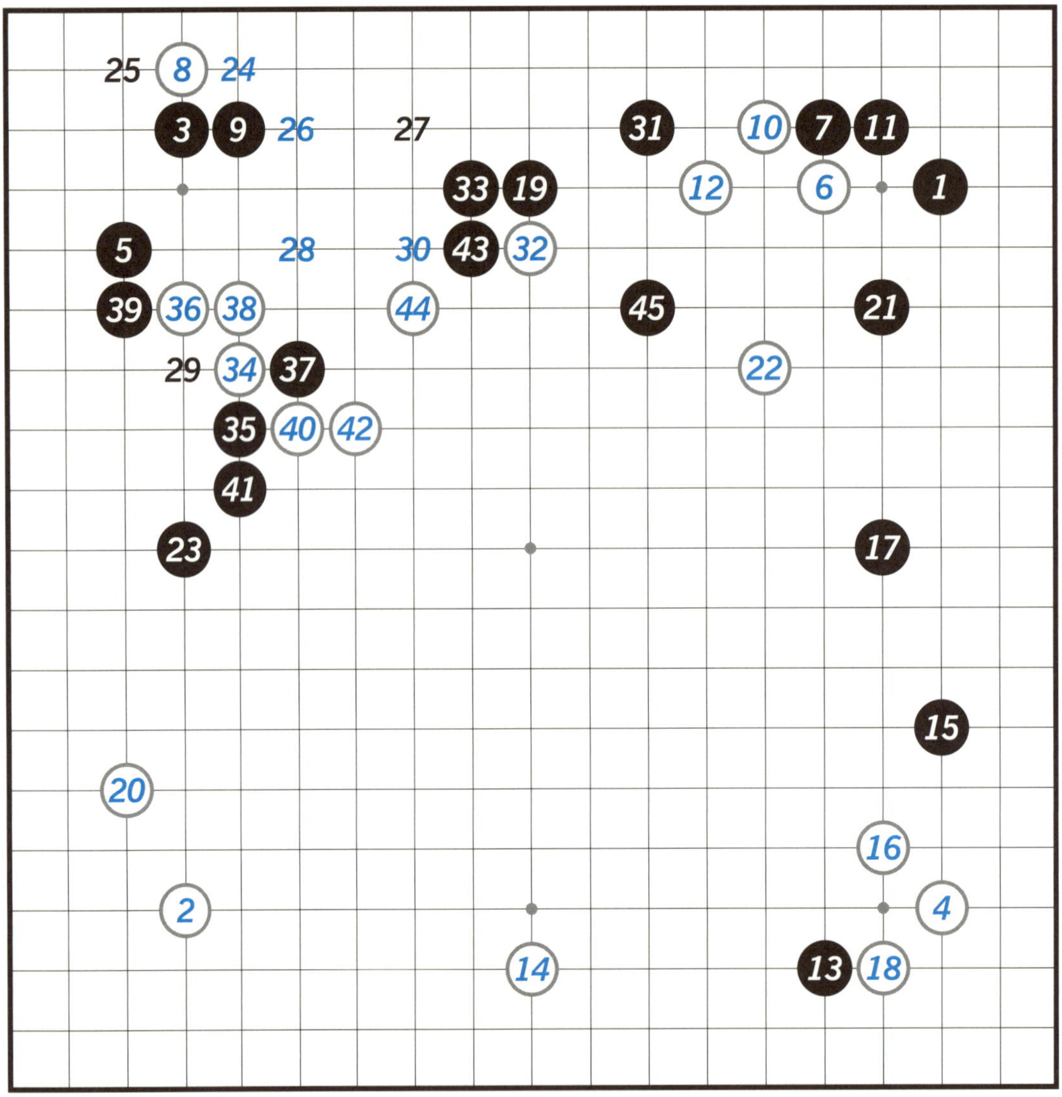

코멘트   흑15, 17이 간명하고 좋은 처리.

메모

170

소년 이창호의 재미있는 한 수

1992년 동양증권배 세계바둑선수권전 결승 5번기 최종국

이창호 9단과 린하이펑(林海峰) 9단의 동양증권배 세계바둑선수권전 결승 5번기 최종국입니다. 1992년 1월의 대국이지요. 이창호 9단이 만 16세의 나이로 세계대회 첫 우승을 차지한 그 유명한 기보입니다.

린하이펑 9단은 대만 출신으로 일본에서 기사생활을 하셨죠. 당시 1인자였던 사카다 에이오 9단의 전성기를 끝낸 인물이기도 합니다. 면도날 사카다에 맞서서 '이중 허리'라는 별명을 얻을 정도로 폭이 깊은 바둑을 구사하셨죠.

〈참고도 1〉 백3이 특이한 침입. 보통은 5자리에 침입이지만 백1 자리를 이용한 수법. 실전 진행은 호각이다.

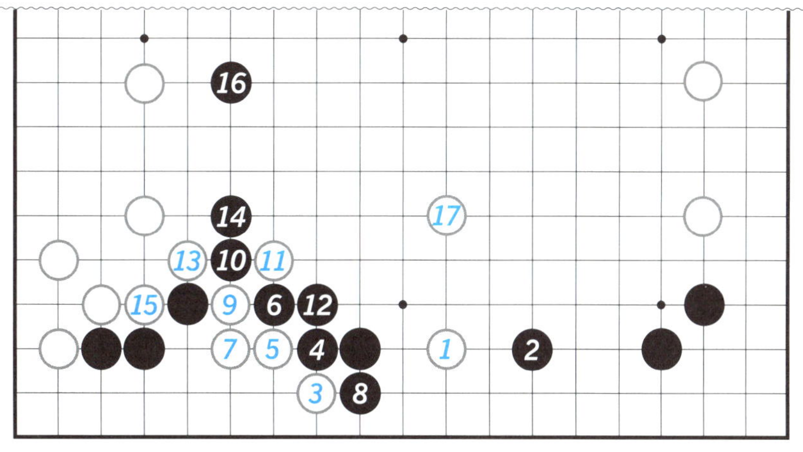

〈참고도 1〉

<참고도 2> 백1이 재미있는 수법. 흑이 A로 받아준다면 약점을 선수로 보강한다.

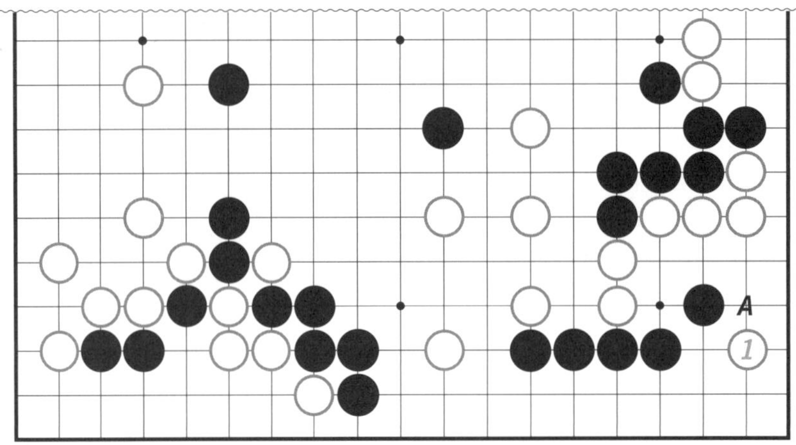

<참고도 2>

〈참고도 1〉이나 〈참고도 2〉 모두 실전에서 자주 등장하지 않는 재밌는 수법들입니다. 세계 대회 첫 무대에서, 그것도 최종국에서 이런 수법을 사용할 수 있다는 게 대단한 배짱이 아닐 수 없습니다.

　　이제 와서 생각해보면, 이창호 9단은 어려서부터 굉장히 번뜩이는 재주를 가지고 있었던 것 같습니다. 다만 그 천재성을 내공으로 잘 갈무리하면서 수를 내지 않고도 이기는 한 단계 위의 경지를 보여준 것이 아닌가 생각됩니다. 1992년에 저는 초등학생이었는데요. 어린이바둑대회에 나가서 기념품으로 바로 이 기보가 인쇄되어 있는 책받침을 받은 기억이 납니다.

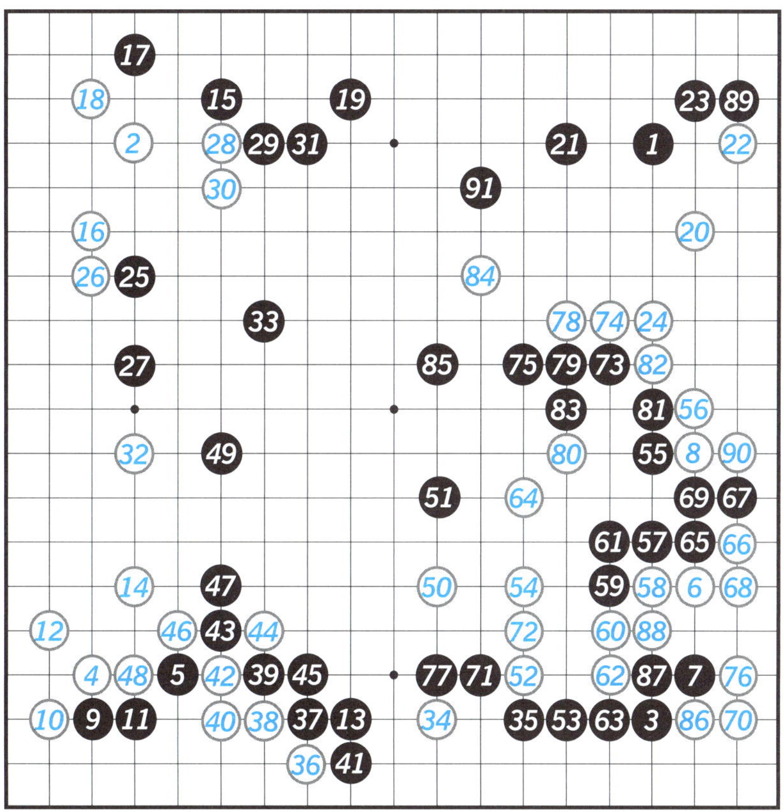

〈실전도〉

날일자 굳힘

3선 붙임 침투

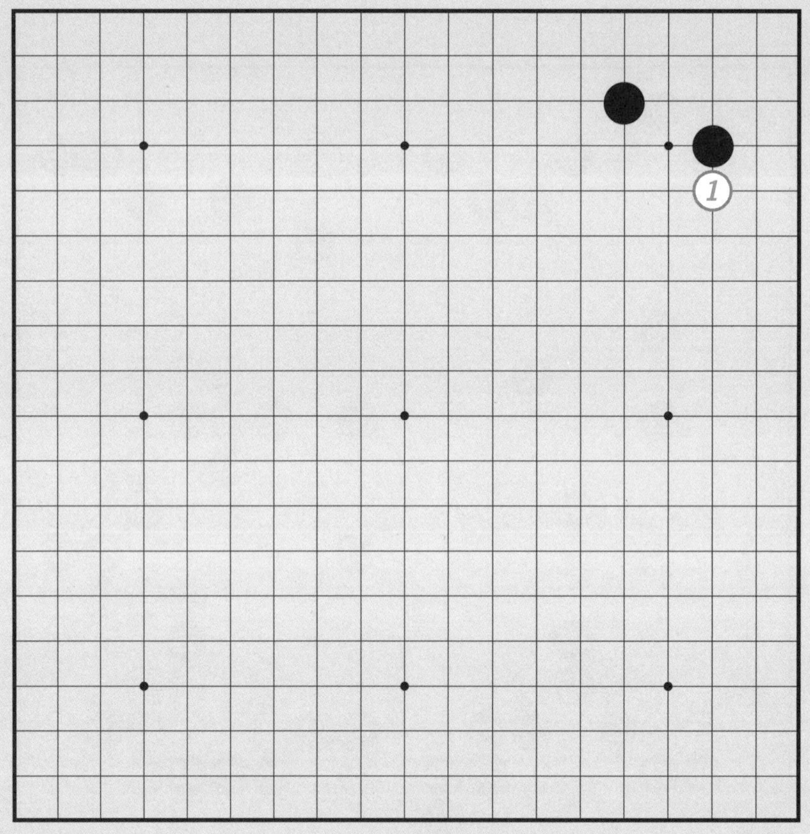

약한 돌에 붙이지 말라는 격언이 있죠.

붙이는 것은 일반적으로 상대를 강하게 해주기 때문입니다.

강한(날일자 굳힘) 돌에 붙여가는 수법은 옛 격언을 새롭게 해석한 수법이라 할 수 있겠습니다.

날일자 굳힘 – 3선 붙임 침투

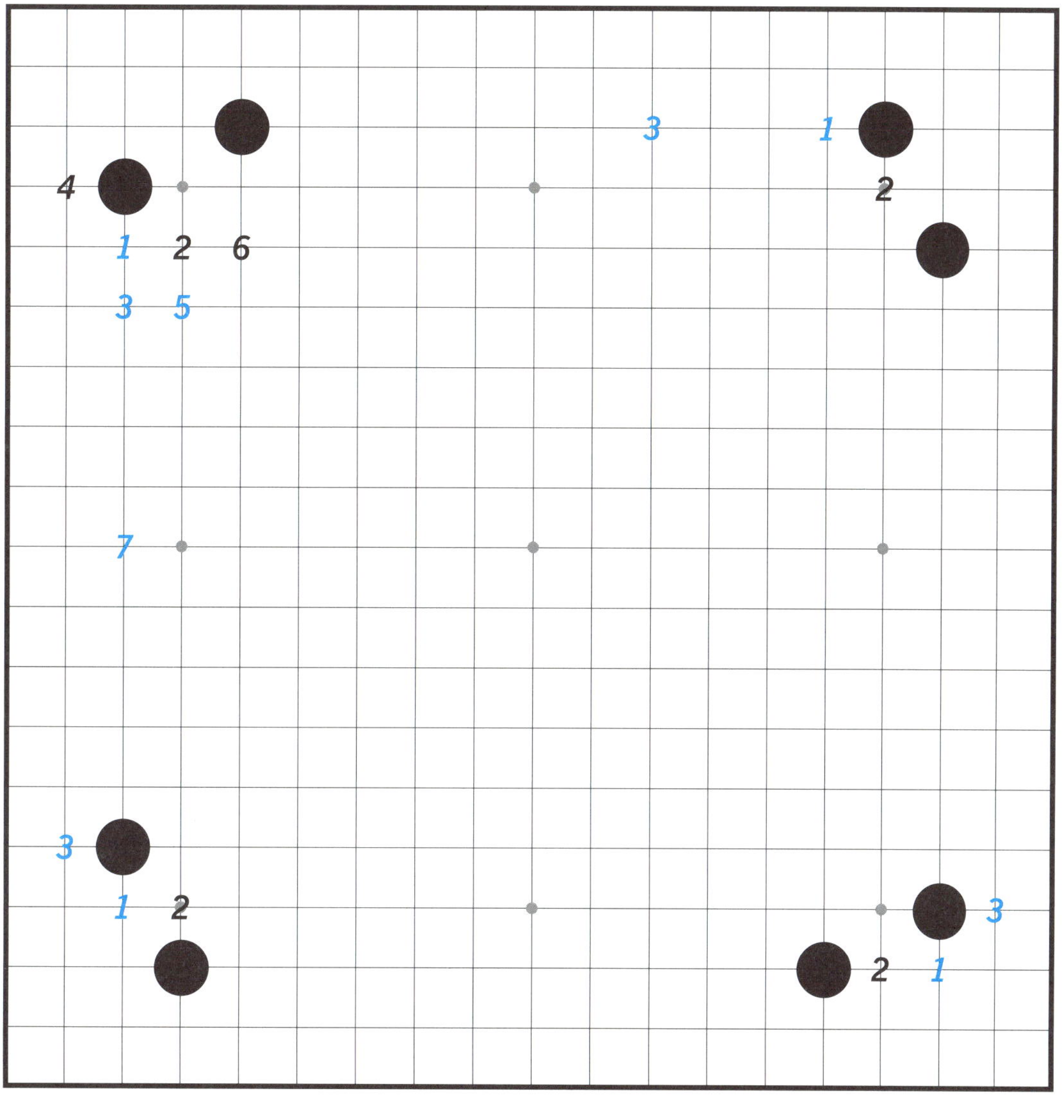

프로바둑에서 굉장히 많이 나오는 수. 모양을 정리할 때나 삭감할 때나 언제나 유력한 수법.

흑2는 공격을 엿보는 수법.

응수 타진. 흑은 귀 혹은 변을 선택.

고전적인 수법.

날일자 굳힘 – 3선 붙임 침투

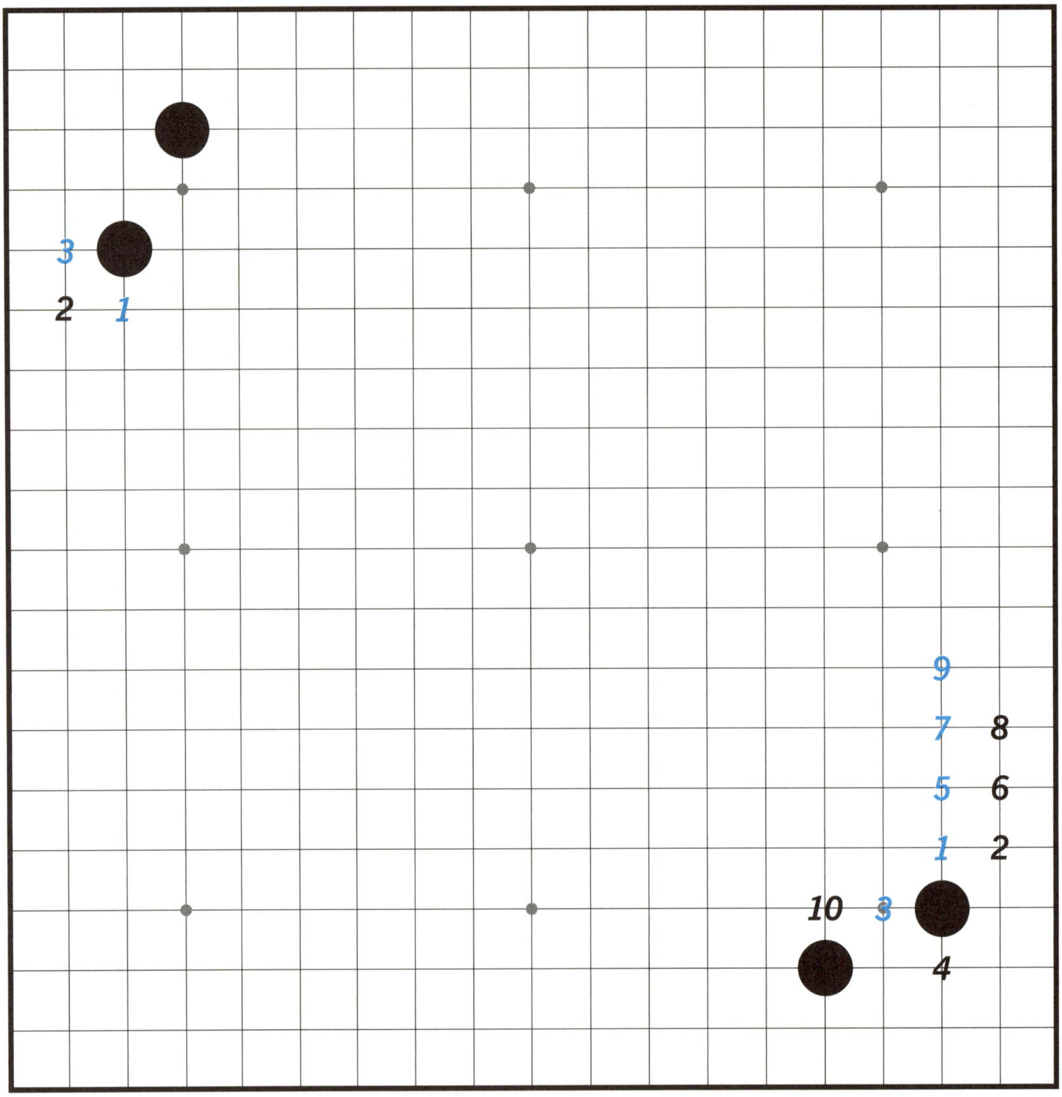

○ ○ ○ ○ ○ ○ ○ ○ ○ ○　　　　○ △ ✕

우변 삭감을 중시한 수법.

흑2는 별로. 10까지 백 만족.

⚫ 흑 강유택 vs 이세돌 ⚪ 백

원익배 십단전 결승3국 | 2011년 4월

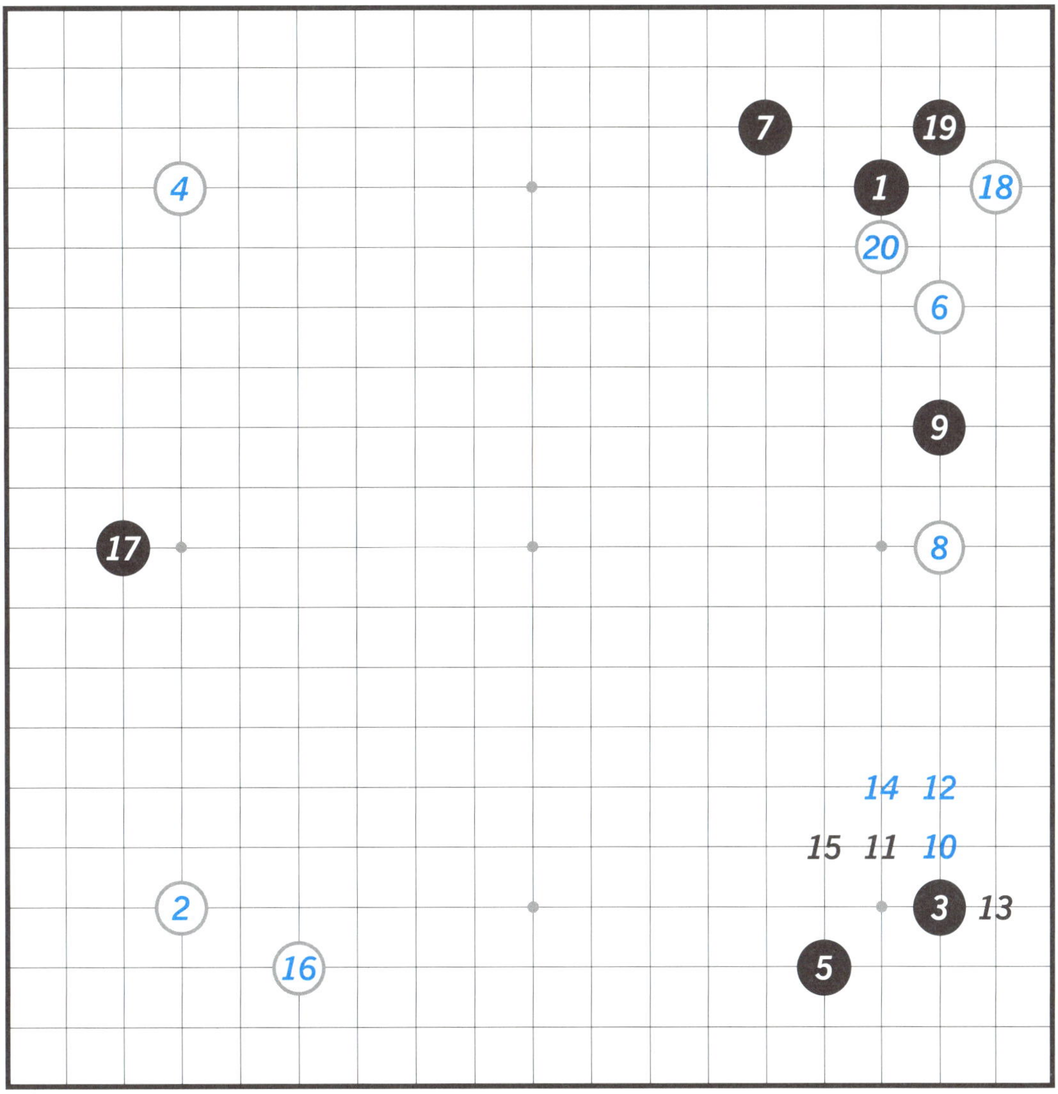

코멘트 10~15로 우변을 안정화하는 데 성공했지만 상대적으로 하변 흑이 두터워졌다. 백16으로 하변을 견제한 후, 17을 기다려 우상에 손을 돌리는 현란한 수법.

메모

구리 vs 이세돌

세계기타 결승 한중정상대결 | 2013년 3월

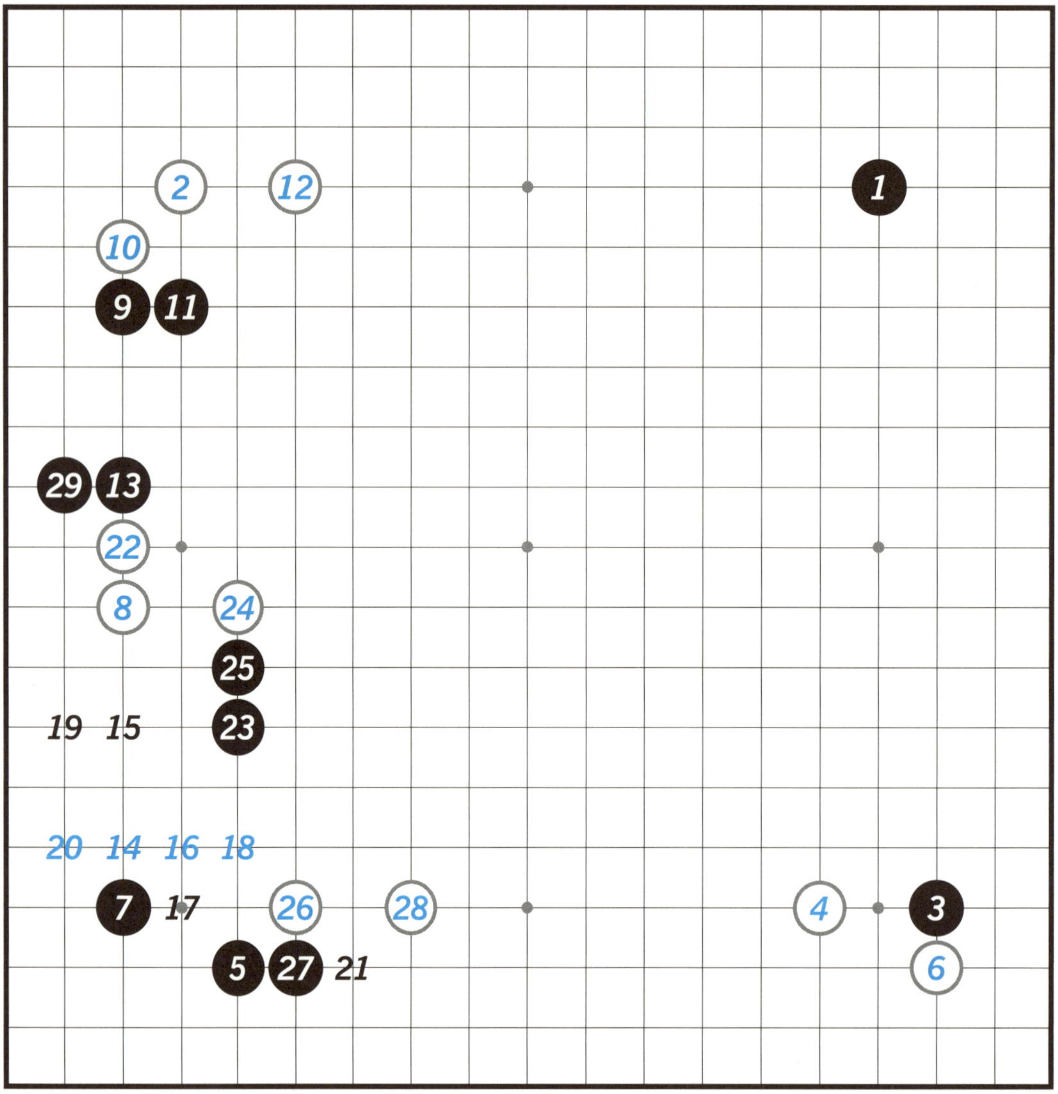

코멘트　이세돌 9단의 대형 사석 작전이 볼 만했던 일국.

메모

흑 판윈뤄 vs 구리 백

중국 갑조리그 | 2014년 10월

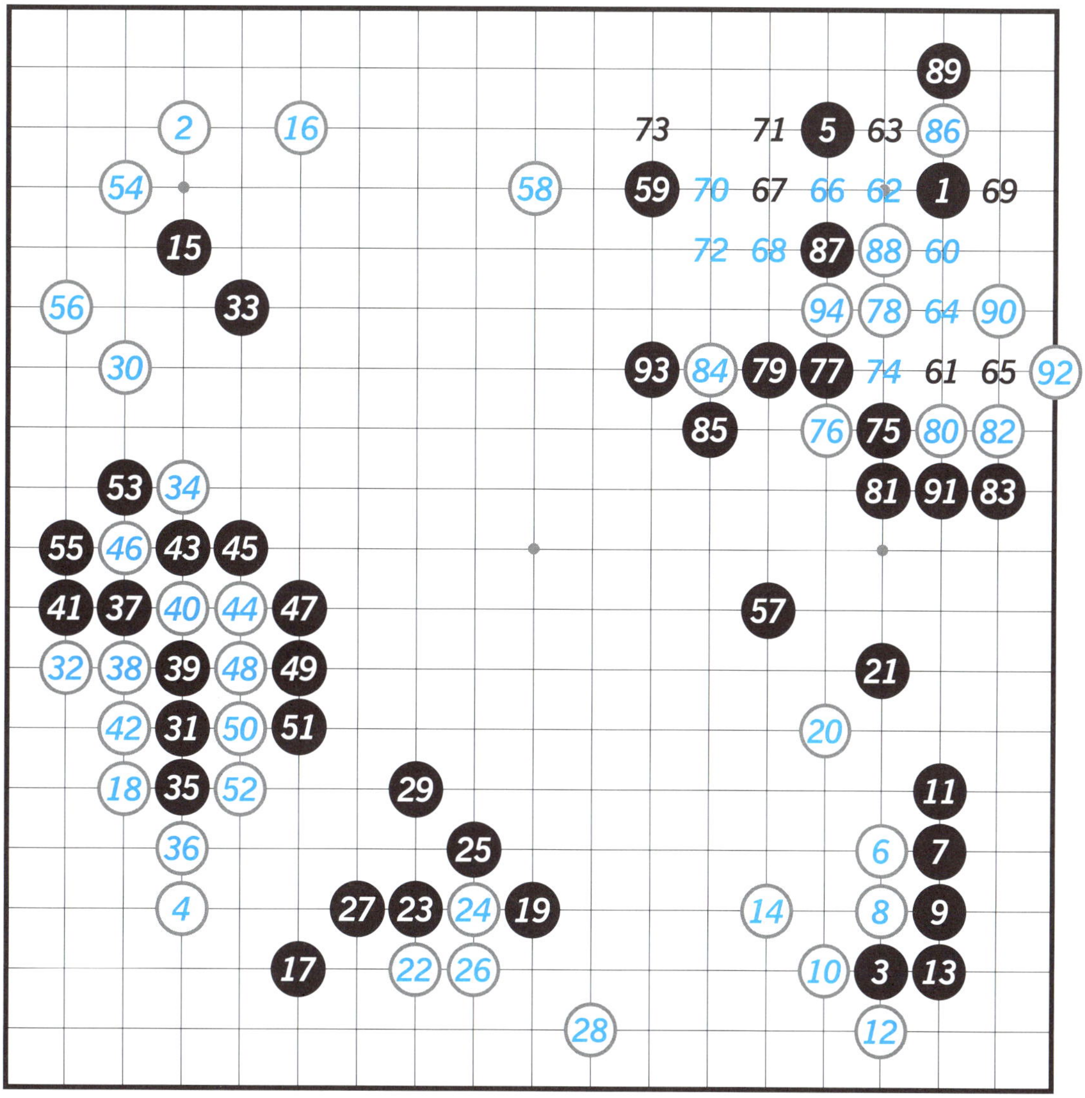

코멘트 백58에 주목한다. 흑57로 한껏 넓히자 상변을 일단 차지하고 침입한 수법의 흐름이 인상적이다.

메모

흑 최철한 vs 김지석 백

GS 칼텍스배 결승1국 | 2014년 4월

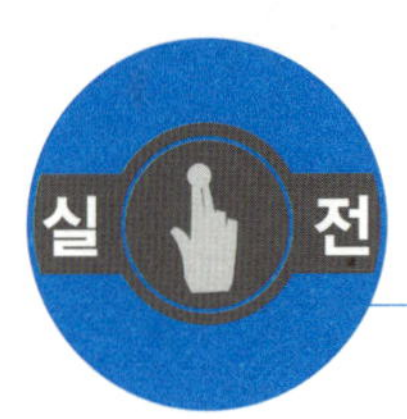

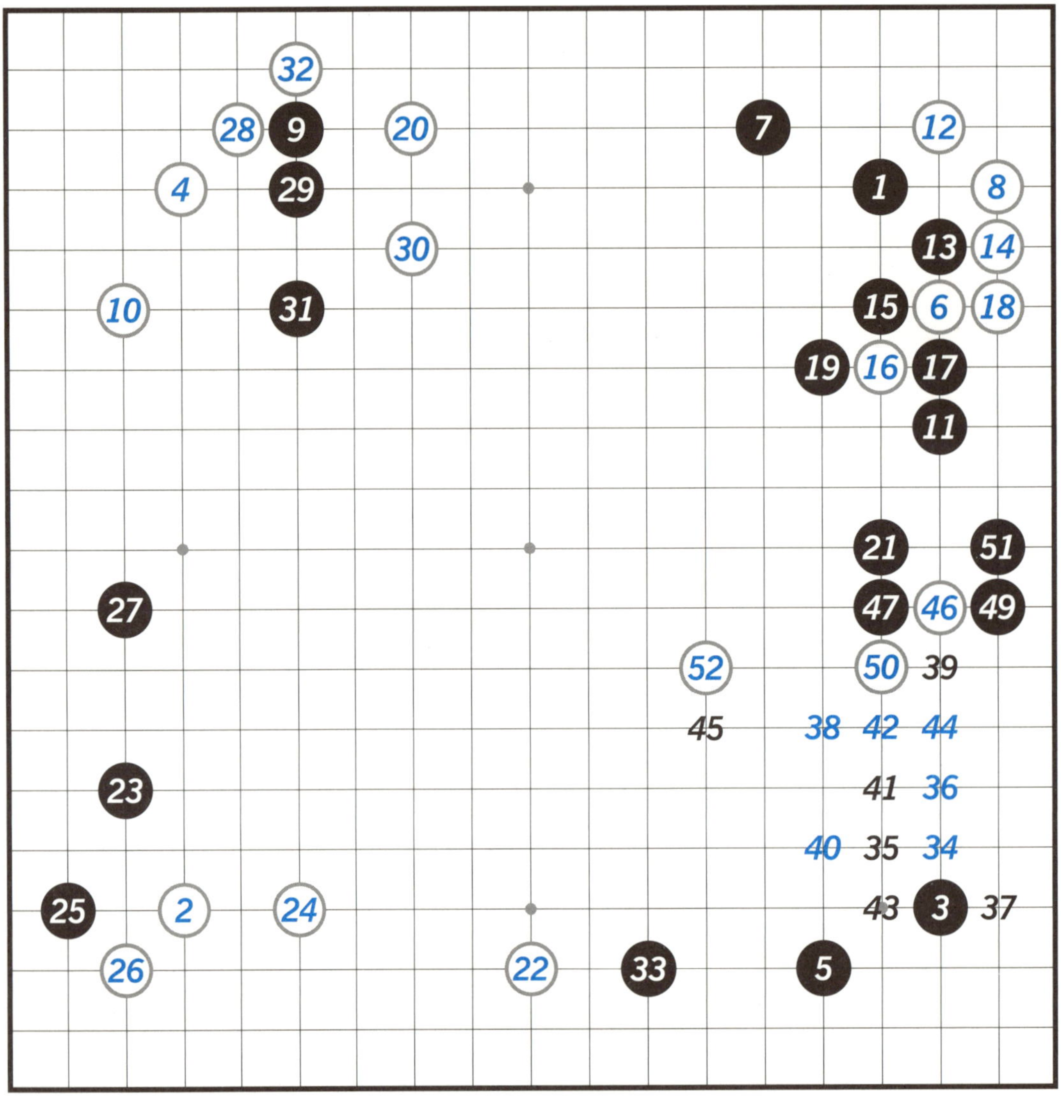

코멘트   백34 상용 수법.

메모

흑 탕웨이싱 vs 김지석 백

삼성화재배 본선 | 2014년 8월

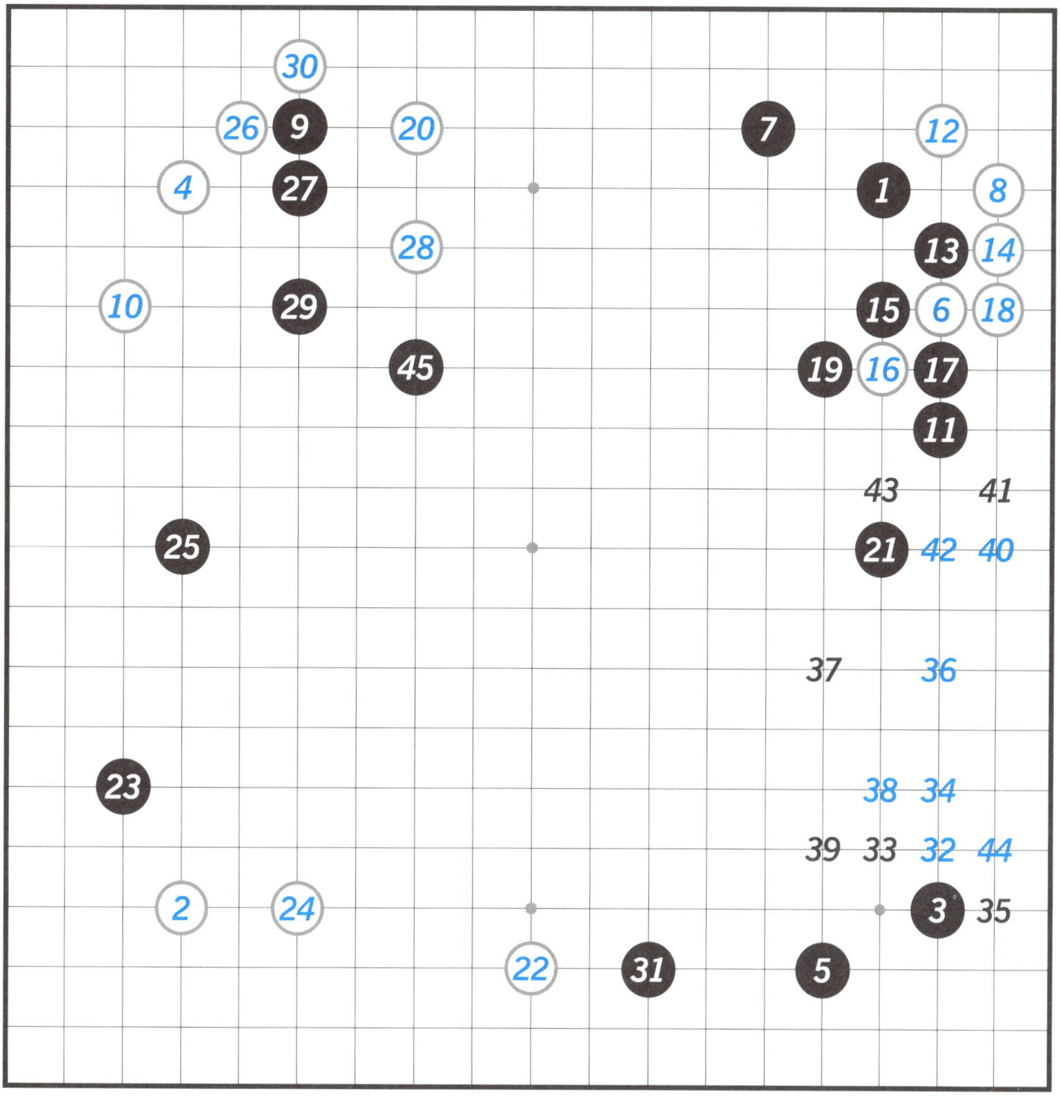

코멘트 백32로 앞의 기보와 거의 같은 진행. p.190 인터뷰 참조.

메모

실 전

흑 이세돌 vs 타오신란 백

TV아시아 본선 | 2014년 8월

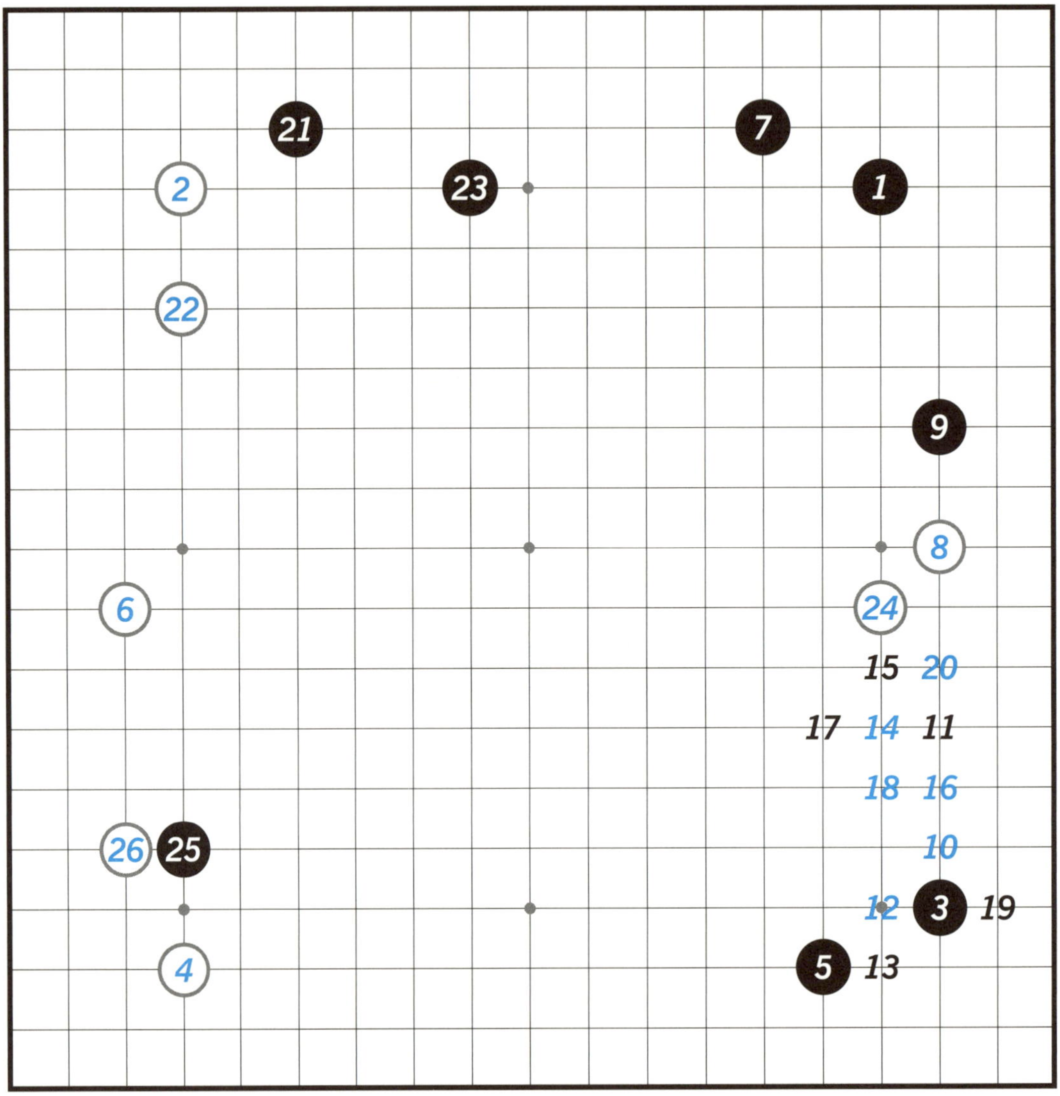

코멘트 백10으로 붙여가는 수가 최근 많이 보인다.

메모

실 전

흑 박승화 vs 박정환 백

GS 칼텍스배 | 2014년 3월

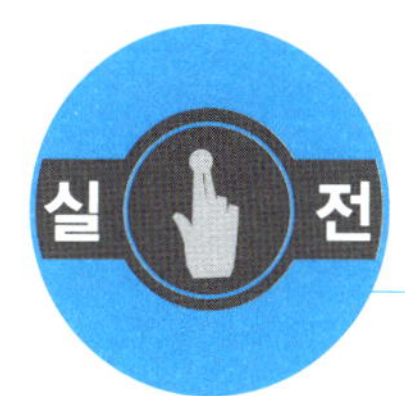

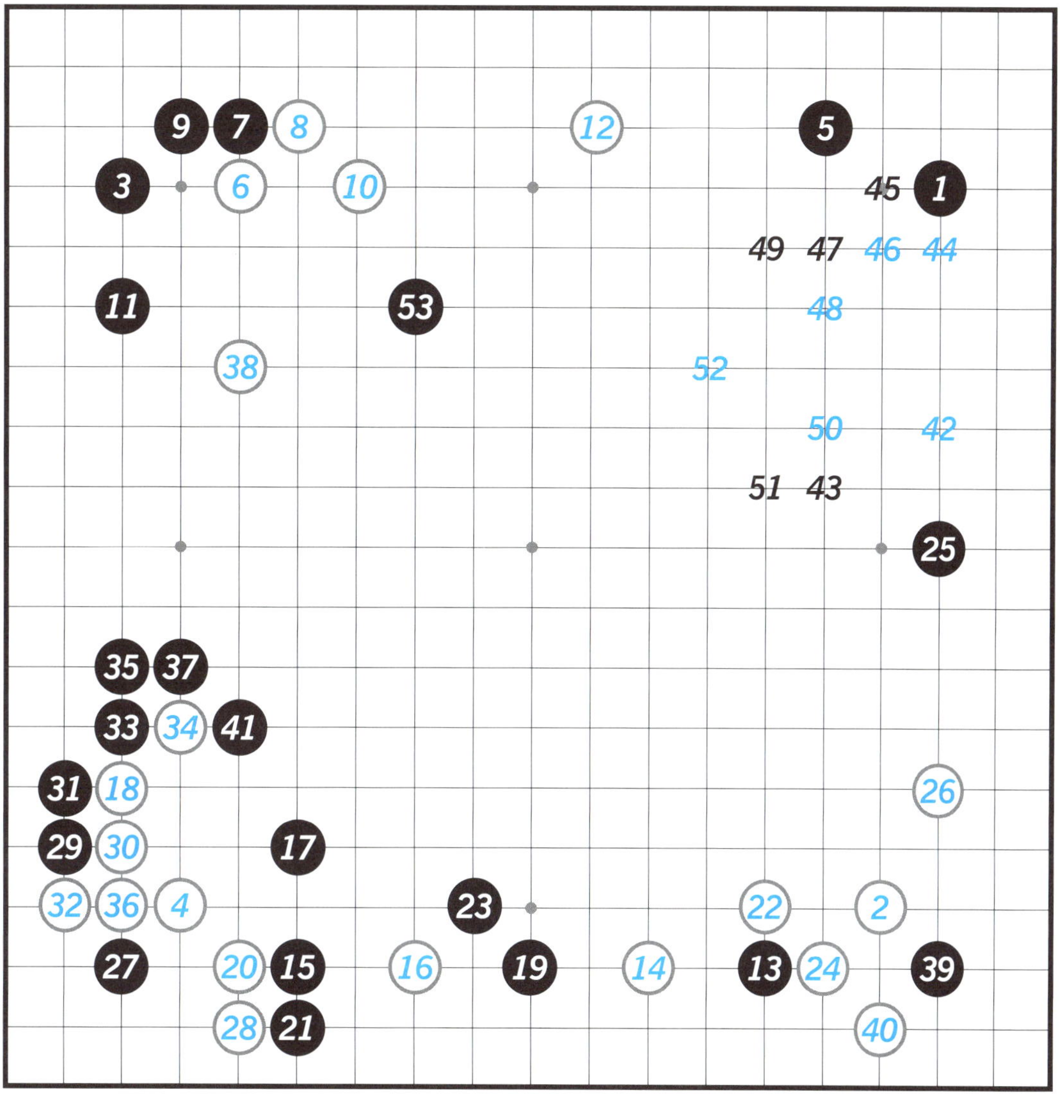

코멘트 44에서 52까지 쉽게 머리를 내미는 수법을 감상하자.

메모

흑 박정환 vs 김명훈 백

농심배 국내 예선 | 2014년 7월

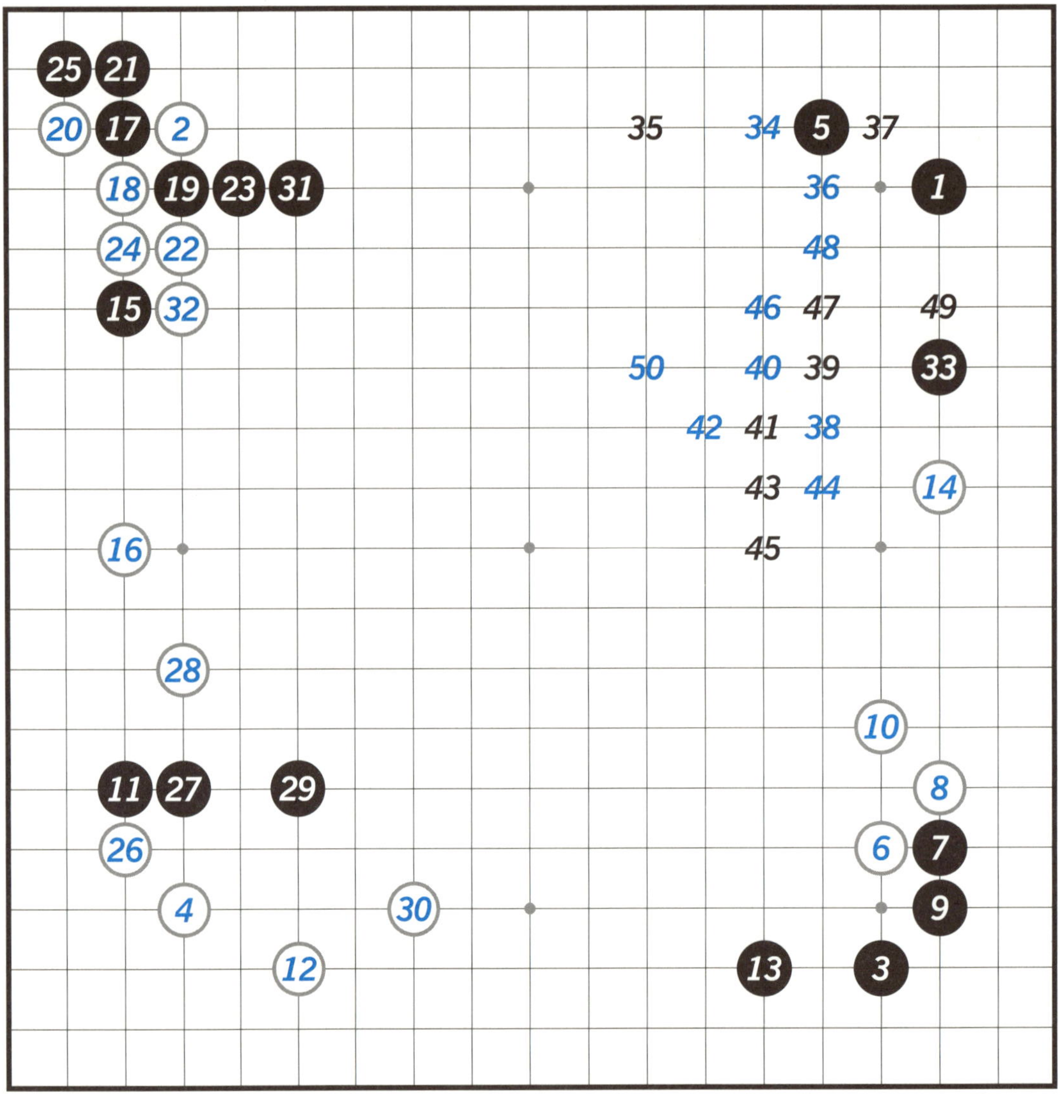

코멘트   날일자 굳힘에 붙임이 상용 수법.

메모

흑 박정환 vs 최철한 백

GS 칼텍스배 준결승 | 2014년 4월

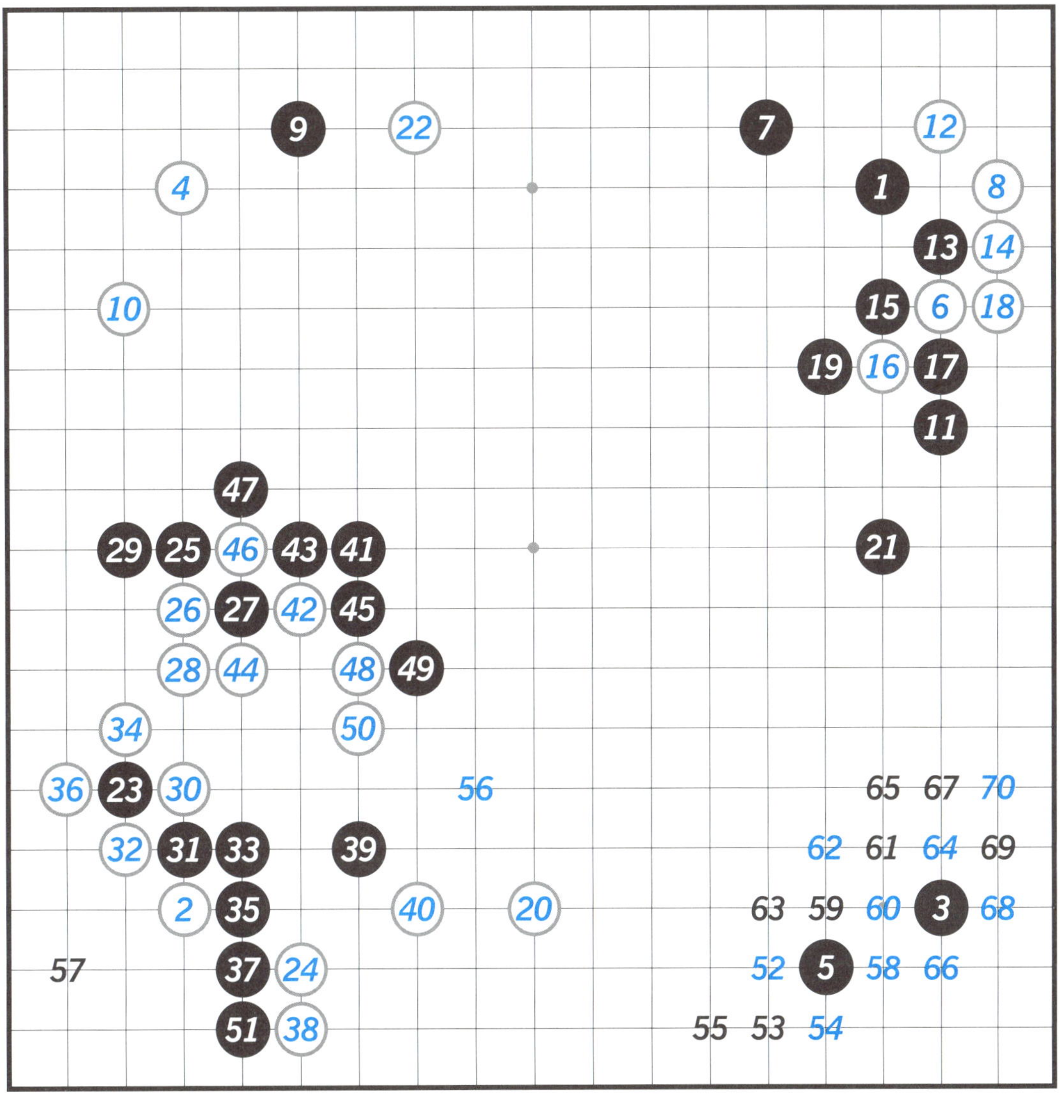

코멘트   보통과는 반대로 붙여가서(백52) 패 모양을 만드는 데 성공.

메모

흑 구리 vs 이세돌 백

십번기 3국 | 2014년 2월

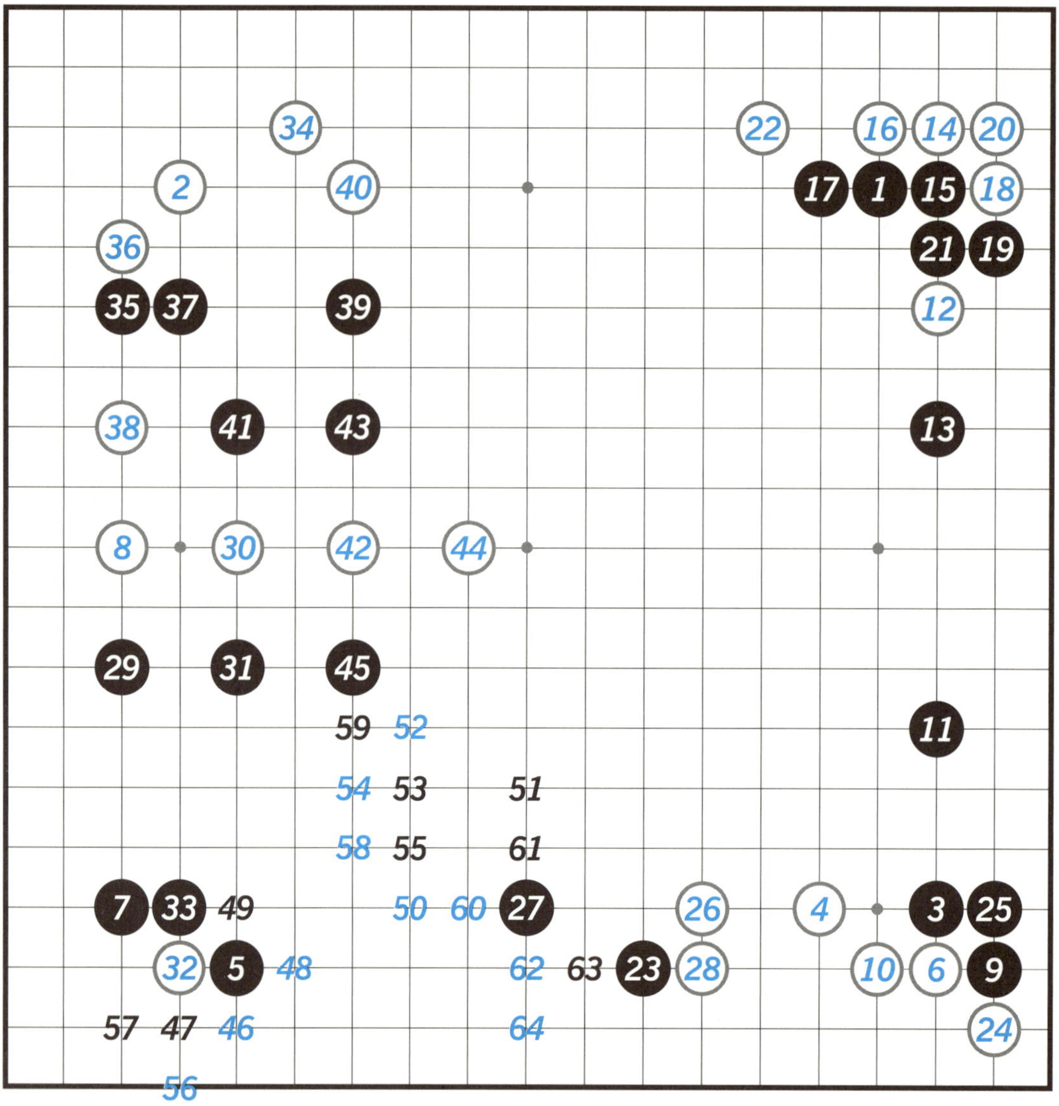

코멘트 백46이 응수 타진이다. 흑이 48자리로 받으면 귀의 맛을 노리며 삭감한다.

메모

⚫ 흑 왕야오 vs 리저 ⚪ 백

중국 초상은행배 본선 | 2011년 3월

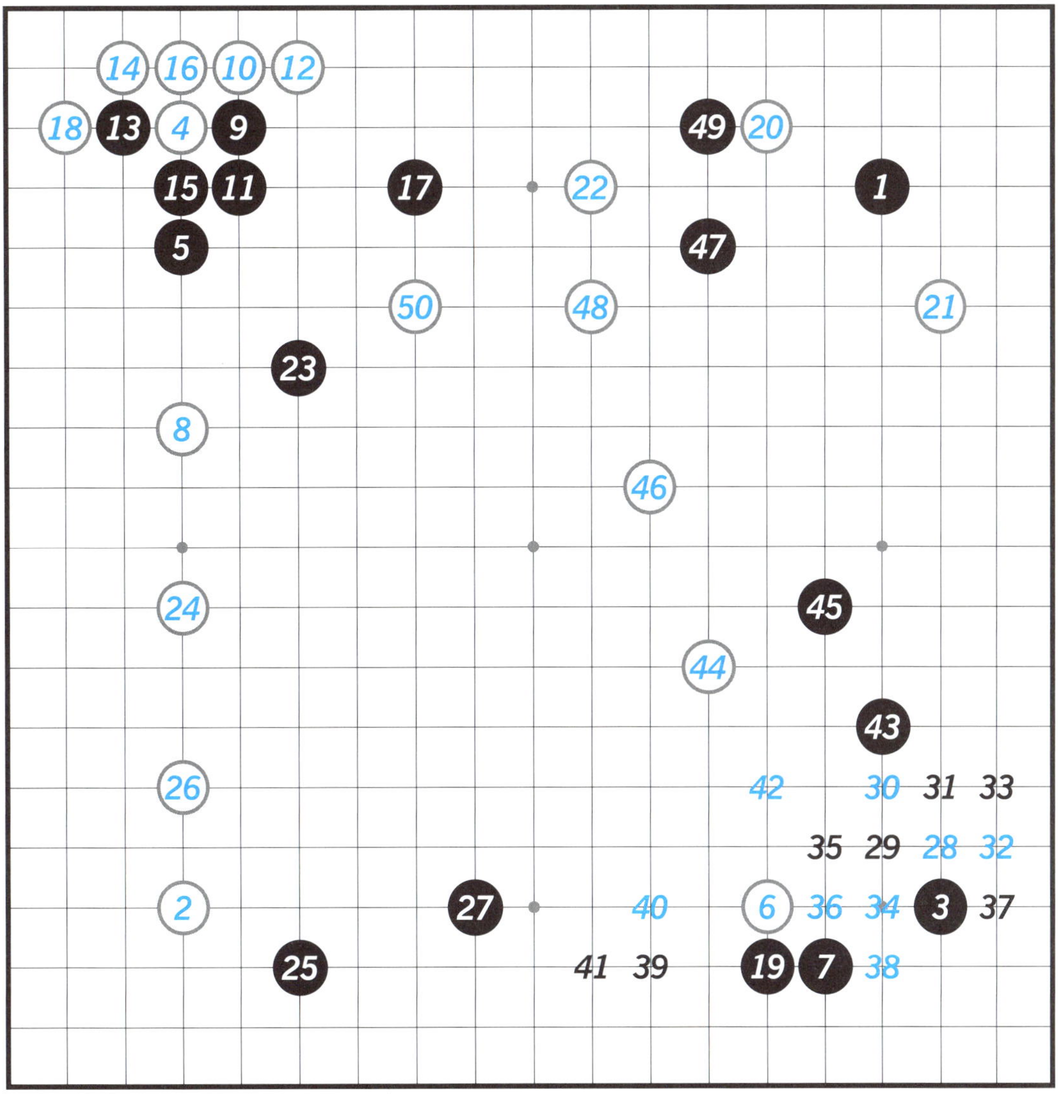

코멘트   백28, 30은 상용 수법. 44~50은 뭔가 그림을 그리는 듯한, 리저 특유의 기풍을 보여준다.

메모

흑 당이페이 vs 김지석 백

중국 갑조리그 | 2014년 10월

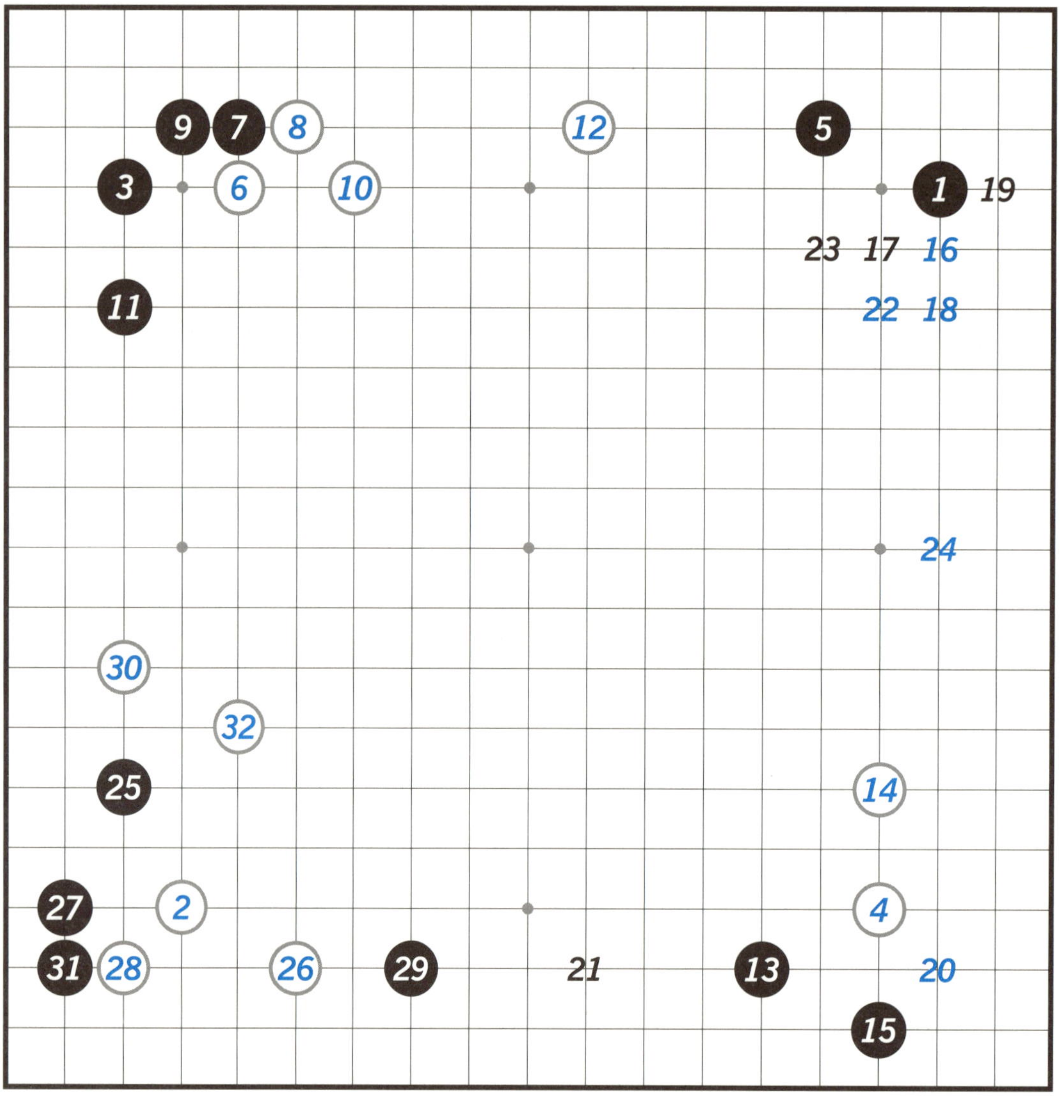

코멘트 16~24로 발 빠르게 정리하는 수법.

메모

⬤흑 퉈쟈시 vs 김지석 ⬤백

춘란배 16강 | 2014년 3월

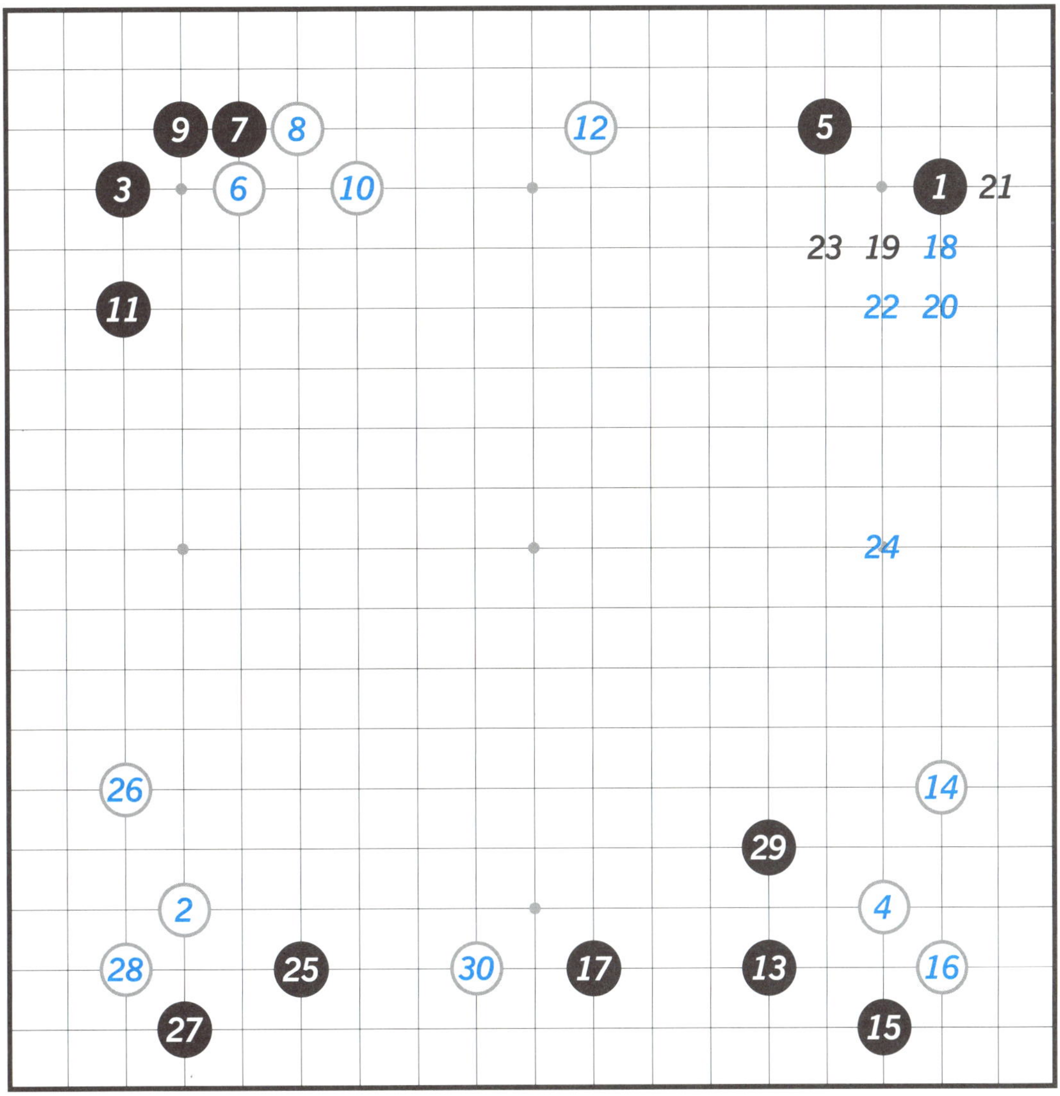

코멘트 김지석 9단이 즐겨 쓰는 포석.

메모

김지석 9단 추천 수법

붙여가는 것이 최선일 때도 있다!

박승철   세계대회 첫 우승이었는데, 뭐 달라진 건 없어?

김지석   아직은 실감이 안 나네요. 쉴 틈이 없어서 그런 면도 있고, 또 앞으로 중요한 시합들
이 많이 남아 있어서요. 긴장을 늦추지 않고 있어요.

박승철   실전에 백32로 붙이는 수는 지석 군 바둑에서 자주 보이던데?

김지석   사실 붙여가는 것을 좋아하지 않아요. 하지만 우상에 되협공 정석인 이 배석에서는
실전처럼 침투하는 것이 최선이라 생각됩니다.

박승철   흑21 자리 바로 아래(4선)에 붙여가는 중국 커제 5단의 신수도 있었는데, 그건 어때?

김지석   그 수도 둬보고 실전도 둬봤는데 그래도 실전 수법이 좋은 변화가 많아요.

박승철   중국 퉈쟈시 9단과의 바둑에 포석도 비슷한 모양이 나왔더라?

김지석   그 판도 그렇고 실전도 그렇고 상대의 모양이 제한적이거나 튼튼할 때 두텁게 해
주는 붙이는 수가 가능합니다. 실전도 흑31 자리에 이미 돌이 있어서 둘 수 있었습
니다. 다른 기사들은 극초반에 붙여가는 것도 많이 두는데요. 저는 찬성할 수 없고
요. 배석이 실전처럼 상대의 하변이 이미 강할 때 튼튼하게 해주는 것은 손해가 아
니라고 봐요. 그리고 평소에 바둑을 둘 때 붙여가는 수가 잘 안 떠올라요. 나중에 검
토해보면 그 장면에서 붙여가는 것이 최선일 때도 가끔 있거든요.

바둑 격언에 "상대의 약한 돌에 붙여가지 말라"는 말이 있습니다. 붙여가면 나도 편하지만 상대
도 그만큼 편해지기 마련입니다. 어쩌면 공격적 기풍인 김지석 9단의 맹점일지도 모르겠네요.

※ p.181 기보 참조.

날일자 굳힘

삭감

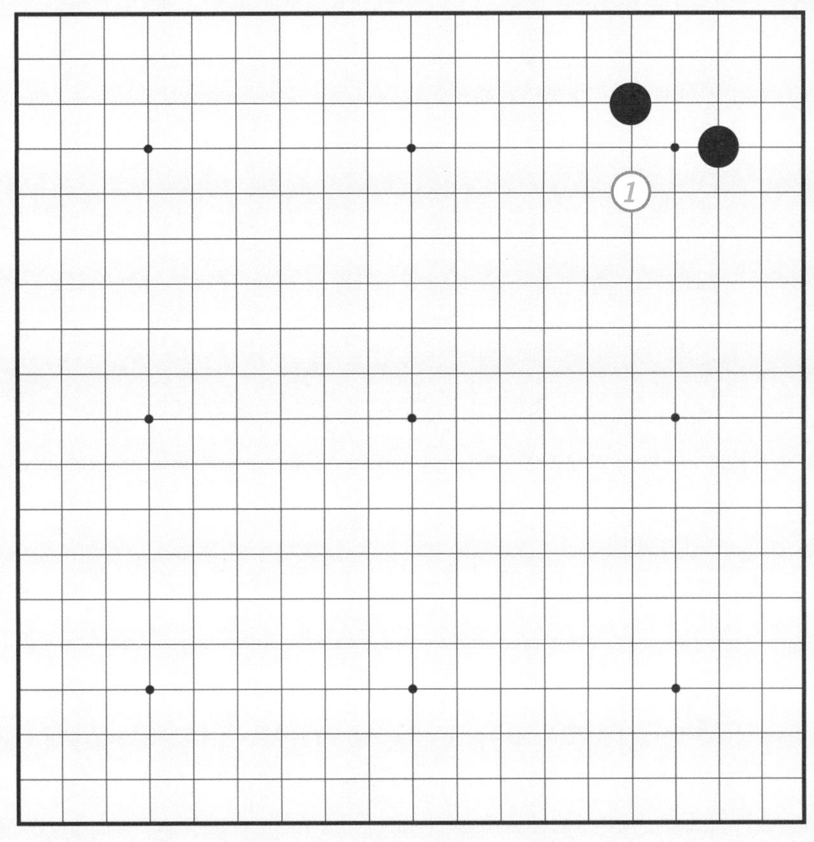

삭감이란 말 그대로 상대의 진영을 야금야금 깨는 것이라 할 수 있겠습니다.
불리한 상황에서, 즉 상대의 돌이 많은 곳에서 강하게 두는 것은 하수의 수법입니다.

정석 날일자 굳힘 – 삭감

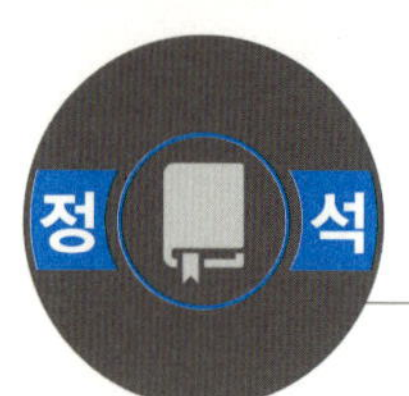

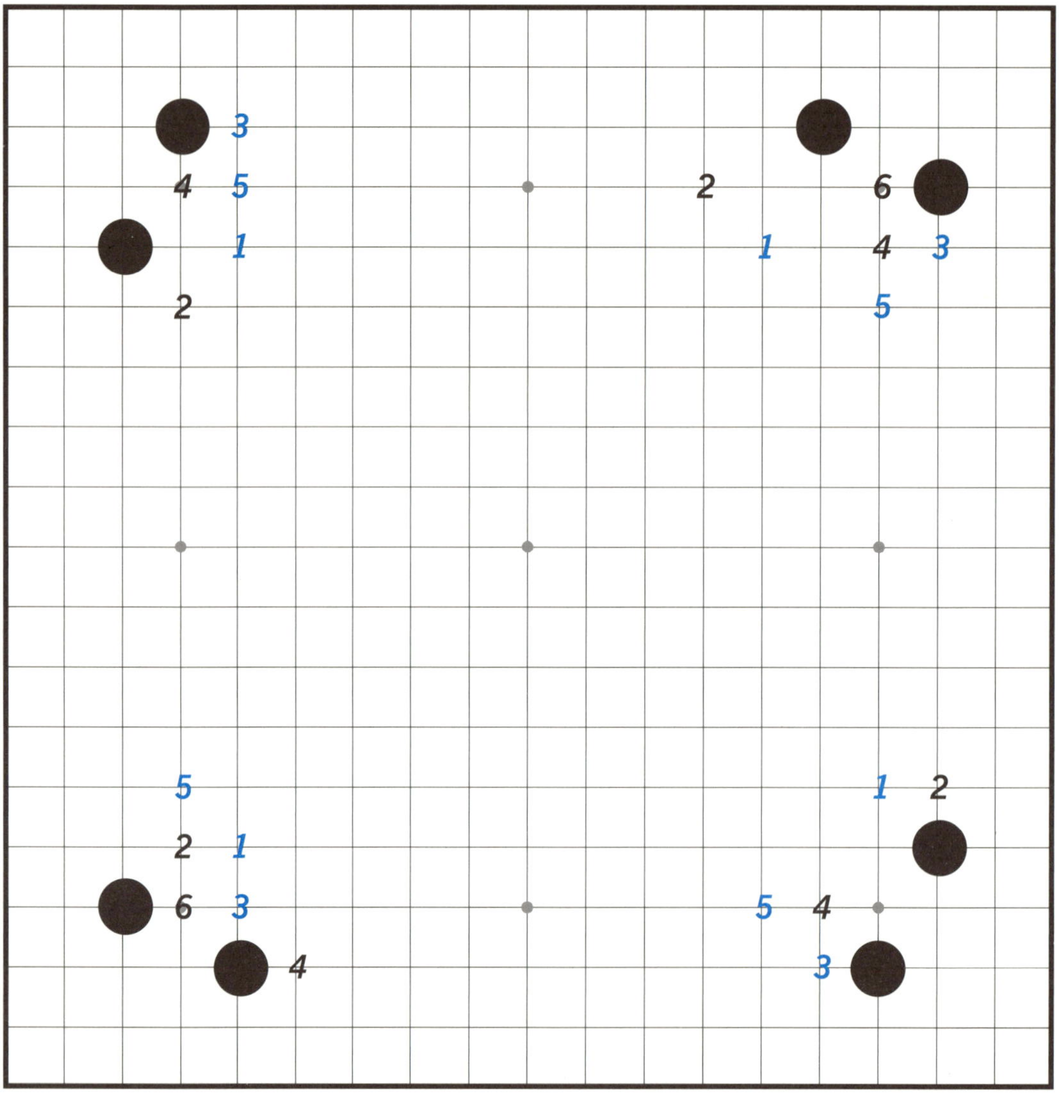

비교적 두터운 수법.	우변 흑 모양을 침투하는 수법.
흑2도 배석에 따라 가능.	3, 5가 멋진 행마.

날일자 굳힘 – 삭감

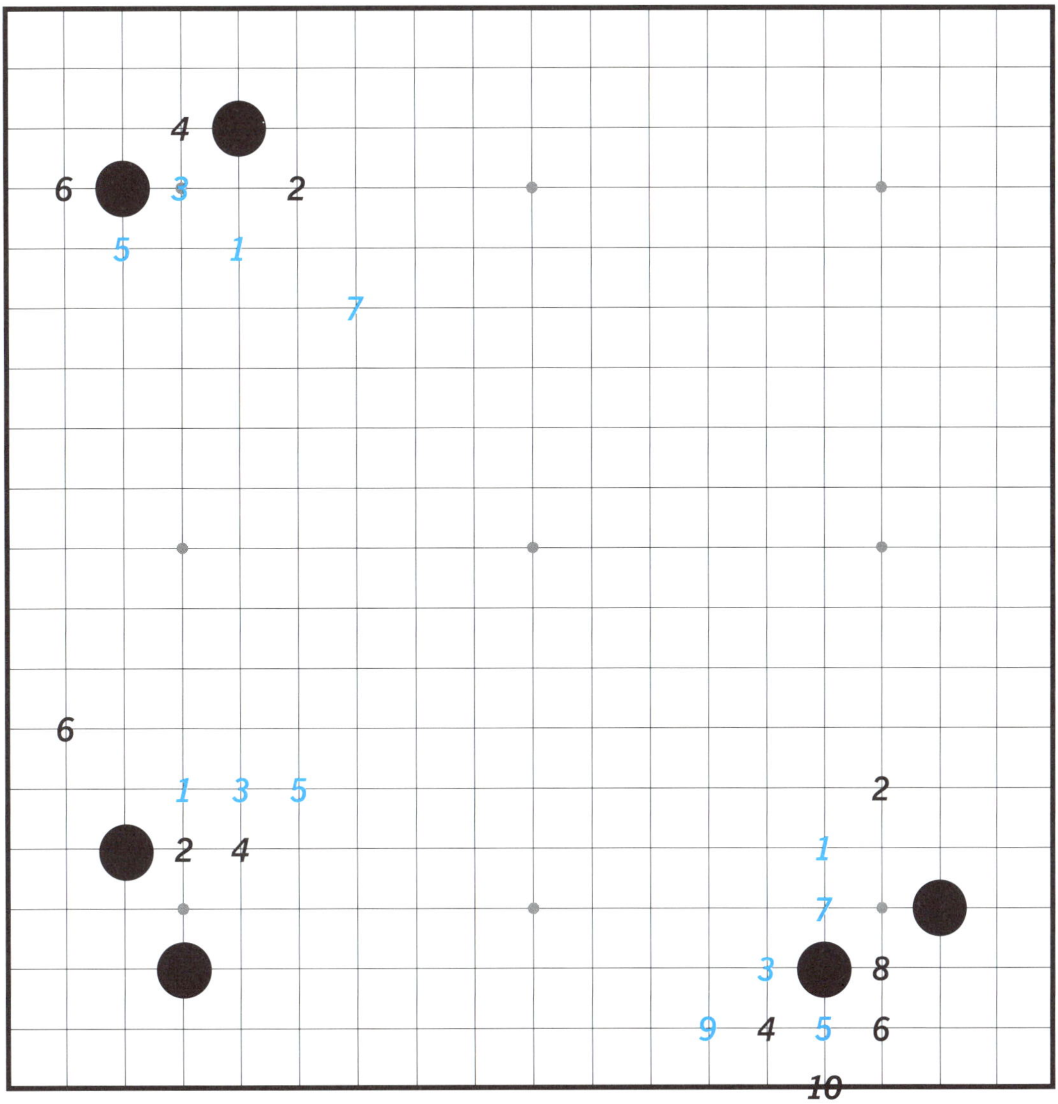

백3, 백5는 선수로 처리하고 중앙을 중시.

1에 2가 정수. 평범한 삭감의 진행.　　　3, 5가 맥점으로 백 만족의 결과.

● 흑 박승화 vs 박승철 ○ 백

BC카드배 신인왕전 | 2007년 2월

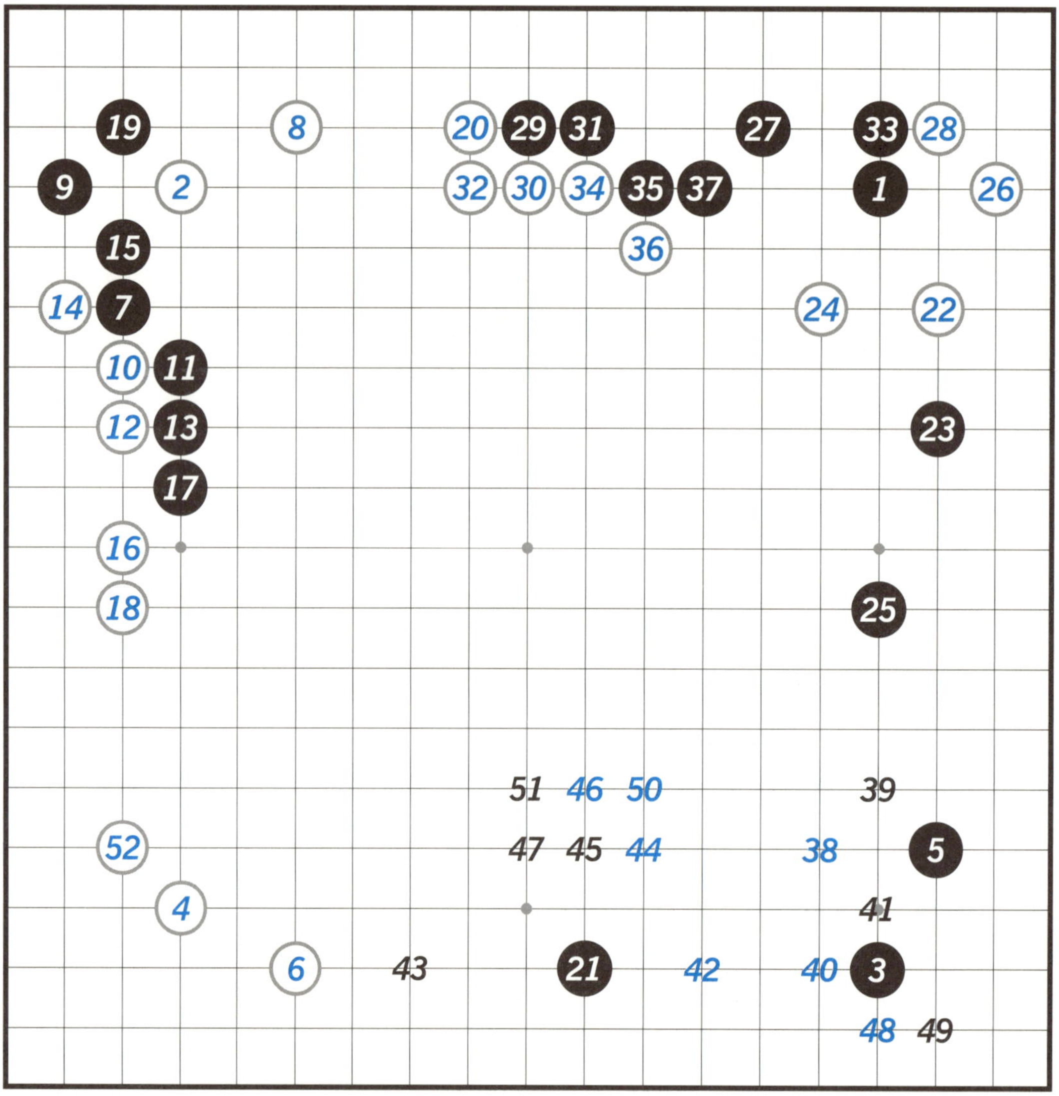

코멘트 흑29가 좋은 수.

메모

흑 이창호 vs 박정환 백

한국물가정보배 | 2014년 9월

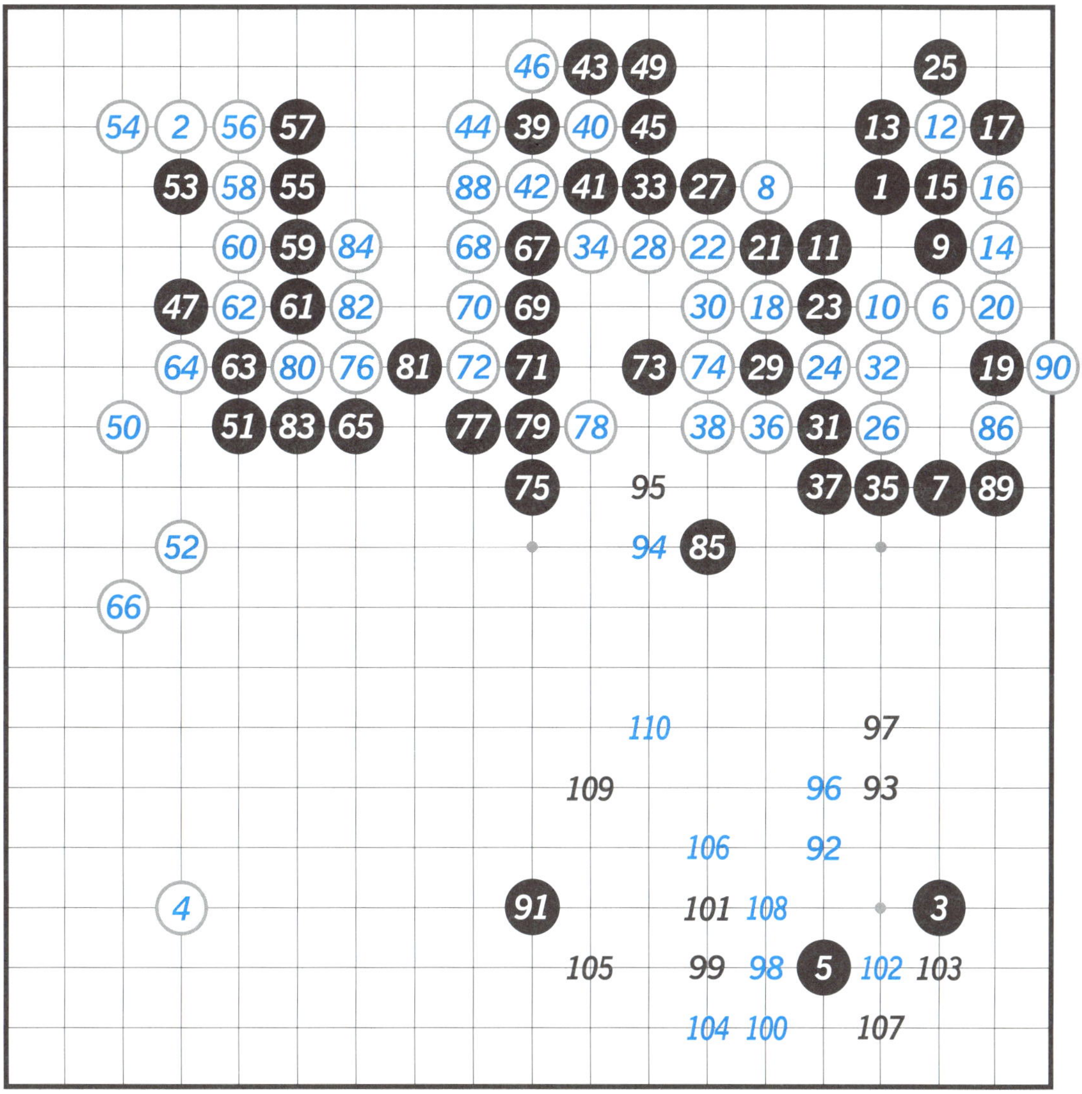

코멘트 백92, 98의 상용 수법에 흑99는 비세를 의식한 강수. 대마사활에 승부를 걸었다.

메모

⚫ 흑 이창호 vs 뤄시허 ⚪ 백

삼성화재배 결승2국 | 2006년 1월

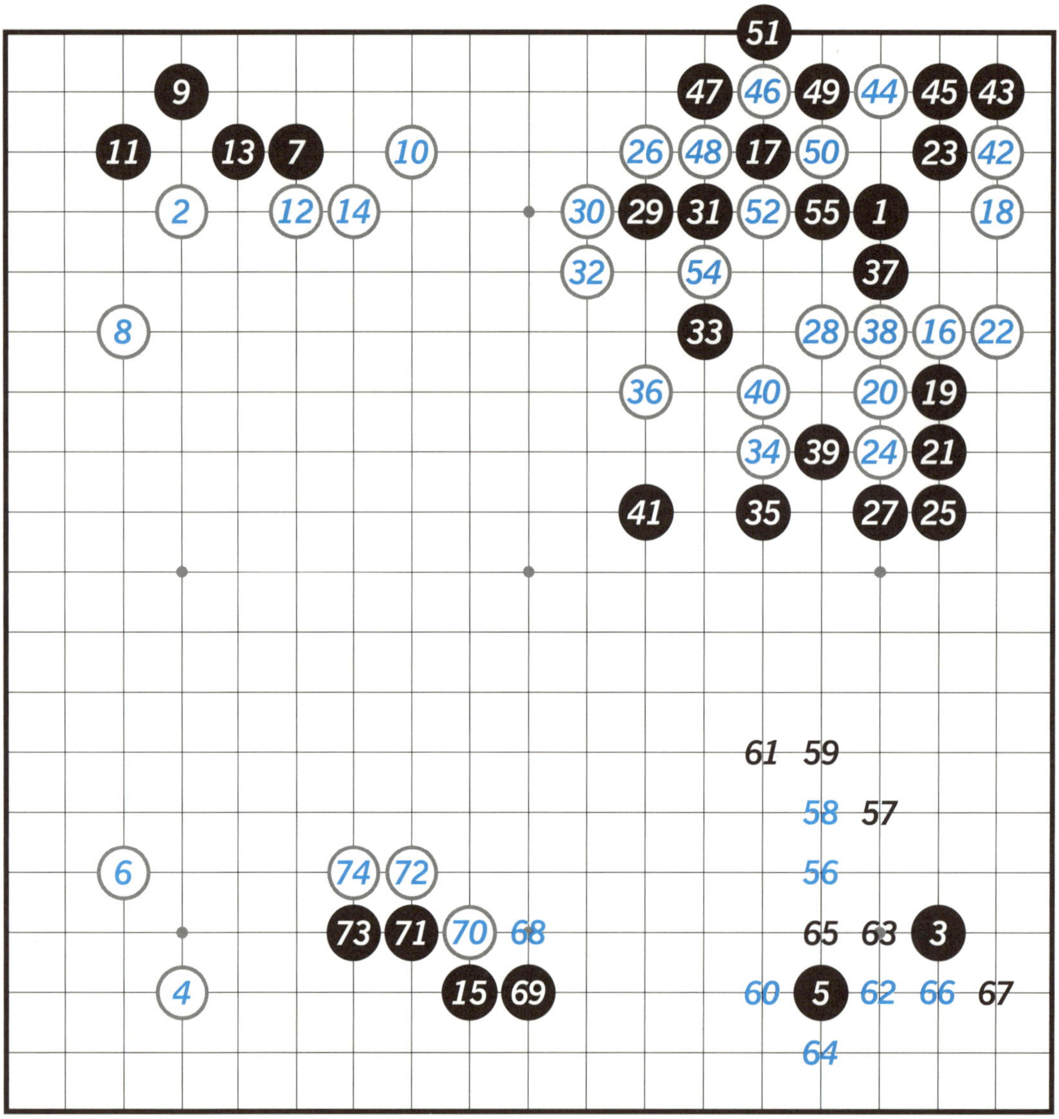

코멘트 귀의 맛을 남기고 백70으로 방향 전환. 멋진 수법이다.

메모

흑 뉴위텐 vs 박영훈 백

삼성화재배 본선 | 2013년 9월

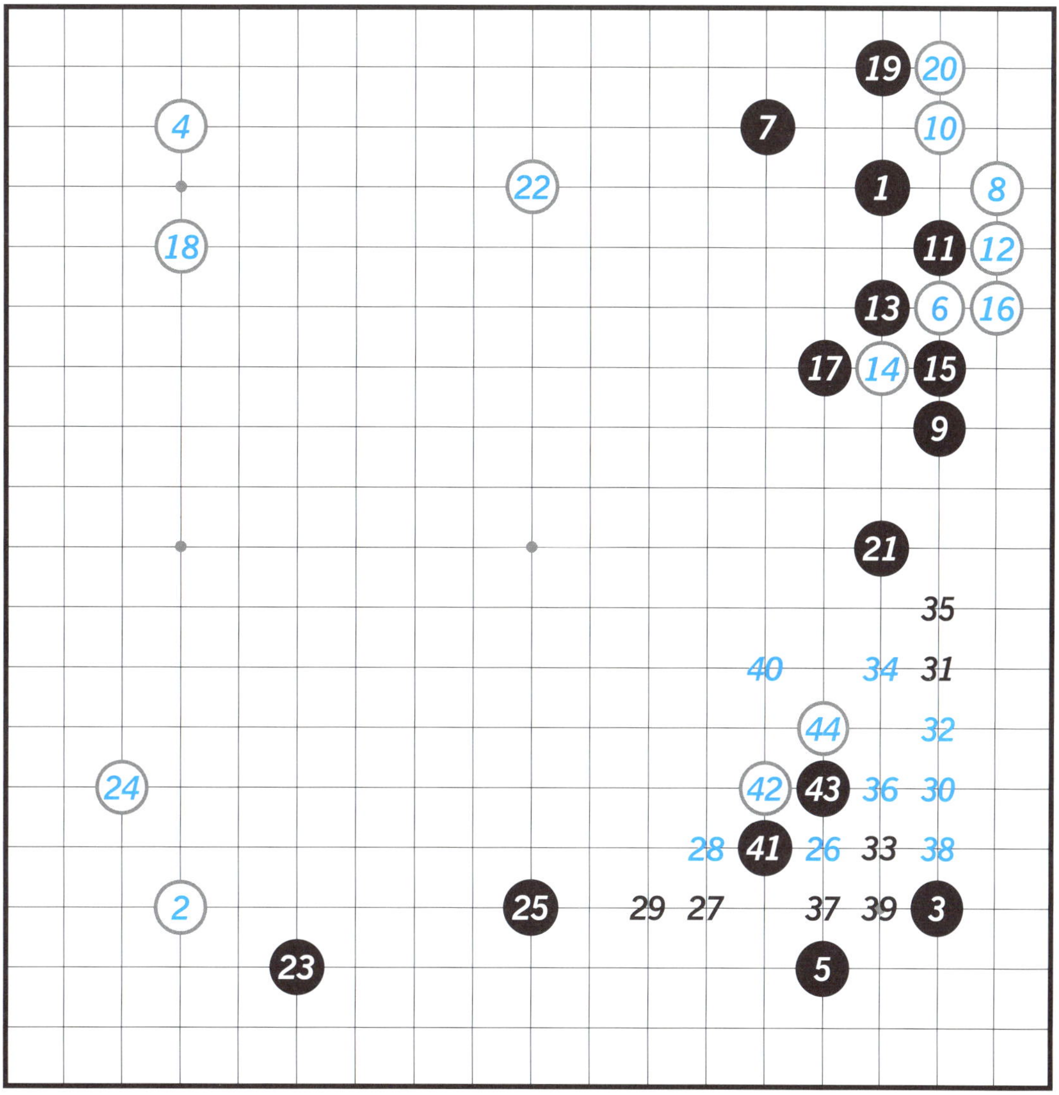

코멘트 　백26부터 삭감의 모범 답안.

메모

흑 장타오 vs 이세돌 백

중국 갑조리그 | 2014년 6월

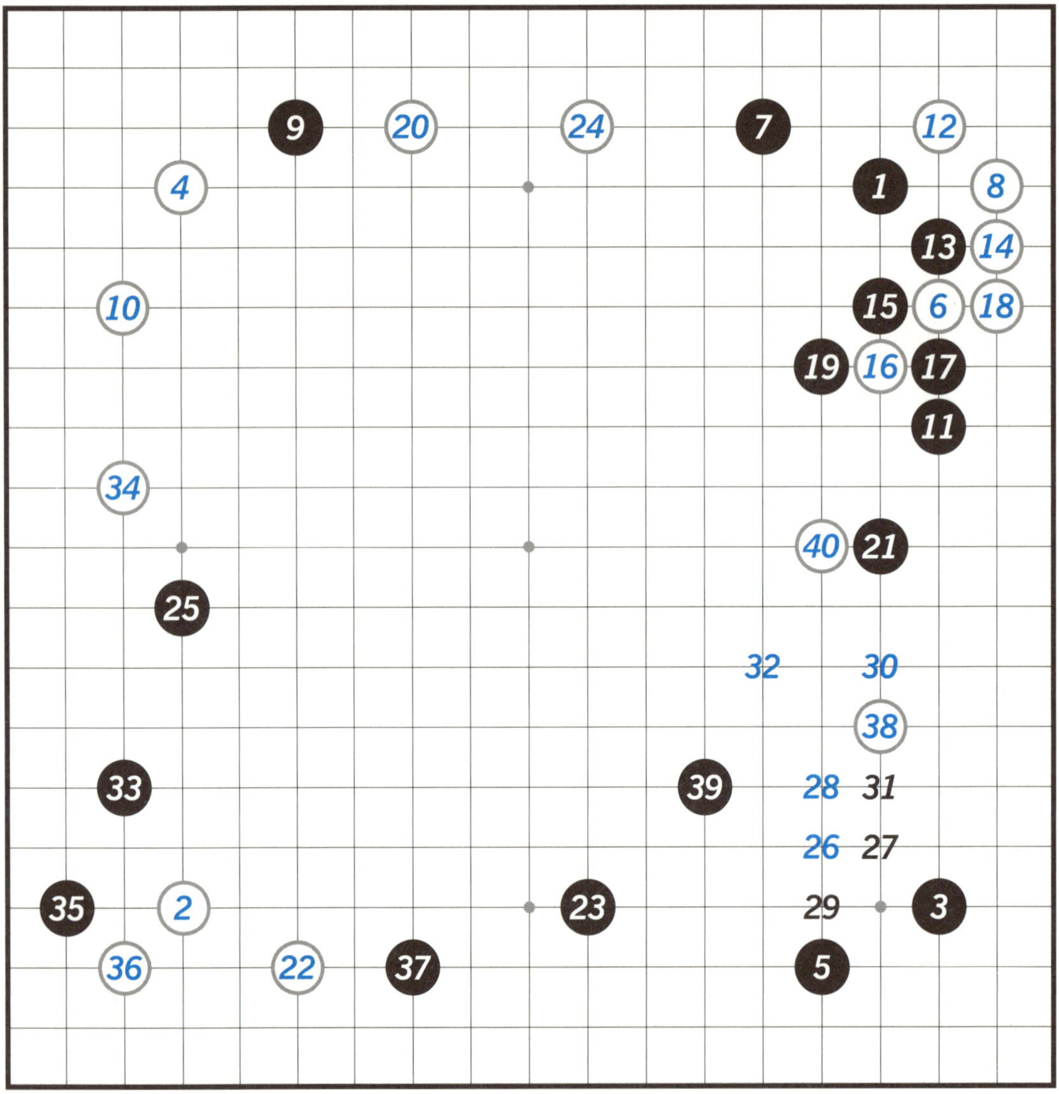

코멘트 흑27의 응수로 많이 나오는 수법.

메모

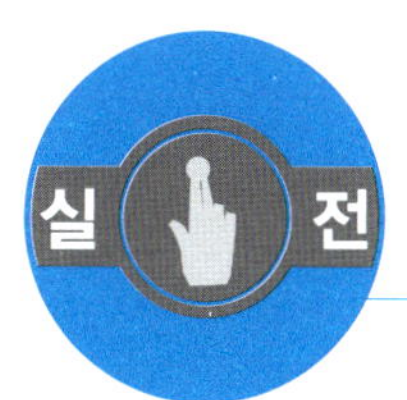

 흑 이세돌 vs 안성준 백

렛츠런파크배 64강 | 2014년 9월

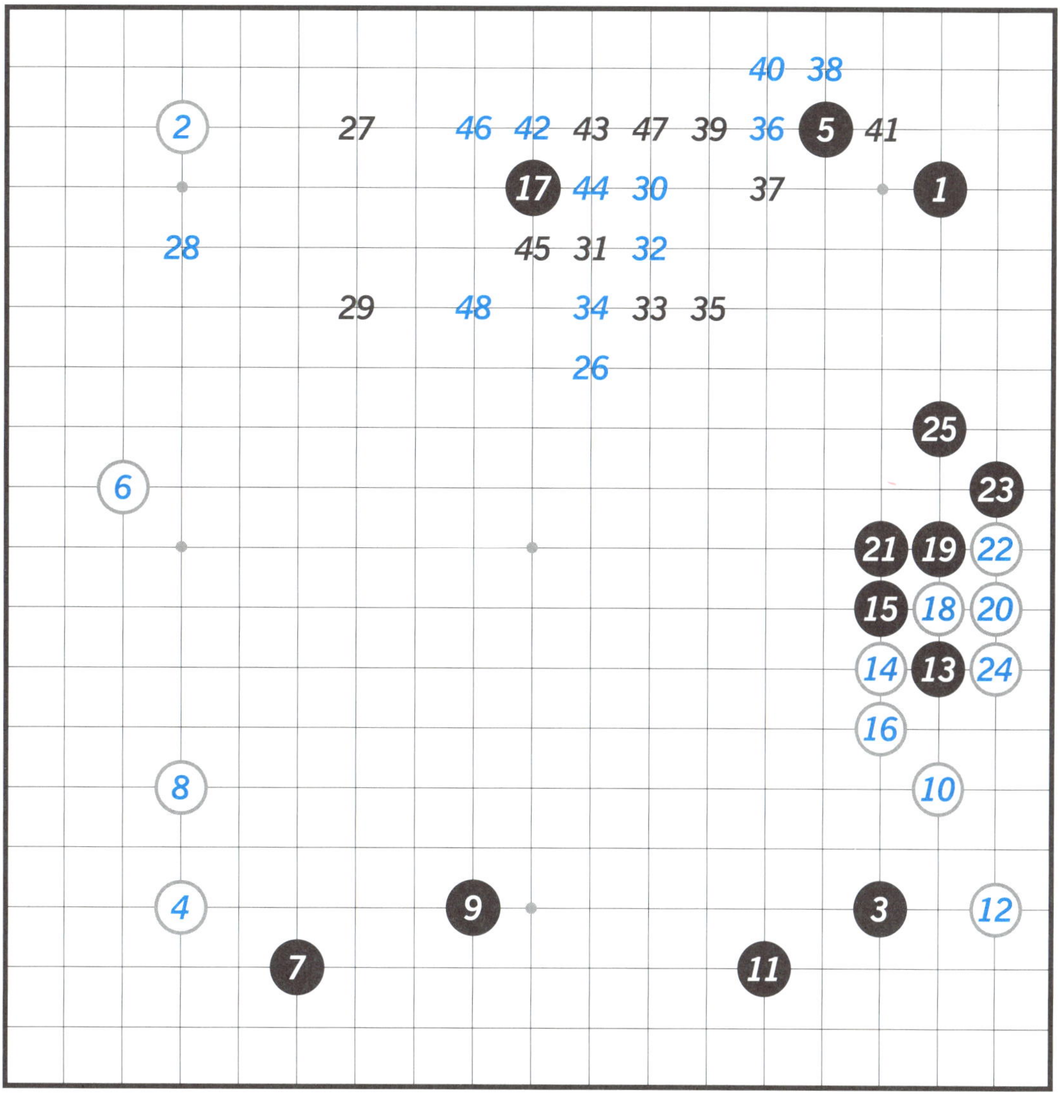

코멘트   삭감 공부에 도움이 될 만한 아주 훌륭한 실전.

메모

⚫흑 신민준 vs 이창호 ⚪백

농심신라면배 국내예선 | 2014년 7월

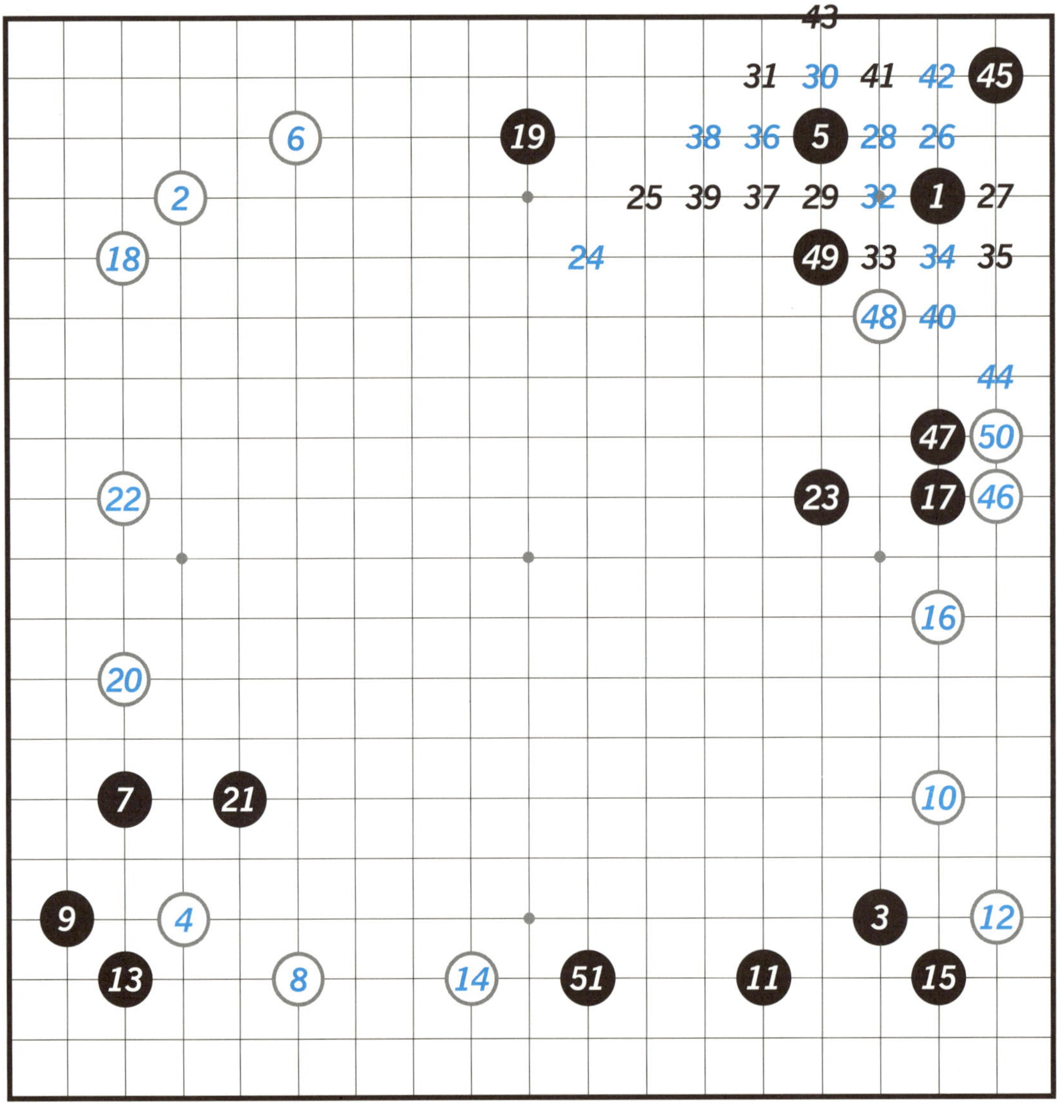

코멘트   백24~50까지 배울 만한 수법들. 꼭 한 번 놓아보기를 권한다.

메모

● 흑 안조영 vs 이세돌 백

한국바둑리그 | 2012년 5월

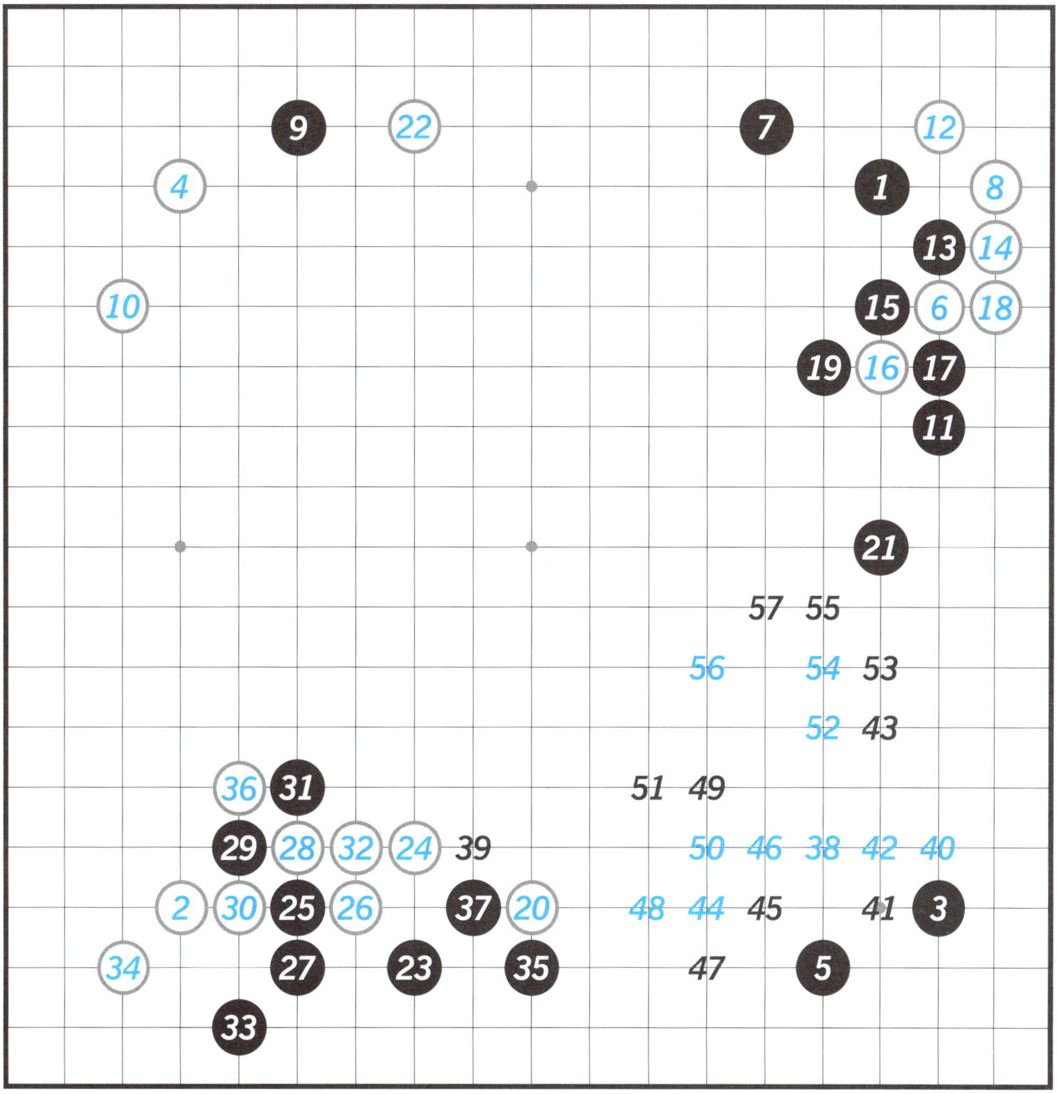

코멘트　p.202 인터뷰 참조.

메모

안조영 9단 추천 수법

눈목자 굳힘보다는 견실한 날일자 굳힘

안조영 개인적으로 소목에서 눈목자 굳힘보다는 비교적 견실한 날일자 굳힘을 더 선호한다. 우상 포석은 당시 대유행한 포석. 좌하 침입 이후의 전투는 실전 당시에도 만족이었다. 백34로는 백36 자리로 바로 끊어가는 것이 최강, 최선의 버팀이다. 실전은 흑이 확실히 편한 형세. 이후 우하귀 처리에서도 흑이 우세를 이어나갔으나, 결과는 아쉬운 패배였다. 속기바둑이라 아쉽지만 어쩔 수 없는 부분도 있다.

안조영 9단은 비교적 이른 나이에 입단(79년 생, 93년 입단)에 성공하며 꾸준히 정상권의 성적을 유지하고 있는 기사입니다. 1999년 최고위전 준우승으로 결승 무대에 데뷔, 2002년에는 패왕전, 명인전에서 거푸 준우승, 바둑문화상 '감투상'을 수상하게 됩니다. 모두 이창호 9단에게 졌었는데요, 그 당시 다른 기사들에게는 반 집으로 많이 이기면서 '반 집의 승부사'라는 별명도 얻게 되지만, 결승 무대에서는 이창호 9단에게 반 집 패를 많이 당한 기억도 있습니다. 2007년에는 원익배 십단전에서 우승, 타이틀 획득 경험이 있습니다.

절친으로 알려진 목진석 9단과 함께 성실한 자기 관리로 후배 기사들에게 모범이 되고 있습니다. 2014년에는 티브로드 팀 소속으로 우승에 기여하기도 했습니다. 앞으로도 꾸준히 성적을 내는 기사로 남고 싶다는 안조영 9단입니다.

※ p.201 기보 참조.

항저우 기원 이야기

바둑 팬이라면 한 번쯤은 가볼 만한 곳

항저우 기원은 중국 저장성 항저우 시에 위치한 호텔입니다. 바둑 팬들에게는 특별한 곳이기에 소개해 드립니다.

일단 호텔 이름이 티엔위엔(天元) 호텔입니다. 바둑판의 정중앙의 화점이 천원인 것은 아시죠? 바둑을 사랑하는 사업가 한 분이 바둑 호텔로 계획하고 만든 곳입니다. 지금은 상업적으로도 큰 성공을 거두고 있습니다.

정문에 들어서면 가장 먼저 보이는 곳이 바둑 박물관입니다. 항저우 시는 고대 중국 바둑의 전성기를 함께 보낸 곳이라 볼 만한 유물들이 많이 전시되어 있고요. 체크인을 하러 가는 길에 대형 사활 문제 장식품이 걸려 있습니다. 4층에는 중국기원 항저우 분원(分院)이 있습니다. 베이징에 있는 중국기원 국가대표팀에 탈락한 프로들이 국가2팀이라는 이름으로 모여서 합숙훈련을 하고 있습니다.

또 항저우 바둑 학교가 있어서 어린 학생들에 대한 바둑 보급도 하고 있죠.

2층과 3층은 일반 식당이지만 동시에 국가2팀의 구내식당이기도 합니다. 이들의 숙소는 7~8층 호텔 객실입니다. 중국 내의 바둑 프로에 대한 예우를 알 수 있습니다. 12층에는 특별 대국실이 있고요. 옥상에는 회전식 뷔페가 있습니다. 항저우의 조망을 한눈에 볼 수 있고, 또 자동으로 회전을 합니다. 마치 우리나라 남산타워 같습니다. 바로 옆에 흐르는 전단 강의 경치도 역시 볼 만합니다.

2층에 외부로 나갈 수 있는 통로가 있는데 공원과 연결되어 있습니다. 바로 바둑 공원이죠. 중국 고대의 시양하, 범서양 같은 고수들의 기보와 바둑 두는 동상 등이 곳곳에 세워져 있습니다. 바둑 팬이라면 한 번쯤은 가볼 만한 곳이라고 자신 있게 권해드립니다.

중국 주소: 浙江省杭州市江干区钱潮路2号(天元大厦)

전화번호: (0571) 28931111

눈목자 굳힘

삭감

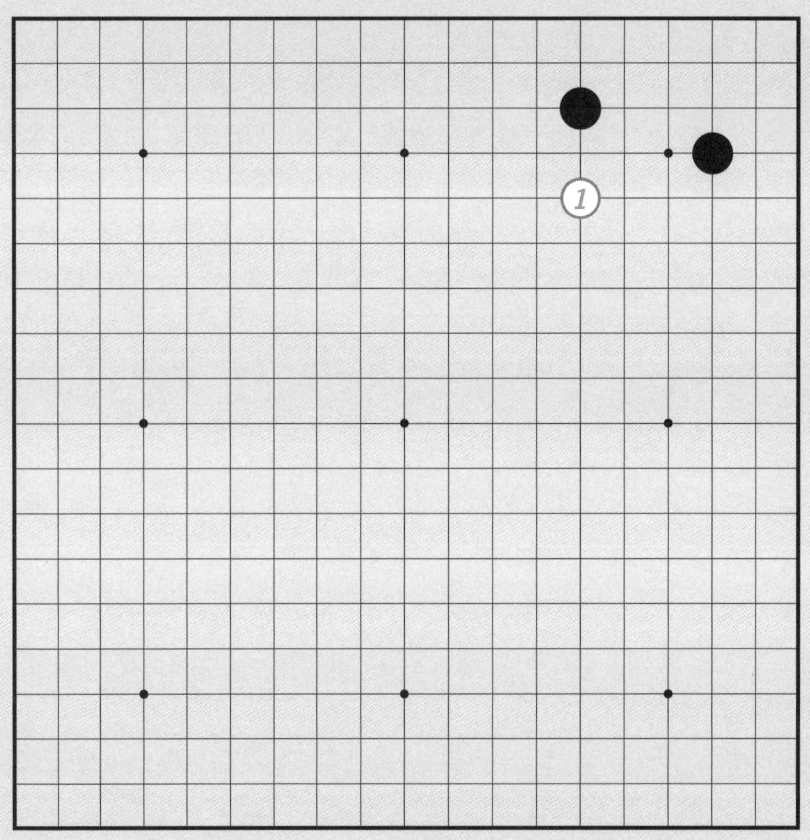

눈목자 굳힘은 날일자에 비해 귀가 허합니다. 하지만 상대가 변을 침입하기도 쉽지 않지요.
귀보다는 변과 중앙의 발전 가능성을 중시한 수법인데요.
눈목자로 굳히고 실리적으로 두는 건 하책이라 할 수 있겠습니다.

눈목자 굳힘 – 삭감

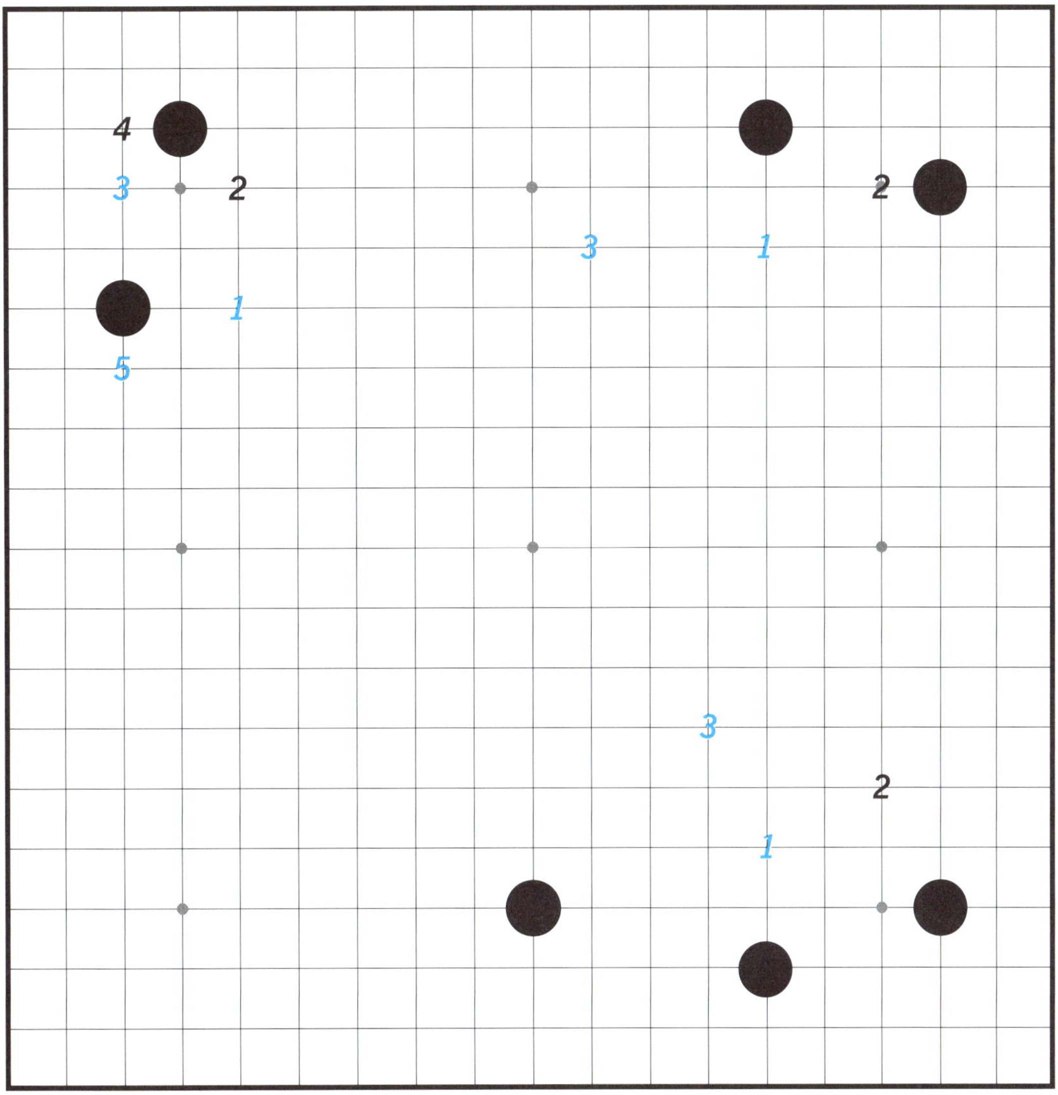

눈목자 굳힘에 대한 삭감은 백1의 자리가 급소. 흑의 응수도 다양하다.

⚫ 원성진 vs 이세돌 ⚪

맥심배 준결승 | 2014년 4월

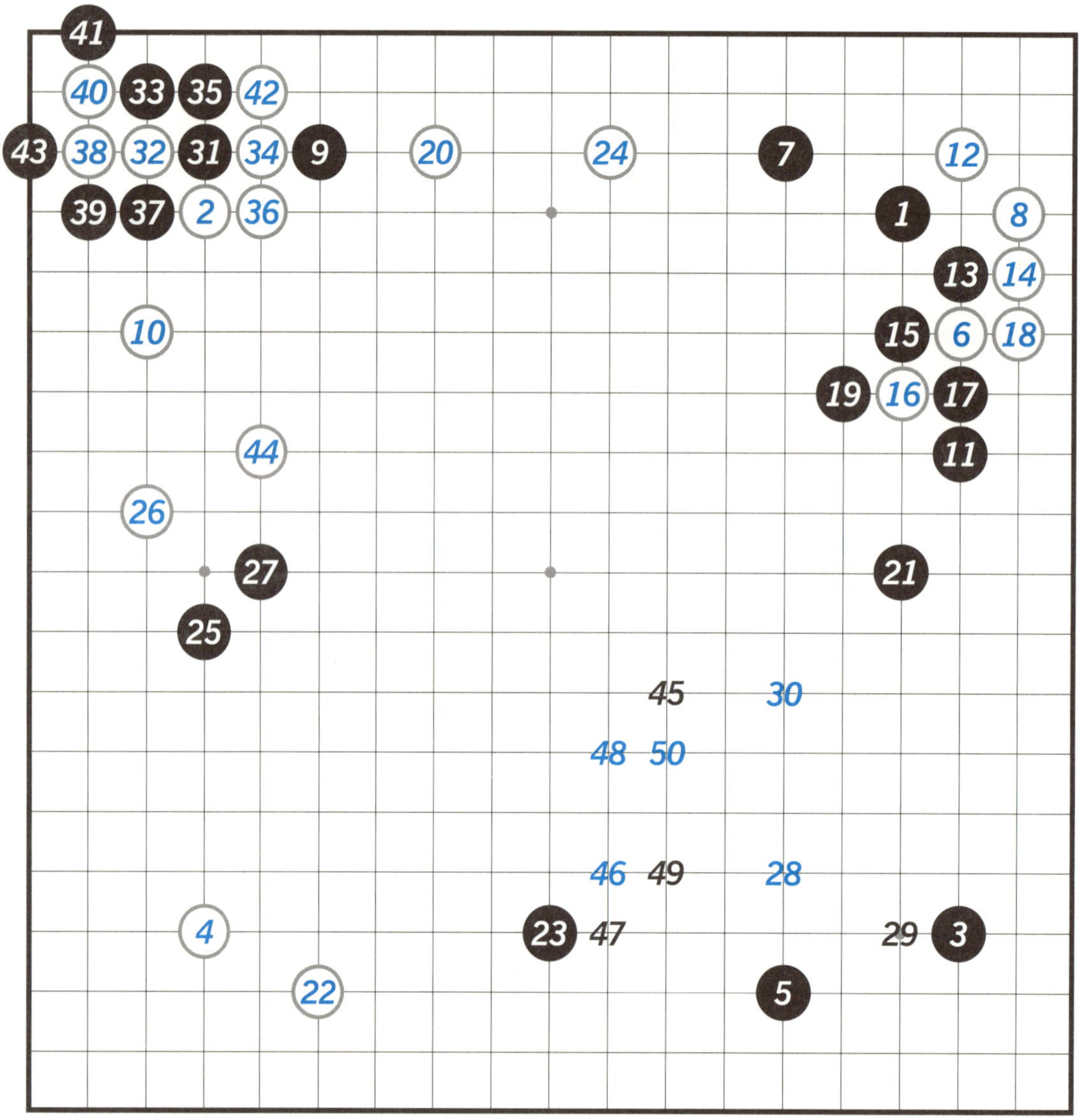

코멘트   p.208 인터뷰 참조.

메모

⚫ 흑 양딩신 vs 이세돌 ⚪ 백

중국 갑조리그 | 2014년 5월

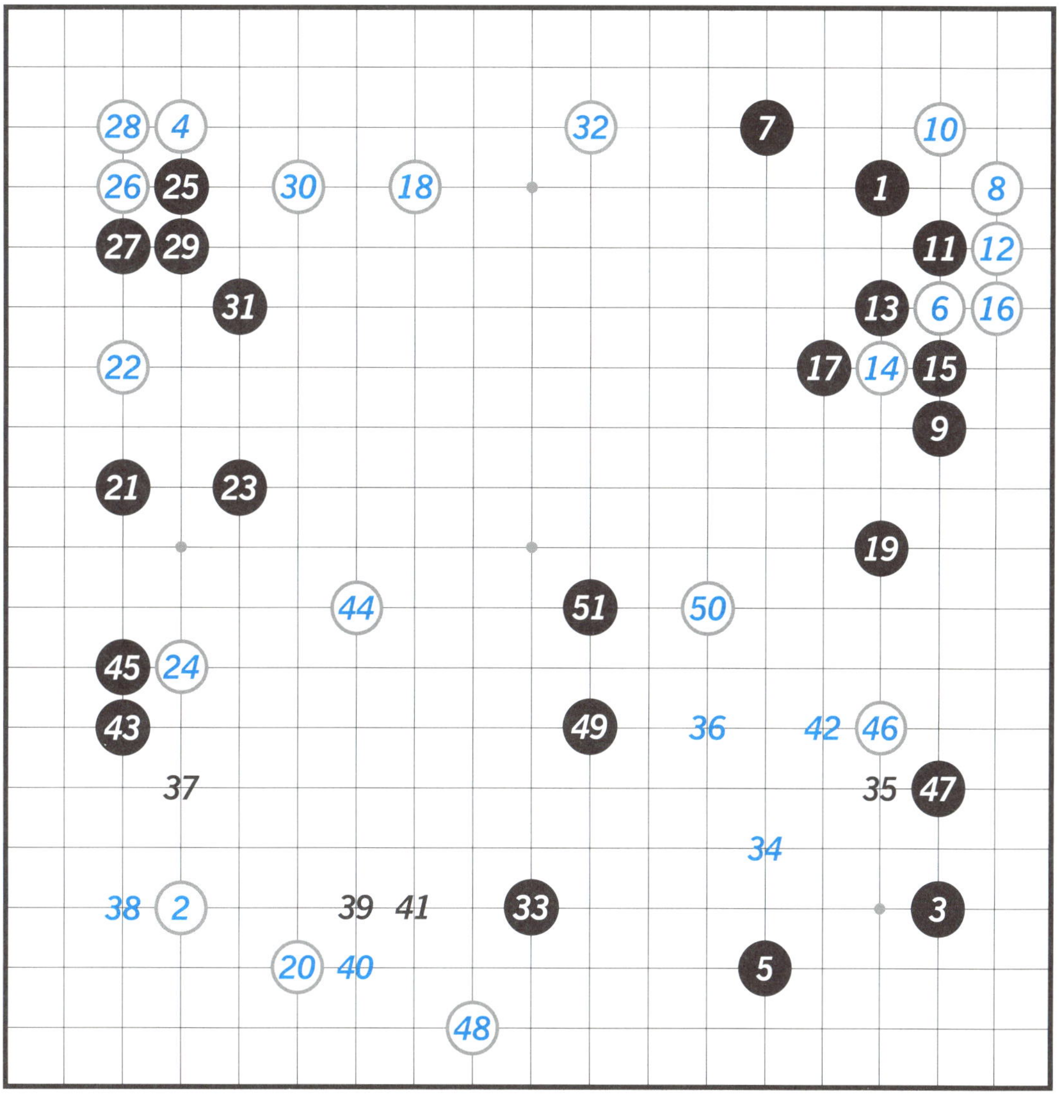

코멘트 중국의 어린 유망주 양딩신. 구리 9단처럼 포석이 강하고 중반 전투 능력이 뛰어난 기풍의 소유자. 하지만 끝내기가 약한 것도 구리를 닮아서 고생하고 있다.

메모

원성진 9단 추천 수법

내 기풍에 맞고 상대 기풍을 고려한 선택이 최선

원성진 이론적으로 생각하면 우상귀 정석이 흑이 아주 두터운 모양이니까 중복을 피하려면 우하귀에 흑은 넓어야 정상이거든, 그래서 날일자보다는 눈목자로 굳히는 것이 나을 것이라고 생각하는데……. 백28 자리 삭감이 이 장면에는 제격이라 흑이 날일자 굳힘이나 눈목자 굳힘이나 큰 차이가 없는 것 같아.

박승철 그러니까 백은 이 모양에서는 무조건 28자리가 정수라는 말이지?

원성진 응, 내 생각에는. 흑은 그래도 눈목자가 이 배석에서는 손해는 아니겠다. 아무래도 중복을 피해야 하니까.

박승철 실전에 백50까지는 호각인 건가? 실전에 흑이 괜찮아 보였는데?

원성진 백50까지는 백도 나쁘지 않은데, 이후에 몇 수 지나서 내가 실수하는 바람에 바둑이 나빠졌어, 지금까지는 만만치 않은 바둑.

박승철 이때 군인 신분으로 대국을 했는데, 느낌은 어땠어?

원성진 일단 지면 다음 대국이 없으니까 더 열심히 두게 되고, 안조영 9단, 최철한 9단을 이기고 이세돌 9단에게 졌는데, 감각 유지하기에는 대국 수가 좀 적은 편이지.

박승철 앞으로 목표나 계획은?

원성진 2013년에 내가 없으니까 중국이 세계대회 우승을 독식하더라고. 올해는 조금은 나아진 것 같지만 지석, 정환 빼고는 선수층은 우리가 많이 얇지. 내년에는 한국 바둑의 든든한 허리가 되어주는 게 목표지. 세계대회에서 우승도 다시 할 수 있으면 좋겠고.

소목에서 굳힘을 눈목자로 하느냐 날일자로 하느냐는 정답이 없습니다. 배석과 대국 당사자의 기풍, 당시 유행 정석 등을 고려해야 합니다. 일례로 조훈현 9단이나 이창호 9단의 기보에서는 눈목자 굳힘을 거의 못 본 것 같아요. 하지만 유창혁 9단은 거의 굳힘을 눈목자로 합니다. 정답은 없습니다. 내 기풍에 맞고 상대 기풍을 고려한 선택이 최선이라 생각합니다.

※ p.206 기보 참조.

눈목자 굳힘

침투

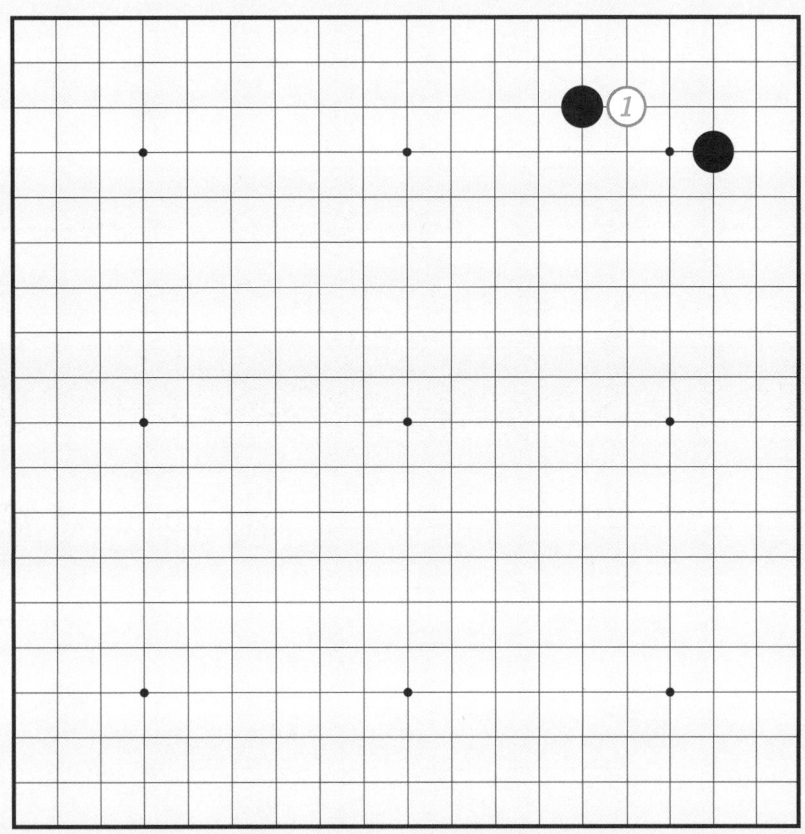

눈목자 굳힘에는 바깥에서 붙여가지 않습니다.
날일자 굳힘에 비해 귀에 대한 장악력이 약하기 때문입니다.
바로 귀에 침투하는 편이 좋습니다.

눈목자 굳힘 – 침투

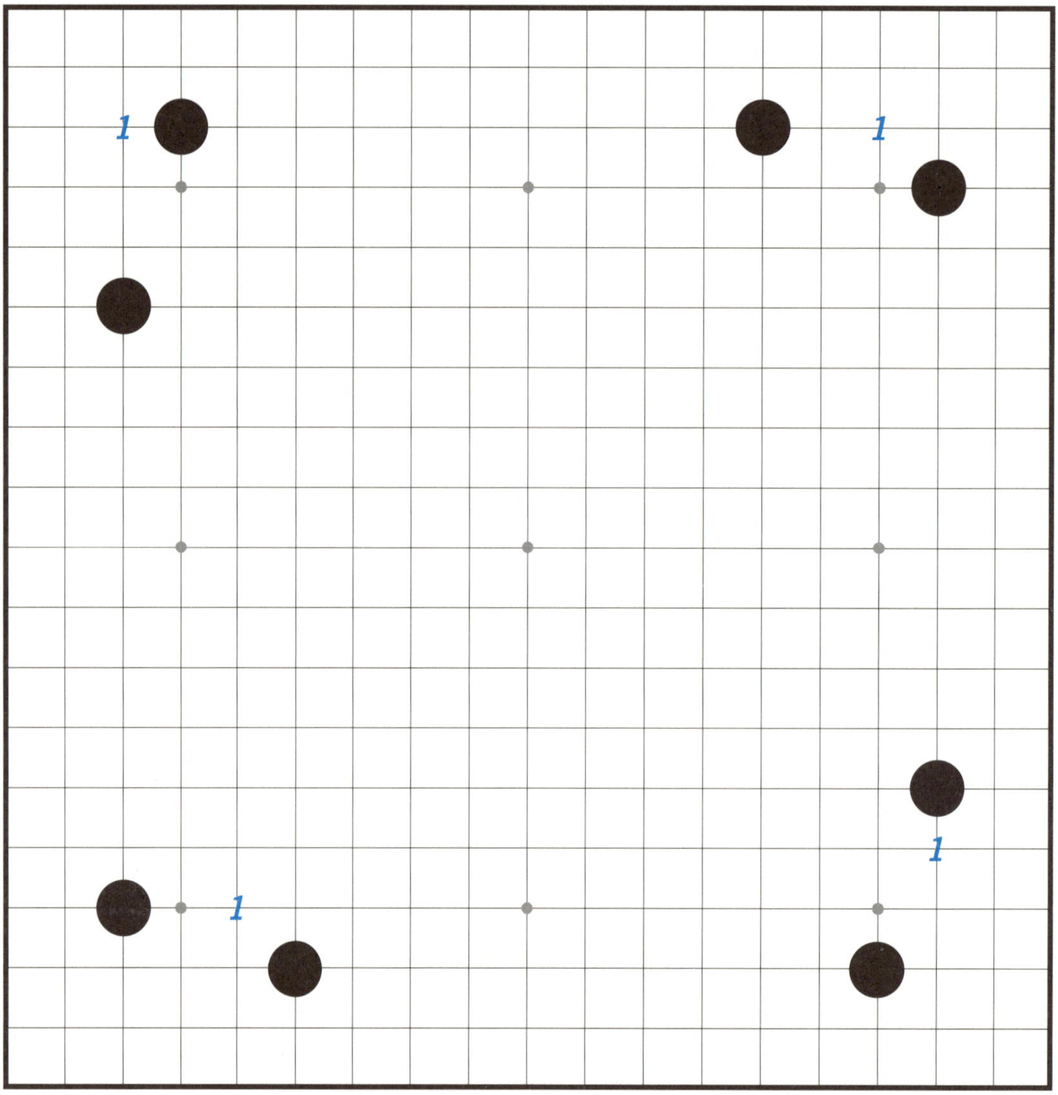

눈목자 굳힘 – 침투

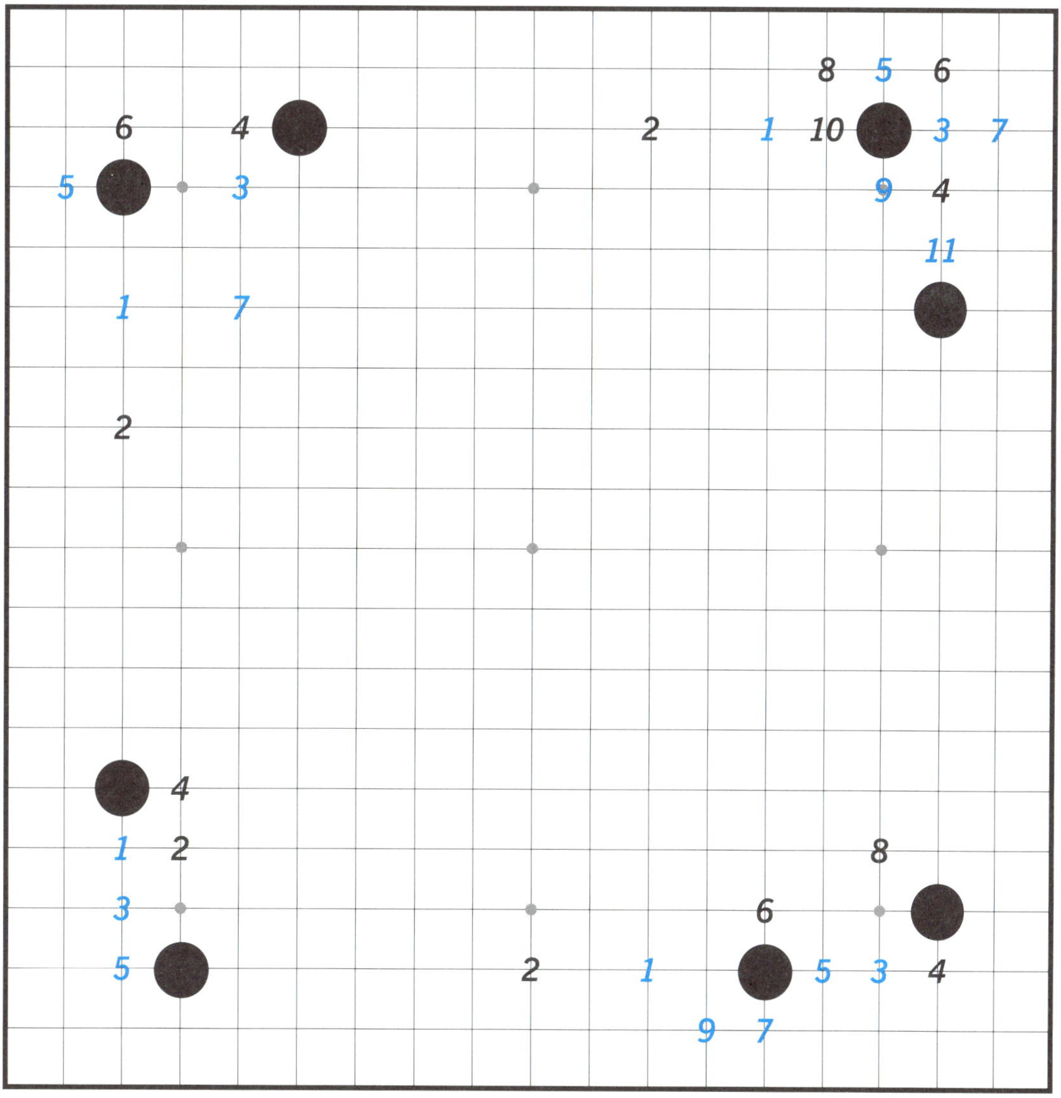

백3, 백5는 고전적인 수법.

흑2로는 3 자리로 받는 것도 가능.

팻감이 많은 경우 유력.

상용 수법. 흑8로 9 자리면 백8로 곤란.

실 전

흑 이세돌 vs 퉈쟈시 백

국수산맥배 한중대항전 | 2014년 8월

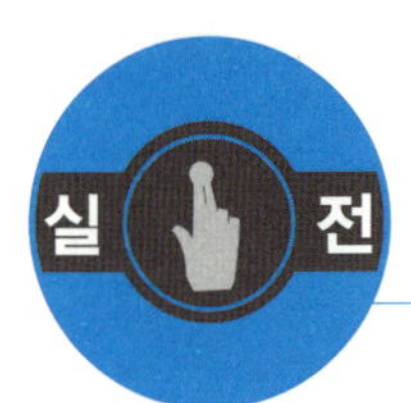

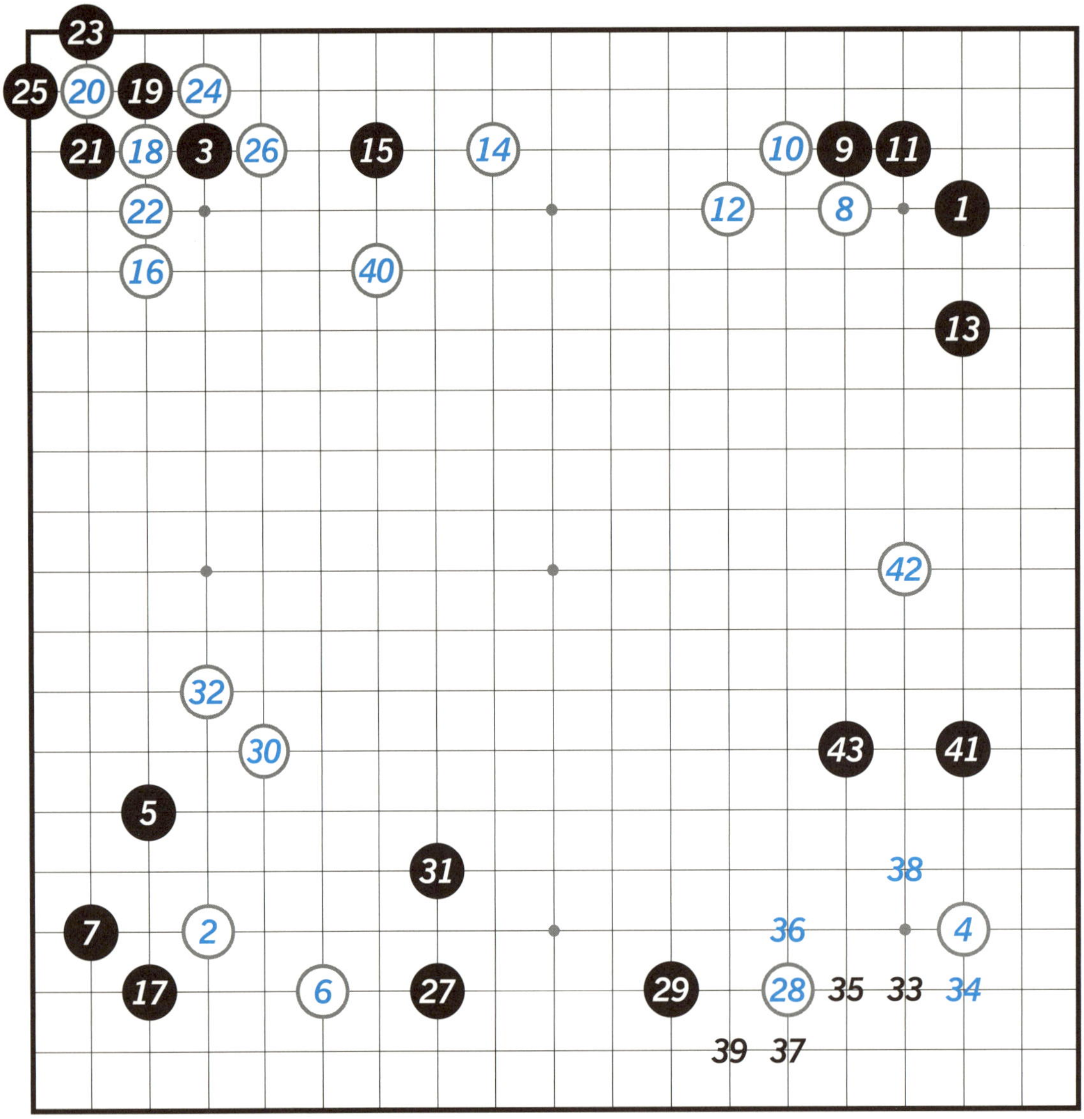

코멘트 외모는 나이가 좀 들어 보이지만 같이 대화를 나누다 보면 귀여운 구석이 많이 보이는 퉈쟈시 9단이다.

메모

흑 한승주 vs 김정현 백

KB리그 결선 준PO5국 | 2014년 11월

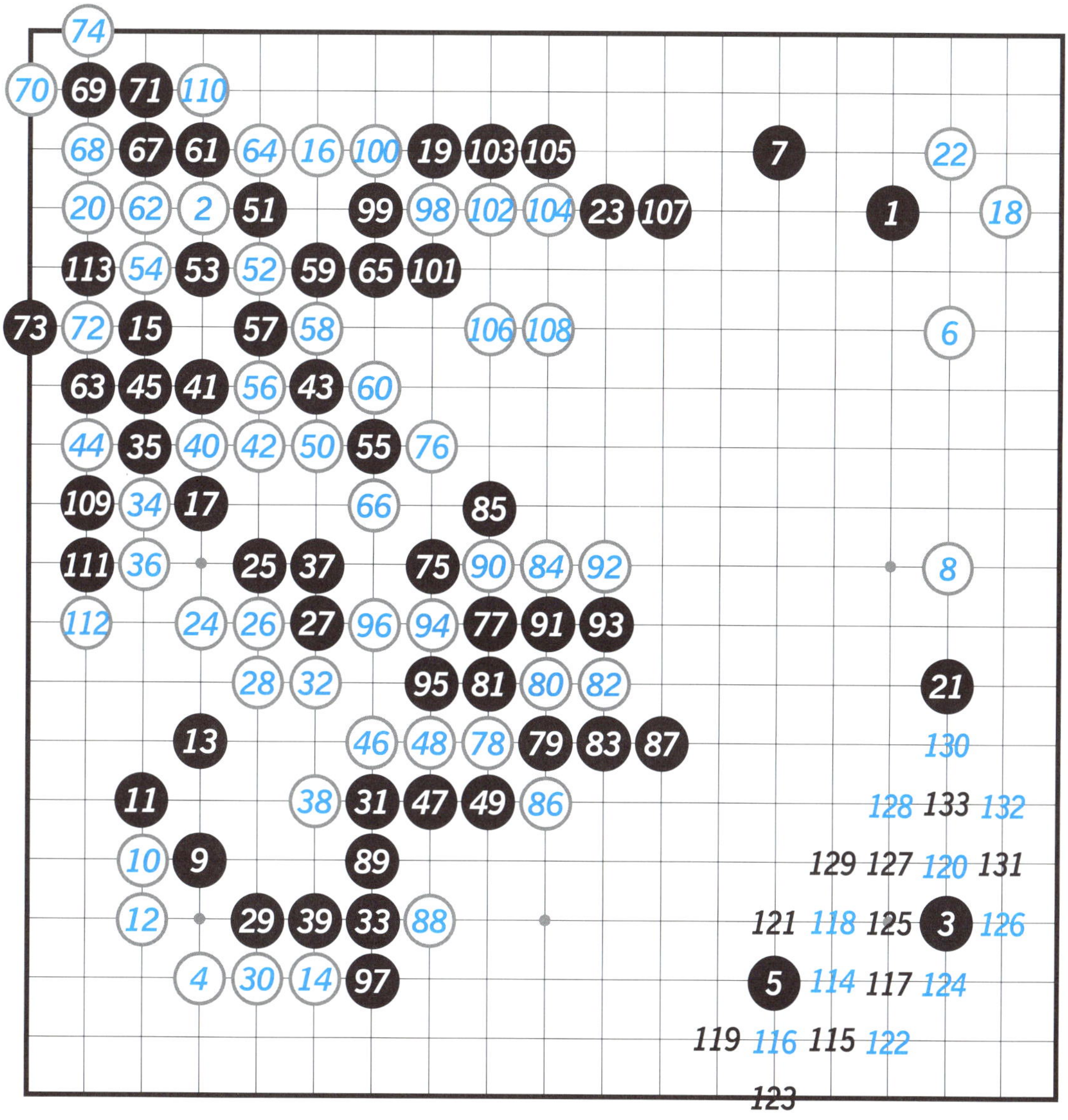

코멘트　p.215 인터뷰 참조.

메모

흑 박정환 vs 천야오예 백

춘란배 본선 8강 | 2014년 12월

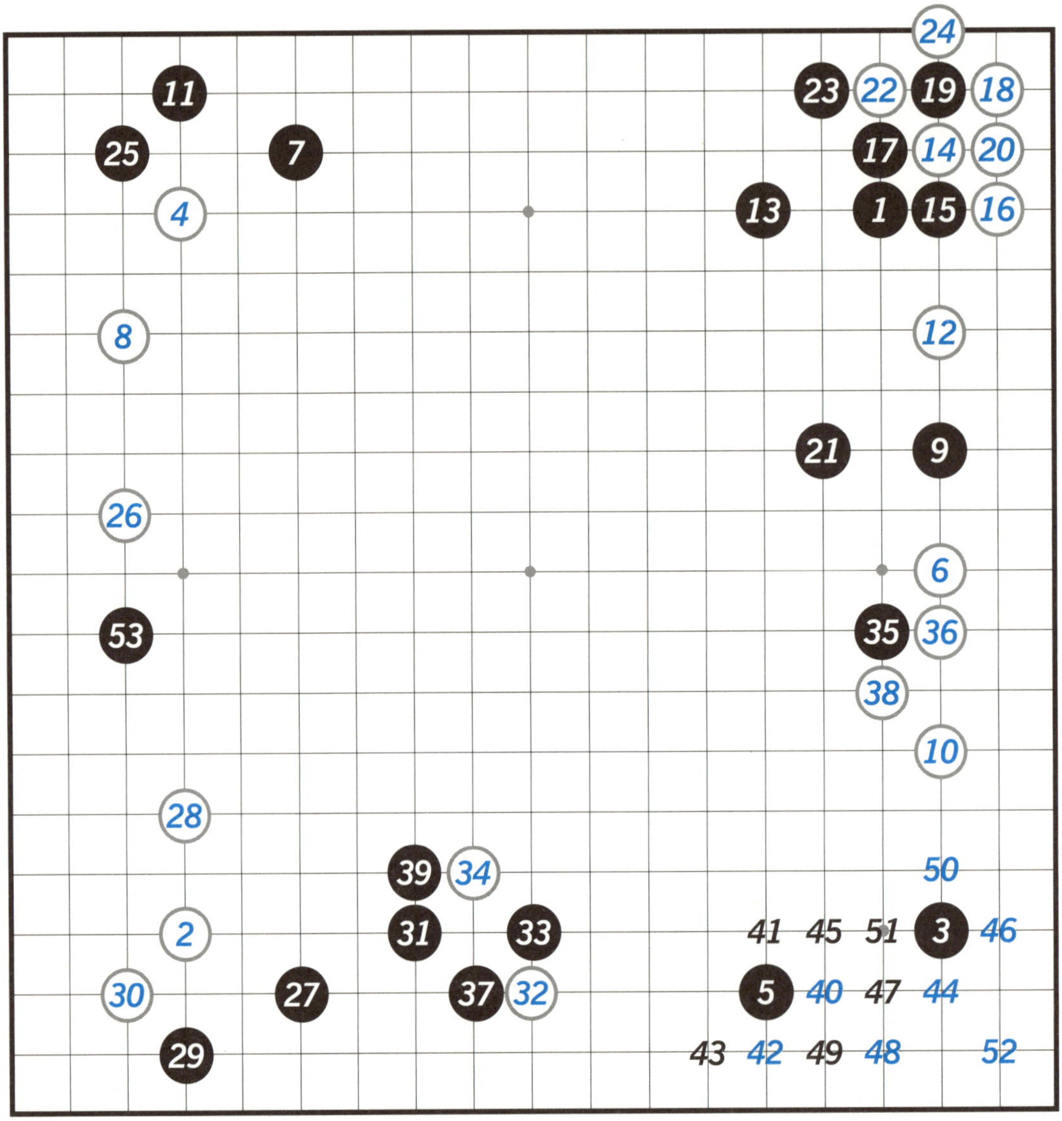

코멘트 40이 침투의 급소.

메모

김정현 5단 추천 수법

실리를 좋아하는, 맛을 꺼리는 선택

김정현　소목에서 눈목자 굳힘은 114, 117, 124 세 곳 모두 약점이 남아서 맛이 나쁩니다. 날일자 굳힘을 더 선호해요. 굳히고 나서 한 수를 더 둔다고 생각해도 날일자 굳힘이 낫다고 봅니다.

이 한 마디만 보아도 김정현 5단의 기풍은 실리적이고 맛을 중시한다는 것을 알 수 있습니다. 판을 넓게 보는 유장한 기풍은 눈목자 굳힘도 즐겨 씁니다.

김정현　포스트 시즌 10연승의 기록을 세웠지만, 친한 후배 기사 강승민 3단에게 지면서 심적으로 많이 흔들렸습니다. 정신력을 좀 더 키워야겠어요.

김정현 5단은 한국바둑리그 포스트 시즌에서 무패 기사로 유명했었죠. 무려 10연승을 달리면서 작년에는 소속팀이 우승하는 데 결정적인 공헌을 했었습니다. 올해는 막판에 무너지면서 4연패, 팀이 준우승에 그치고 말았습니다.

김정현　실전에 약간 나쁘다고 생각했는데 패를 만들어서 바둑이 역전되었습니다. 실전 흑 123으로는 129 자리에 두어서 전체를 잡으러 가는 것이 더 어려웠습니다. 2~3년 후에는 입대해야 하는데, 랭킹 15위 이상, 국내 타이틀 획득, 세계대회 4강 이상이 목표예요.

※ p.213 기보 참조.

한 칸 굳힘

변화

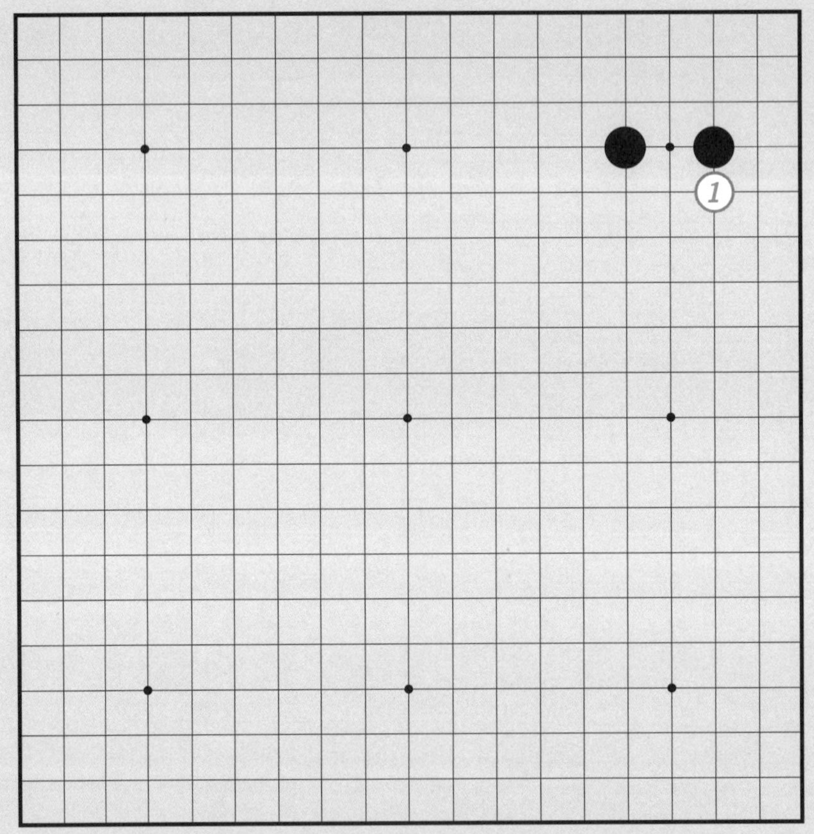

가끔 볼 수 있는 굳힘입니다. 아무래도 모양 바둑에서 자주 볼 수 있습니다.

한 칸 굳힘 – 변화

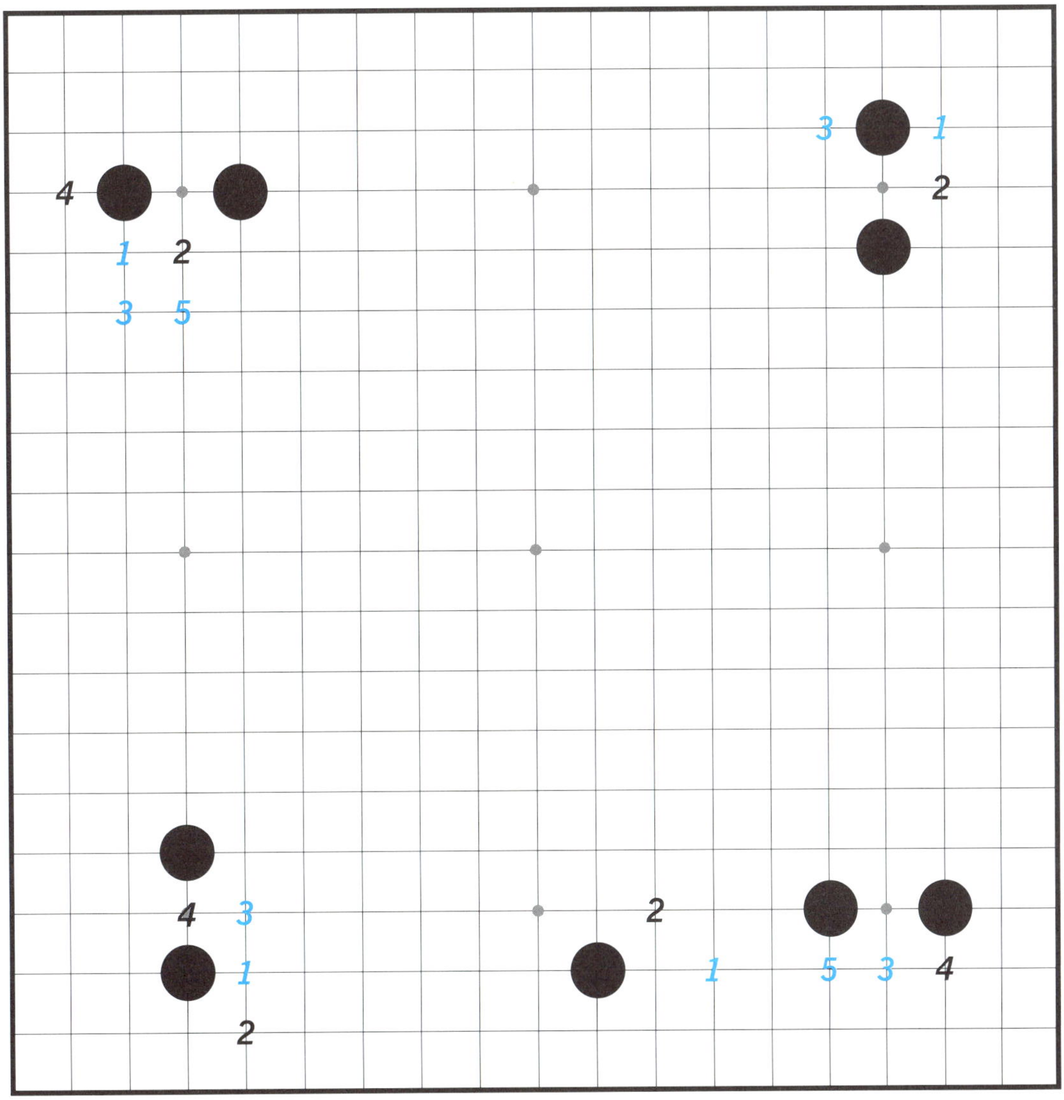

※다음 페이지 수순 참조

많이 나오는 모양. 백이 발 빠르고 흑은 두텁다.

귀의 맛을 이용하여 변을 견제.

흑2의 수법도 가능하다.

중국식 포석에서 많이 볼 수 있는 모양.

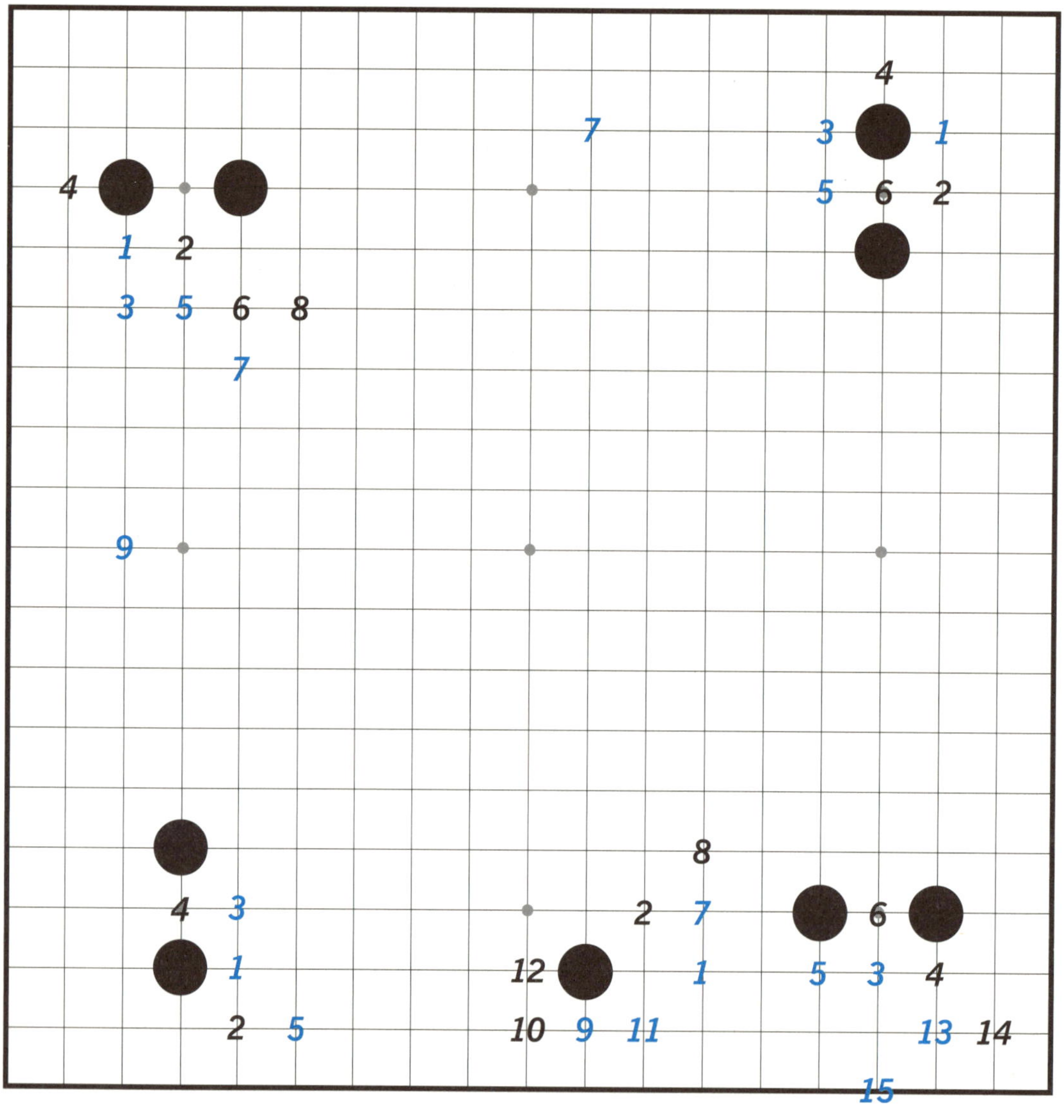

⚫흑 박정환 vs 유키 사토시 ⚪백

TV바둑아시아 본선 | 2014년 8월

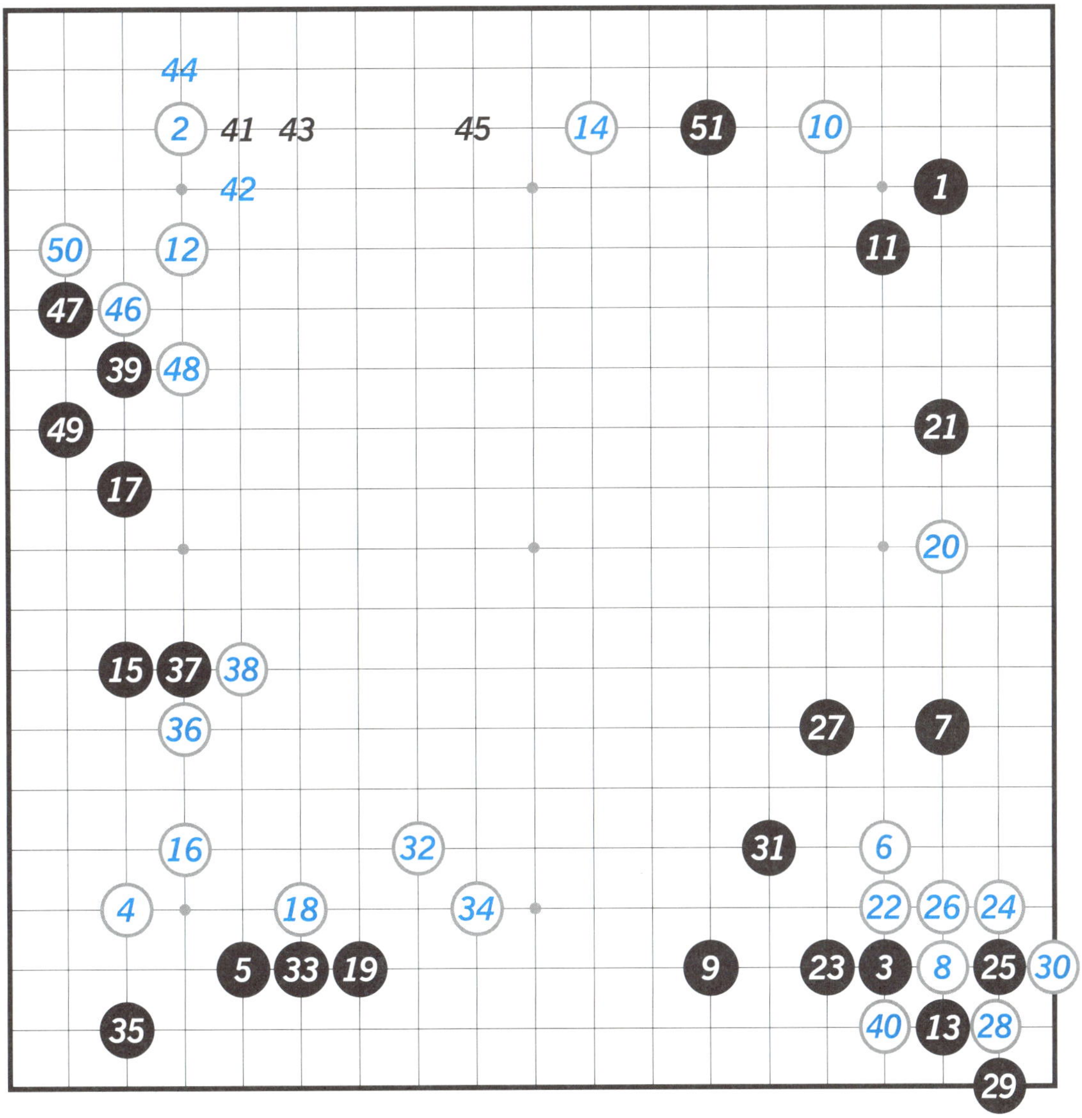

코멘트   관서의 희망으로 불렸던 유키 9단, 하지만 이제는 40대 노장이다.

메모

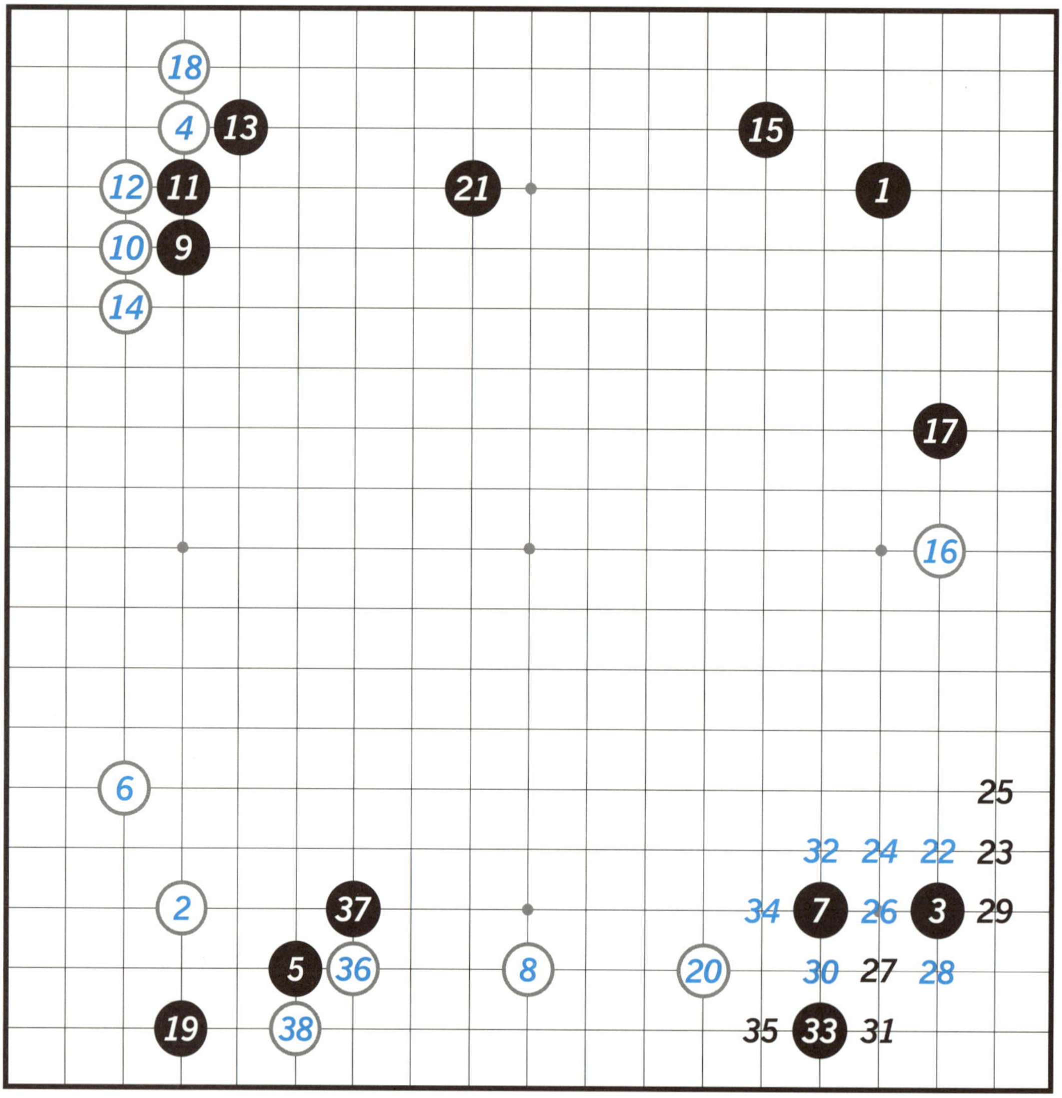

코멘트   백22가 적극적인 수법. 실전 진행은 호각.

메모

● 흑 김지석 vs 최철한 백

GS칼텍스배 결승2국 | 2014년 4월

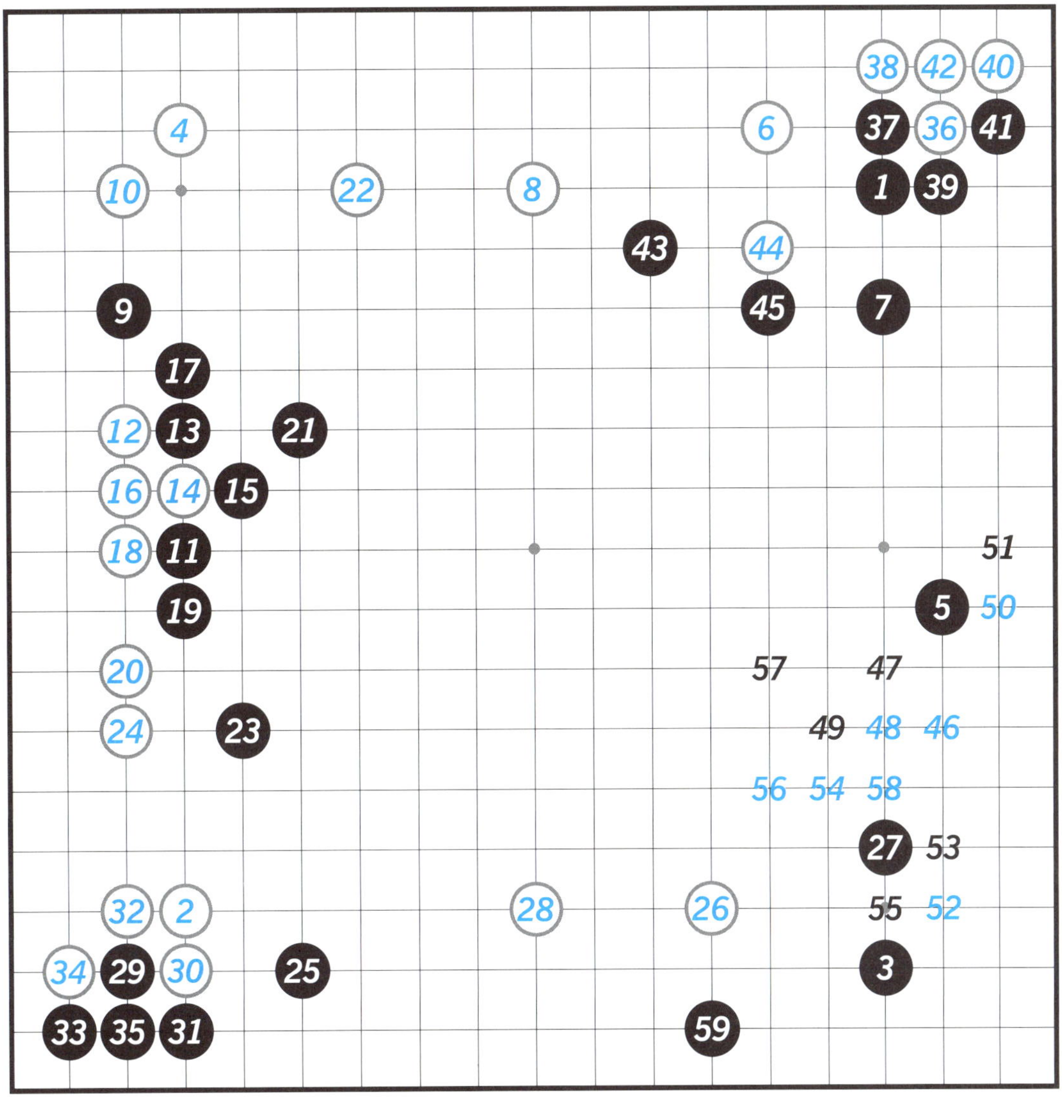

코멘트   백46은 중국식 포석에서 많이 보는 상용 침입.

메모

흑 콩지에 vs 박영훈 백

초상부동산배 단체전 | 2011년 3월

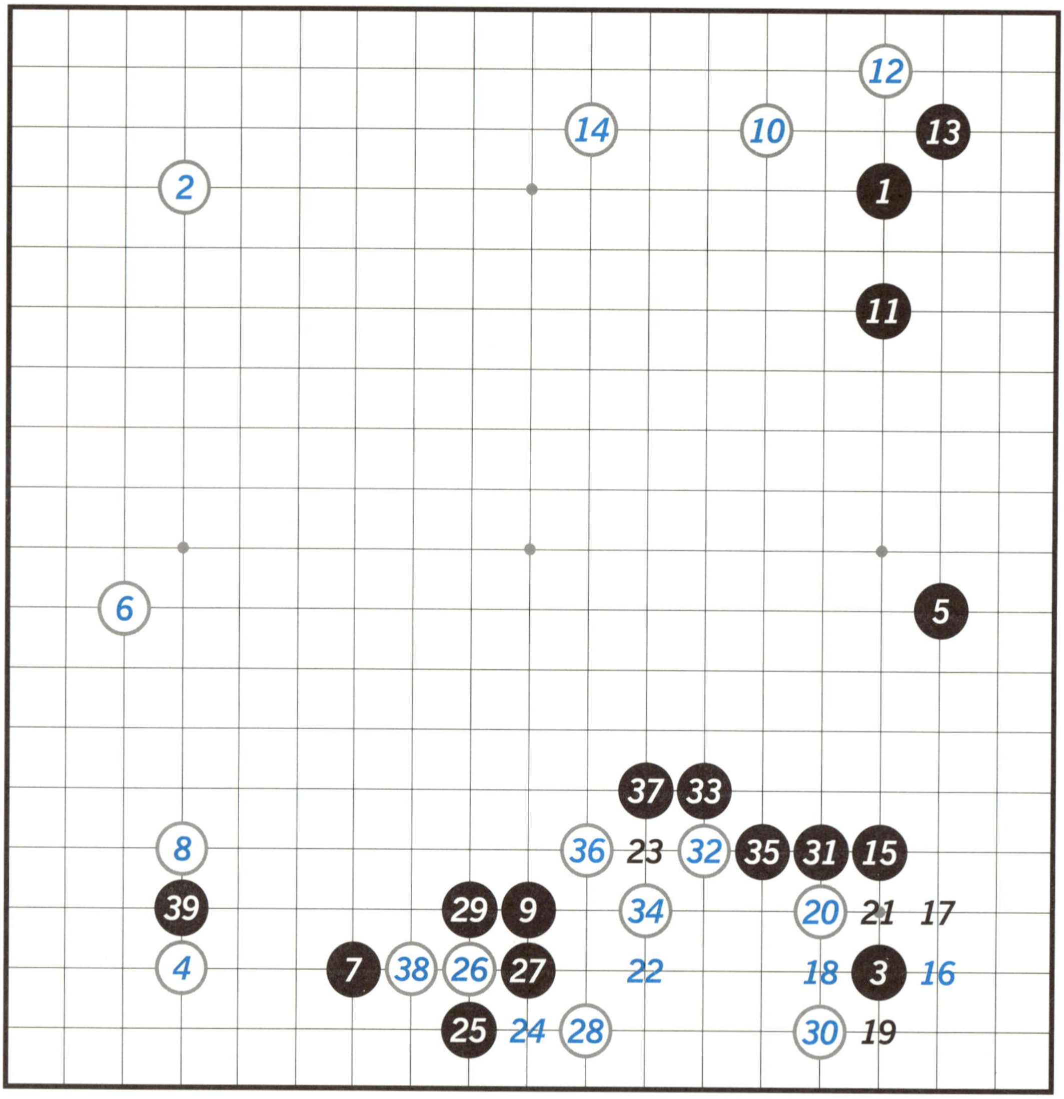

코멘트   실전 결과는 흑 우세, 이 대국 이후 백22는 34 자리로 높게 둔다.

메모

흑 판텅위 vs 리캉 백

중국 갑조리그 | 2011년 5월

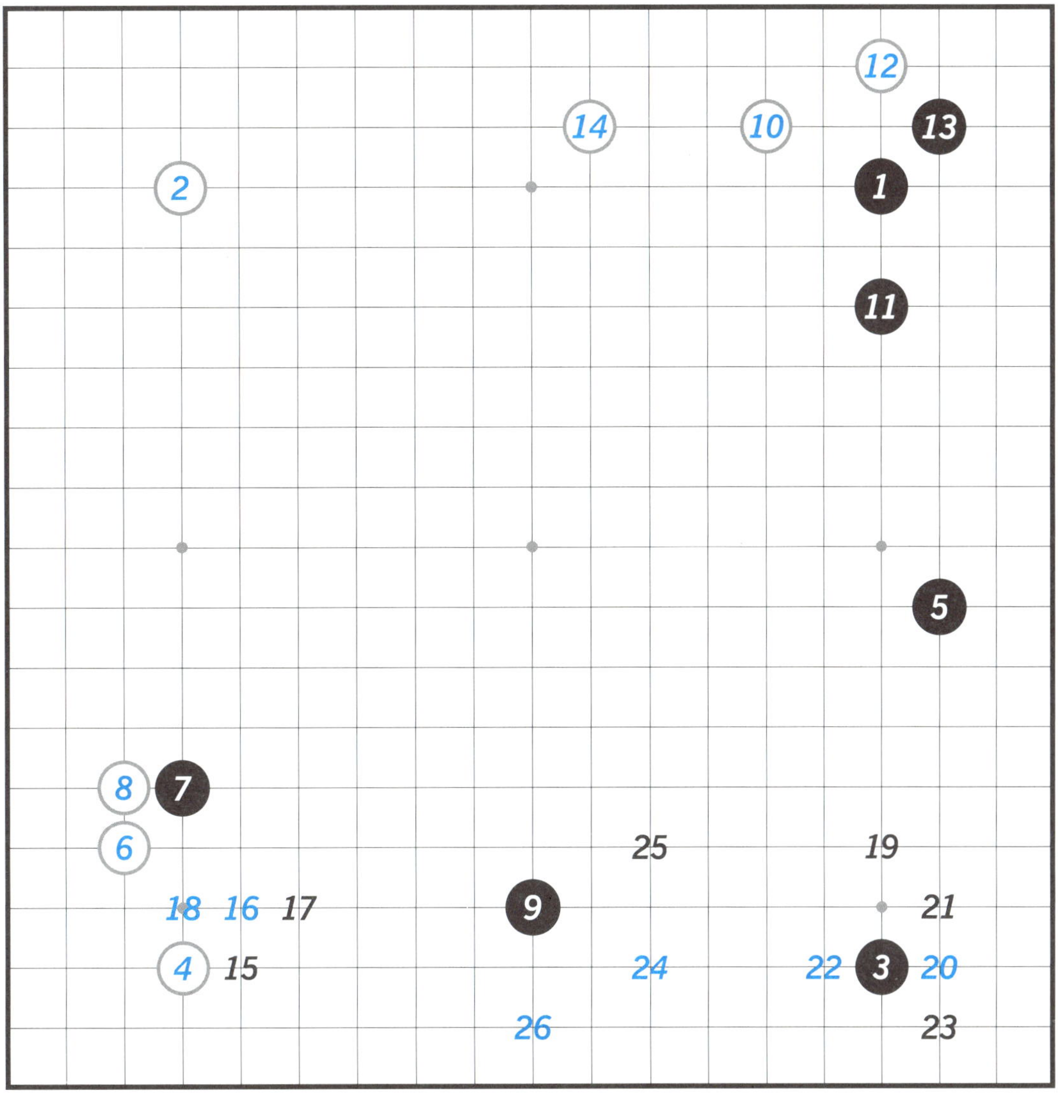

코멘트   백24, 26은 현실적인 수법.

메모

이창호 9단의 아주 특별한 접바둑

한국물가정보 프로기전 10회 기념 대국

때는 2014년 봄, 한국물가정보 프로기전 10회를 맞이하여 한국기원과 기사회에서 주최한 기념행사가 있었습니다. 식사와 지도 다면기가 준비되어 있었죠. 《놓아 보는 바둑책》 제1권으로 열심히 공부하셔서 사이버오로 대국실에서 2급 정도 기력이었다가 불과 5개월 만에 4단으로 올라가신 N 대표님은 이날 이창호 9단에게 5점 접바둑으로 도전합니다.

저는 평소에 아마추어들에게 접바둑을 둘 때, 걸침에 협공을 많이 권합니다. 그 이유는 받아주는 것보다 협공하는 것이 기존의 배석의 효과를 극대화하는 수법이라고 생각하기 때문인데요. 사실 2점이나 3점 바둑에서는 그 효과가 비슷합니다만, 4~7점 접바둑이라면 협공이 훨씬 강력합니다.

"협공하시면 접바둑이니까 3·3 침입은 안 하실 것 같고, 위로 한 칸이나 양걸침인데요."

한 칸 뛰는 변화와, 양걸침 이후 여러 가지 변화를 저와 같이 거의 한 시간 정도 준비한 N 대표님, 자신 있게 대국장에 들어가셨습니다. 〈참고도 1〉 백의 첫 수는 거의 날일자 걸침이죠. 노타임으로 한 칸 낮은 협공을 하니, 약 10초간 뜸을 들이시던 이창호 사범님의 응수는 백3이 었습니다. 저도 놀랐지만 가장 허탈한 것은 N 대표님이었죠. 이렇게 준비했는데 단 3수 만에 물거품이 된 것이니까요. 이창호 9단은 특유의 무표정.

〈참고도 2〉는 실전 진행입니다. 물론 흑이 이상하거나 나쁜 출발은 아닙니다만 이미 심리전에서 지고 시작하는 것이죠. 〈참고도 3〉이 정확한 응수입니다. 세모 표시의 교환이 이득으로, 흑이 2선 젖혀 잇는 것이 기분 좋습니다. 백도 평상시에는 좋지 않다고 여겨 잘 두지 않는 수법인데요. 접바둑에서 심리적인 타격을 줄 수 있는 멋진 수법이라고도 생각됩니다.

아마추어보다 약한 프로는 없습니다. 간혹 지도 대국에서 미세한 계가 바둑으로 아마추어가 프로에게 이기더라도, 그것은 아마추어가 프로보다 강해서 이긴 것이 아닙니다. 프로가 이기려고 하지 않았기 때문이지요. 지도 대국을 받을 때는 정말 배우는 마음으로 두는 게 좋습니다. 이기려고 마음먹은 프로에게 이기는 아마추어를 저는 한 번도 본 적이 없습니다.

〈참고도 1〉

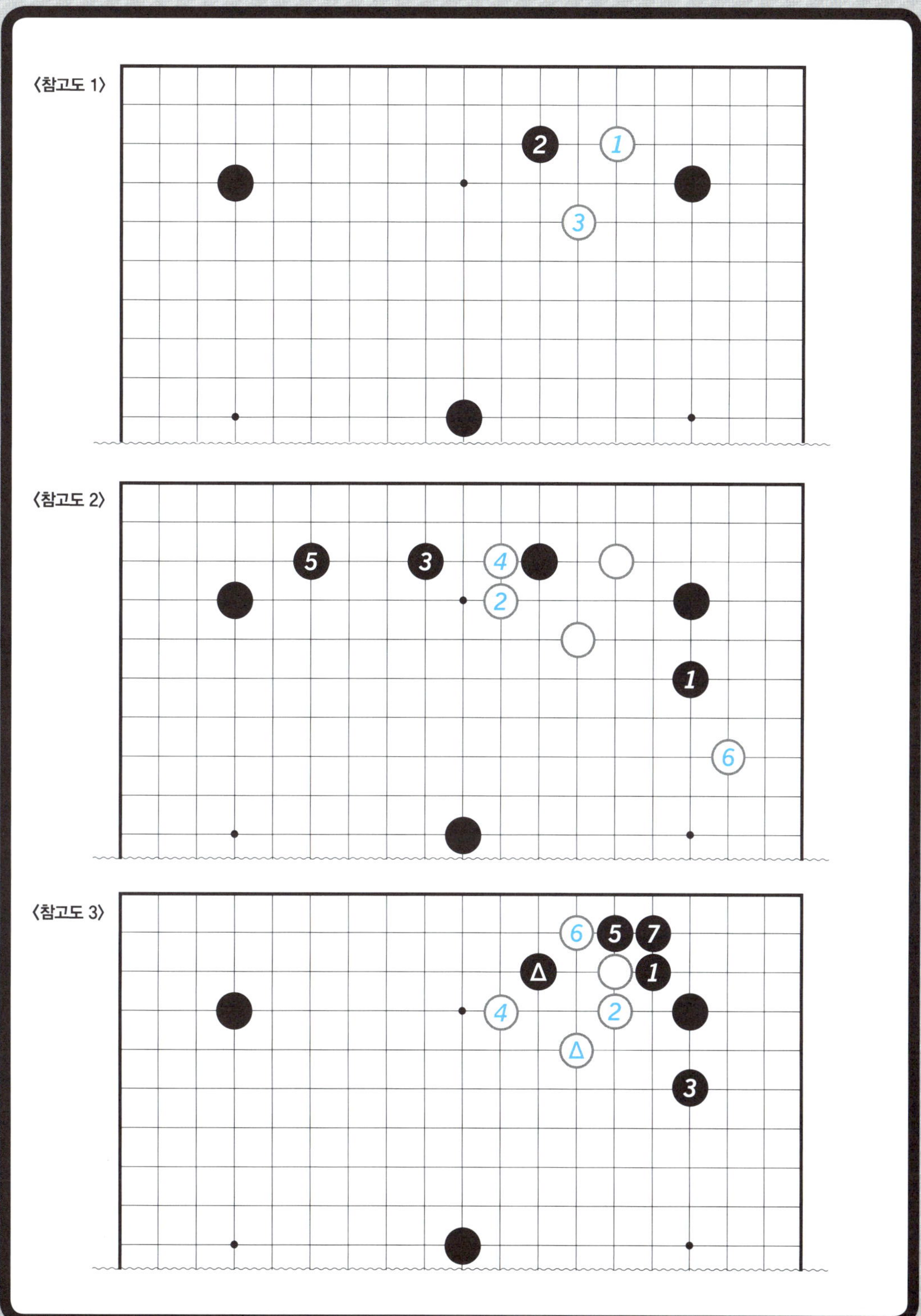

〈참고도 2〉
〈참고도 3〉

4부

외목

"바둑은 인생과 같다. 사실 인생은 한 판의 바둑과 비슷하고 나는 지휘관이다. 우리는 인생에서 하나하나의 결정과 매 차례의 선택이 모두 의미가 있도록 해야 한다. 이것은 바둑판 위에서 바둑 돌 하나하나가 모두 쓰임이 있는 것과 같다. 바둑에서 일단 돌을 놓고 나면 물릴 수 없다. 기사에게는 한 번의 기회가 있을 뿐이다."

_ 구리 9단, 〈동아일보〉 인터뷰(2014년 4월) 중에서

외목 굳힘

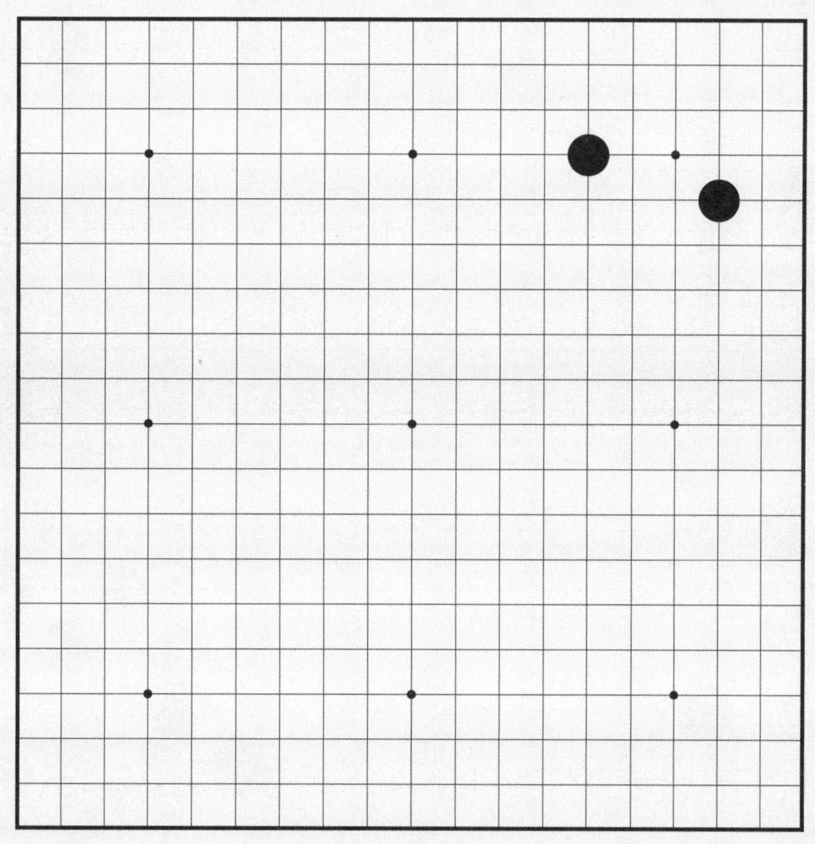

요즘에는 외목을 즐겨 쓰는 일류기사가 없죠. 역시 3·3이 비어서는 불리한 것일까요?

외목 굳힘

○○○○○○○○○○　　　　　　　　　　　　○ △ ✕

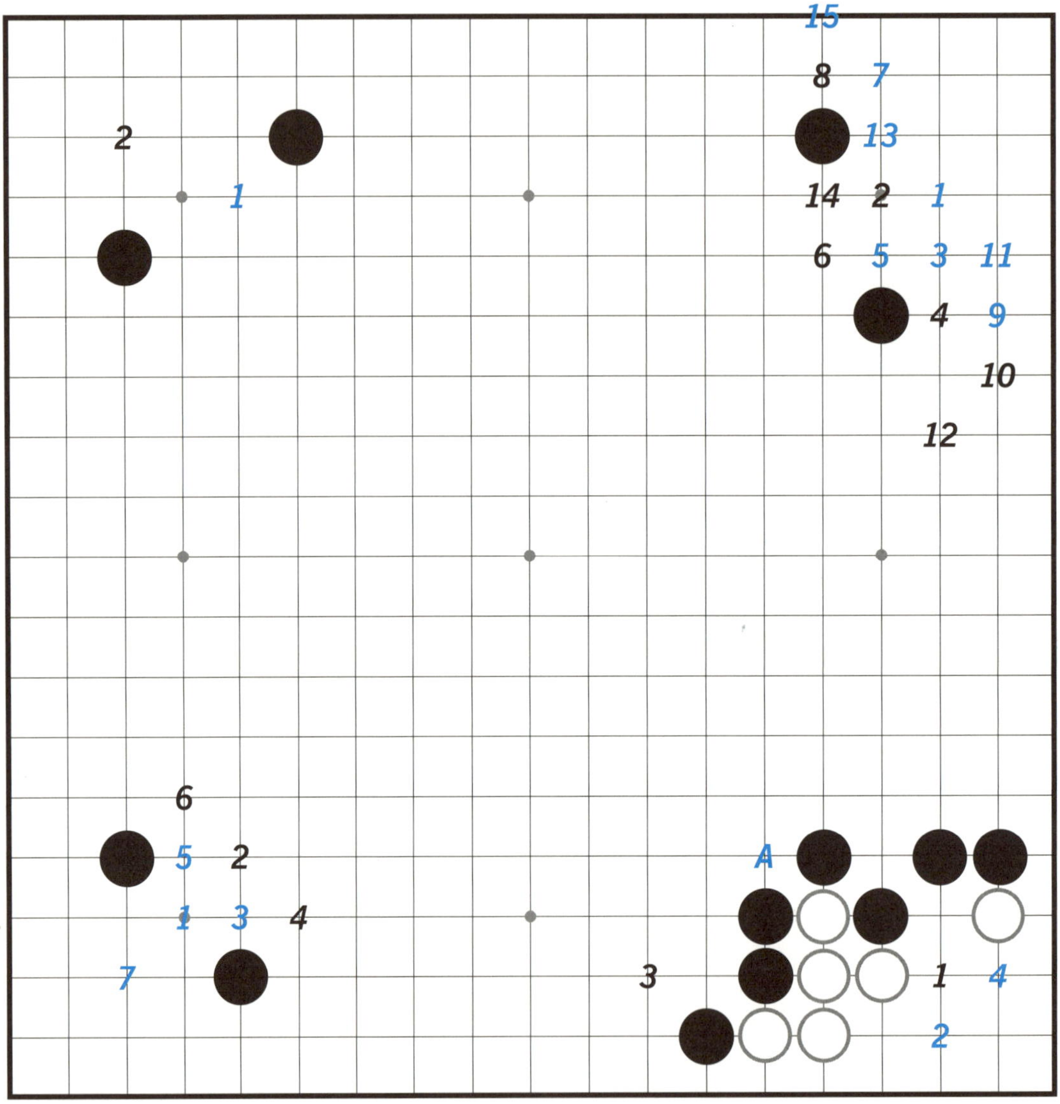

작년에 유행했던 목진석 9단의 수법. 백1 정도로 삭감하면 흑 모양이 별로.

외목에 눈목자로 굳힘. 침입하면 잡을 수 없다.

밭전자(田) 굳힘. 이창호 9단의 신수이지만 연구 끝에 백7까지 약점이 많아서 요즘에는 보이지 않는다.

역시 A 약점이 거슬린다.

⚫ 흑 목진석 vs 요다 노리모토 ⚪ 백

농심신라면배 본선 2차전 제9국 | 2007년 11월

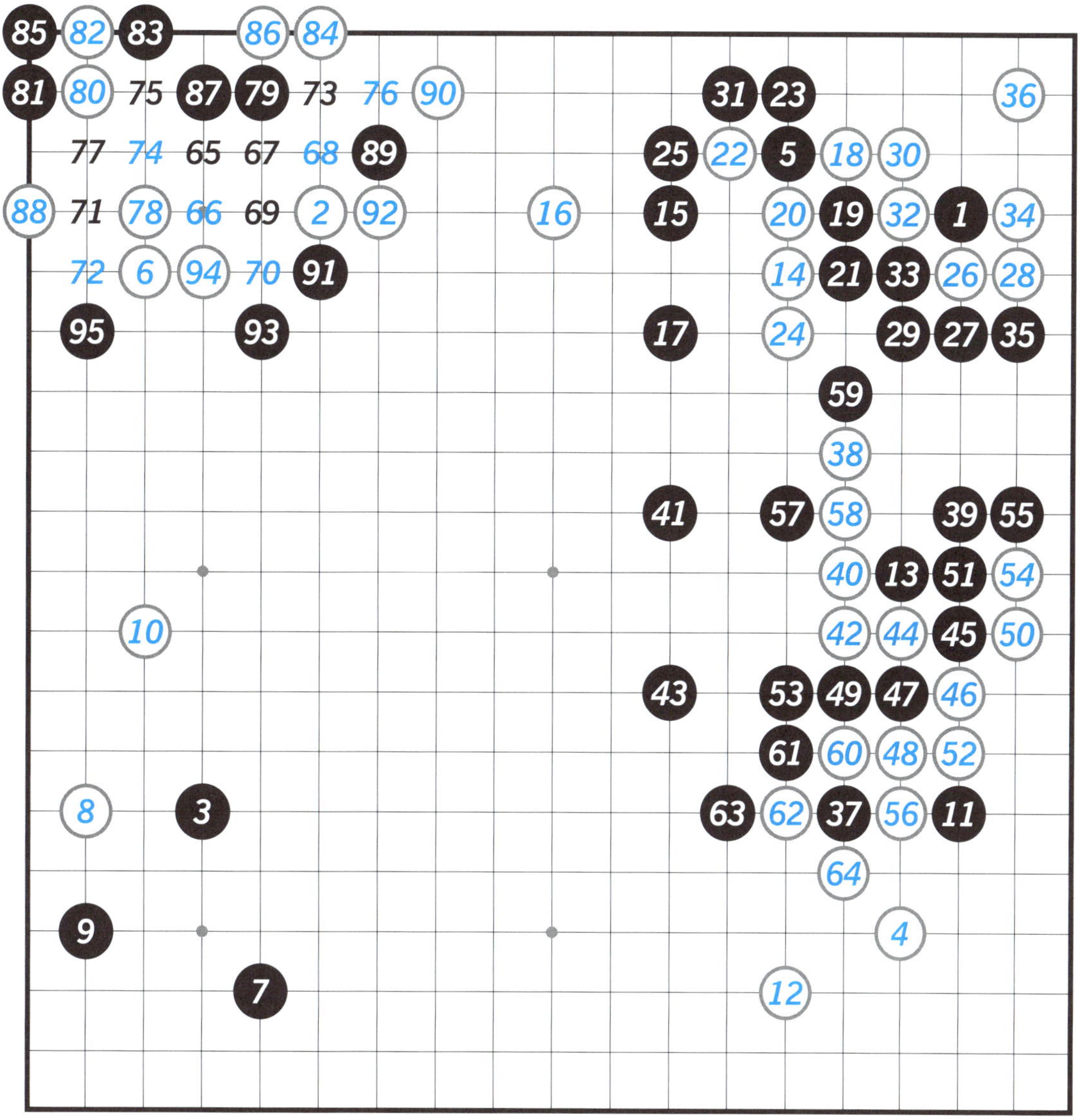

코멘트   요다 9단이 백2로 먼저 도발하자 바로 흑3으로 응수하는 목진석 9단. 기세 대결이 흥미롭다.

메모

● 신진서 vs 신민준 백

영재 vs 정상 본선 | 2013년 1월

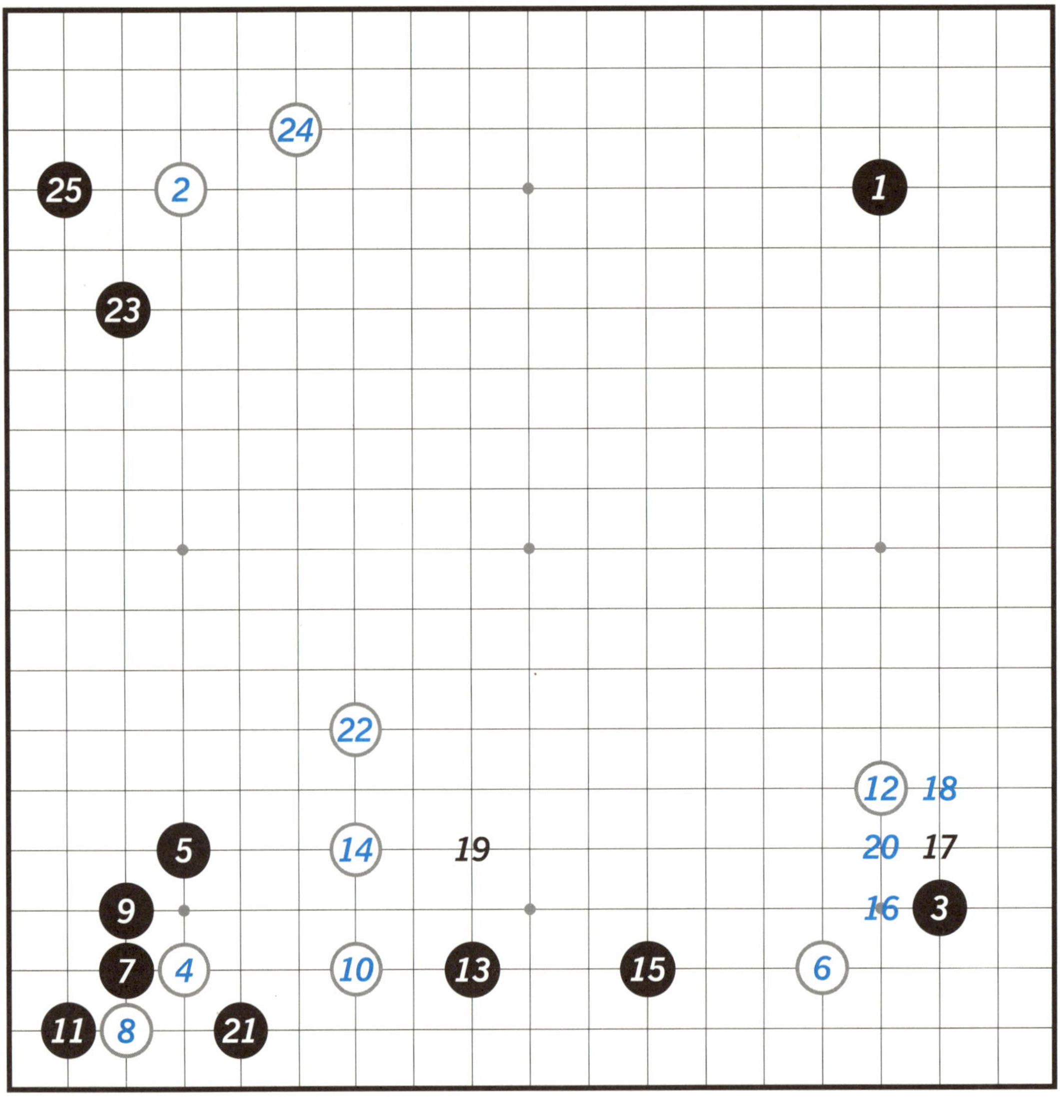

코멘트 흑17의 교환의 의미는 이 수로써 흑은 한 수에 잡히는 모양이 아니다.

메모

흑 최철한 vs 박정환 백

천원전 결승2국 | 2014년 1월

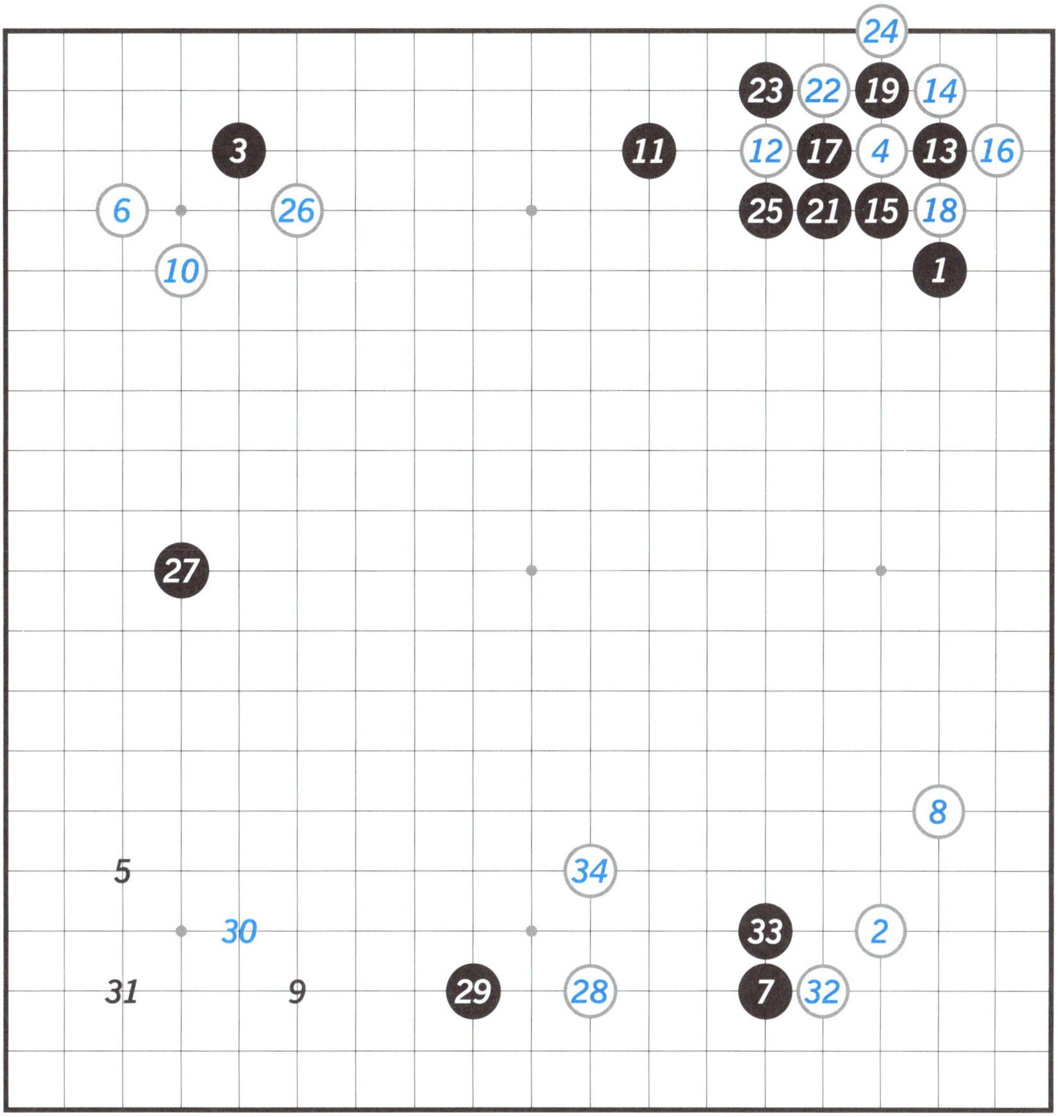

코멘트   백30으로 상대의 도발에 가볍게 대응.

메모

조치훈 9단에게 인생을 배우다

드라마 〈미생〉 속 명대사

(박 과장 요르단 사업 비리 사건 일단락 직후)

김동식 대리　위치에 따라 책임의 강도도 달라지지. 부장님과 상무님은 타격이 크실 거야. 특히 고위직일수록 더하겠지.

장그래 사원　더하다는 건?

김동식 대리　한직으로 물러나거나, 경찰 조사 결과 생각보다 사안이 중한 경우에는 자리 빼는 것도 각오해야겠지. 남들이 우리더러 넥타이 부대니, 일개미니, 라고 하고 나 하나쯤 어찌 살아도 사회든 회사든 아무렇지 않겠지만, 그래도 이 일이 지금의 나야.

장그래 사원　그래 봤자 바둑. 그래도 바둑.

김동식 대리　응?

장그래 사원　조치훈 9단이 하신 말씀이에요. 바둑 한 판 이기고 지는 거. 그래 봤자 세상에 아무 영향이 없는 바둑.

김동식 대리　그렇네.

장그래 사원　그래도 바둑. 세상과 상관없이. 그래도 나에겐 전부인 바둑. 왜 이렇게 처절하게, 치열하게 바둑을 두십니까? 바둑일 뿐인데. 그래도 바둑이니까. 내 바둑이니까. 내 일이니까. 내게 허락된 세상이니까.

　드라마 〈미생〉의 장면 중 하나입니다. 주인공 장그래는 한국기원 연구생 출신으로 바둑 실력은 프로급이지만, 입단의 벽을 뚫지 못하지요. 그렇게 외곬 인생을 살았던 한 젊은이가 사회에 나와서 회사 생활에 적응하는 모습을 그린 작품입니다. 윤태호 작가의 웹툰이 원작이고, 2014년에 드라마로 제작되어 상당한 흥행을 거둔 작품이죠. 바둑인의 심리와 직장인의 애환이라는 공통분모를 잘 표현한 작품입니다. 김동식 대리는 장그래 사원의 사수로, 바둑은 잘 모르지만 성실하고 따뜻한 사람입니다.

작품 속 대사에 나오는 조치훈 9단을 소개하려고 서론이 길었습니다. 한국에서 태어나 만 6세에 일본 유학길에 올랐지요. 11세에 입단, 18세에 명인(名人) 타이틀을 획득합니다. 1983 년에는 일본 최고 기전인 기성전 타이틀을 획득하며 1인자에 올라섭니다. 한국 바둑 개척자 이신 조남철 9단의 조카로, 일본 바둑을 평정한 것입니다. '휠체어 대국', '목숨을 걸고 둔다', '대삼관 획득'(일본의 3대 기전을 모두 석권, 조치훈 9단이 최초로 달성했습니다) 등 정말 드라마 같은 에피소드도 많고요, 특유의 치열한 기풍과 성격으로 여전히 후배들의 존경을 받고 있는 기사입니다.

조치훈 9단의 이야기를 다시 한 번 떠올립니다. 누군가 묻지요. "왜 이렇게 처절하게, 치열하게 바둑을 두십니까? 바둑일 뿐인데." 조치훈 9단은 대답합니다. "그래도 바둑이니까. 내 바둑이니까. 내 일이니까. 내게 허락된 세상이니까."

놓아 보는 바둑책 2

아마추어들은 모르는 프로들의 수법 : 침투와 삭감

초판 1쇄 발행 | 2017년 3월 17일
초판 4쇄 발행 | 2020년 11월 25일

지은이 | 박승철
발행인 | 노승권

주소 | 경기도 파주시 회동길 354
전화 | 031-839-6804(마케팅), 031-839-6812(편집)
팩스 | 031-839-6828

발행처 | (주)한국물가정보
등록 | 1980년 3월 29일
홈페이지 | www.daybybook.com